福建省科技重大专项/专题资助（2022HZ026025，202

商用车
系统动力学仿真

王孝鹏　陈文刚　陈继飞 ◎ 著

厦门大学出版社　国家一级出版社
XIAMEN UNIVERSITY PRESS　全国百佳图书出版单位

图书在版编目（CIP）数据

商用车系统动力学仿真 / 王孝鹏，陈文刚，陈继飞
著. -- 厦门：厦门大学出版社，2024.6
ISBN 978-7-5615-9380-6

Ⅰ．①商… Ⅱ．①王… ②陈… ③陈… Ⅲ．①商用车
辆-车辆动力学 Ⅳ．①U469

中国国家版本馆CIP数据核字(2024)第100009号

责任编辑　李峰伟
美术编辑　张雨秋
技术编辑　许克华

出版发行　厦门大学出版社
社　　址　厦门市软件园二期望海路 39 号
邮政编码　361008
总　　机　0592-2181111　0592-2181406(传真)
营销中心　0592-2184458　0592-2181365
网　　址　http://www.xmupress.com
邮　　箱　xmup@xmupress.com
印　　刷　厦门市金凯龙包装科技有限公司

开本　787 mm×1 092 mm　1/16
印张　19.25
字数　493 千字
版次　2024 年 6 月第 1 版
印次　2024 年 6 月第 1 次印刷
定价　78.00 元

厦门大学出版社　　厦门大学出版社
微信二维码　　　　微博二维码

前　言

　　在现代交通体系中,商用车作为物流运输与工程建设的重要载体,其性能、安全与舒适性直接影响着整个行业的效率与可持续发展。随着科技的进步与市场需求的不断升级,对商用车的设计与研发提出了更为严苛的要求,尤其是在复杂的行驶条件下,精确理解和预测车辆的动力学行为至关重要。车辆系统动力学是研究所有与车辆运动状态有关的学科,目前的研究方法主要分为两类:一是采用简化的弹簧质量系统研究整车或局部系统;二是采用多体系统动力学软件构建物理模型并对整车系统或子系统进行仿真研究。与简化模型对比,车辆多体模型具有无可比拟的优势。采用多体系统动力学建模,可以系统地考虑子系统结构及部件柔性化后的柔体系统动力学模型,模型更加精准。车辆动态特性关系到整车的操纵稳定性、平顺性等性能指标,同时还可以为整车及零部件分析提供各种工况下的精确载荷谱,而载荷谱是研究车辆疲劳耐久特性的前提。整车模型下研究车辆的局部子系统是一种较好的方法,此种方法在研究过程中需要建立整车模型,真实考虑整车运行工况下局部子系统的动态特性。因此,车辆模型的精确建立是研究车辆系统动力学的前提与基础。本书以商用车为主体,系统介绍商用车主要系统的建模与仿真。

　　本书是高等院所高年级本科生、研究生及汽车工程研究院设计研发人员学习车辆系统动力学较好的资料,书中不同章节提供相关模型。

王孝鹏
2024 年 4 月 20 日

正文仿真模型资源包

目　录

第1章　绪　论

机械系统动力学自动分析（automatic dynamic analysis of mechanical systems, ADAMS）软件为系统动力学仿真软件，目前在国内外各大汽车厂商及相关研究院所均有应用。同物理样机试验相比，ADAMS软件仿真平台运行更快，更节约成本；在开发流程的每个阶段获得更完善的设计信息，从而降低开发风险；通过对大量的设计方案的分析，优化整个系统性能，提高产品质量；参数化模型方法可以多次变更参数进行分析，而无需更改试验仪器、固定设备以及试验程序；在安全的环境下工作，不必担心关键数据丢失或由于恶劣天气造成设备失效。

1.1　ADAMS 优势

（1）可进行三维实体、弹性体碰撞和冲击分析。

（2）具有独特的摩擦、间隙分析功能。

（3）具备大型工程问题求解能力。

（4）具备极好的解算稳定性，支持单机多中央处理器（central processing unit, CPU）并行计算。

（5）支持系统参数化试验研究、优化分析的机械系统动力学分析软件。

（6）具有独特的振动分析功能，能分析机构任意运动状态下的系统振动性能。

（7）提供多学科软件接口，包括与计算机辅助设计（computer aided design, CAD）、有限元分析（finite element analysis, FEA）、控制系统设计（control system design, CSD）软件之间的接口。

（8）提供凝聚了丰富行业应用经验的专业化产品，是唯一经过大量实际工程问题验证的动力学软件，支持 Windows、Linux 以及 UNIX 操作系统。

1.2　ADAMS 模块

ADAMS软件仿真平台拥有较多模块，此处仅介绍本书所涉及的模块，其他相关模块读者可以查阅 Help 帮助信息，同时 Help 帮助模块是学习 ADAMS 的最佳方式。本书系统介绍了 Car 模块中商用车各种类型悬架模型、机电协同控制系统、制动系统、路面模型、发动机模型、车身模型、商用整车、半挂车、汽车列车、6柱振动试验台架及对应的工况仿真。

1.2.1　View

View 是 ADAMS 前/后处理的可视化环境，可建立机械系统的功能化数字样机模型，定义运动部件和约束关系,施加外力或强制运动,构建机械系统的仿真模型,并提供对仿真结果进行可视化观察的图形界面,可同时显示多次仿真结果的动画以及数据曲线,可以进行仿真数据的后处理及干涉碰撞检测等。MSC. ADAMS/View 还提供了一个多目标、多参数试验设计分析模块,提供了各种不同的试验方法,并对所得到的结果进行数学回归分析,从而可以用最少的仿真次数得到产品性能与众参数之间的关系。图 1-1 所示为通用模块 View中建立的参数化双横臂悬架模型。具体应用如下:

(1)建立参数化三维实体模型,便于改进设计。

(2)以 igs、dwg/dxf、stp、stl、slp、shl、obj 及 parasolid 等文件格式导入其他 CAD/CAM(computer aided manufacturing,计算机辅助制造)/CAE(computer aided engineering,计算机辅助工程)软件生成的几何实体甚至整个装配系统。

(3)可扩展的约束库、柔性连接库和力库。

(4)提供二次开发功能,可以重新定制界面,便于实现设计流程自动化或满足用户的特殊需要。

(5)计算结果的动画、曲线、彩色云图显示。

(6)多窗口显示,最多可达 6 个,每一窗口可显示不同的结果或视图。

(7)丰富的数据后处理功能[快速傅里叶变换(fast Fourier transform,FFT)、滤波、伯德图(Bode diagram)等]。

(8)多种文件输出功能(AVI/MPG 动画文件、多种格式的图片文件、HTML 格式、表格输出等)。

(9)输出进行有限元分析、物理实验及疲劳分析等的文件格式。

(10)干涉碰撞、间隙检查。

(11)数据曲线格式以及页面设置可以保存,方便实用研究。

图 1-1　双横臂悬架模型

1.2.2　Car

Car 模块包括一系列的汽车仿真专用模块,用于快速建立功能化数字样车,并对其多种性能指标进行仿真评价。用 MSC. ADAMS/Car Package 建立的功能化数字样车可包括以下子系统:底盘(传动系、制动系、转向系、悬架)、轮胎和路面、动力总成、车身、控制系统等。用户可在虚拟的试验台架或试验场地中进行子系统或整车的功能仿真,并对其设计参数进行优化。MSC. ADAMS 汽车仿真工具含有丰富的子系统标准模板,以及大量用于建立子系统模板的预定义部件和一些特殊工具,通过模板的共享和组合,快速建立子系统到系统的模型,然后进行各种预定义或自定义的虚拟试验。图 1-2 所示为 Car 模块中建立的横置板簧悬架 FSAE(中国大学生方程式汽车大赛)赛车模型,采用横置板簧悬架模型后,FSAE 赛车整车高度可以降低 81.18 mm,整车的操纵稳定性大幅提升,同时整车底盘可以进行 16 种刚度组合调试。

1.2.2.1　Road

Road 可以集成到 MSC. ADAMS/Tire Handling 模块中,即 MSC. ADAMS/Tire 可以使用三维道路模型文件(. rdf),用户可以通过选择道路文件选择不同的道路。在 MSC. ADAMS/Car 和 MSC. ADAMS/Chassis 中可以方便地调用三维道路模型,并可以进行三维路面的仿真;在动画过程中,可以自动生成三维道路模型;如果三维道路需要跟踪轨迹能力,那么就需要使用适当的驾驶员控制文件(. dcf)和驾驶员控制数据文件(. dcd)确定驾驶员的输入参数和车辆的运动轨迹;当 MSC. ADAMS/3D Road 与 MSC. ADAMS/Car、MSC. ADAMS/Chassis 和 MSC. ADAMS/Driver 同时使用时,用户不必使用额外的驾驶员控制文件就可以确定车辆的行驶轨迹。连续减速带路面模型如图 1-3 所示。

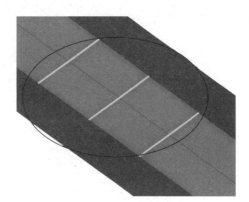

图 1-2　FSAE 赛车模型　　　　　　　　图 1-3　连续减速带路面模型

1.2.2.2　Car Ride

Car Ride 模块为 MSC. ADAMS/Car 的即插即用模块,使用该模块,可快速完成悬架或整车的装配模型,然后利用该模块提供的舒适性分析试验台,可以快速模拟悬架或整车在粗糙路面上或在实际的振动试验台上所进行的各种振动性能试验;支持各种激励信号,包括实测的位移或载荷的时间历程信号;借助 SWIFT 轮胎模型,可以同时考虑轮胎对整车振动性能的影响;借助 MSC. ADAMS/Vibration 模块还可以在频域进行分析。

1.2.2.3　Driver

Driver 可以模拟驾驶员的各种动作,如转弯、制动、加速、换挡及离合器操纵等。当 MSC. ADAMS/Driver 与 MSC. ADAMS/Tire 同时使用时,工程师就可以同时分析在不平路面和山路等工况下三维路面的驾驶性能。Driver 通过定义驾驶员的行为特性确定车辆的运动性能变化,可以明确区分赛车驾驶员和乘用车驾驶员,甚至定义某个特定驾驶员的驾驶习惯特性,这样用户就可以确定各种驾驶行为,如稳态转向、转弯制动、双移线试验、横向风试验和不同路面附着系数 μ 的制动试验。应用上述信息，MSC. ADAMS/Driver 和 MSC. ADAMS/Solver 进行数据交换，确定方向盘转角或力矩、油门踏板的位置、制动踏板上的作用力、离合器踏板的位置、变速器的档位等进一步提高整车仿真置信度。Driver 的另一个特点是具有自学习能力，能够根据车辆的动力学性能调整操纵行为或模拟实际驾驶员的操纵行为。当车辆使用了包括正、负反馈的控制系统时，如防抱死制动系统（antilock brake system，ABS）、四轮驱动系统、四轮转向系统、巡航驾驶系统等，该模块可以帮助工程师更好地优化汽车的性能。

1.2.2.4　操纵稳定性

汽车的操纵稳定性是指在驾驶者不感到过分紧张、疲劳的条件下，汽车能遵循驾驶者通过转向系及转向车轮给定的方向行驶，且当遭遇外界干扰时汽车能够抵抗干扰并保持稳定行驶的能力。汽车的操纵稳定性是汽车最重要的性能之一，它不仅仅代表汽车驾驶的操纵方便程度，更是决定高速汽车安全行驶的一个主要性能。评价操纵稳定性的指标有多个方面，如稳态回转特性、瞬态响应特性、回正性、转向轻便性、典型行驶工况的性能和极限行驶能力等。基于 View 模块建立整车模型，如图 1-4 所示。

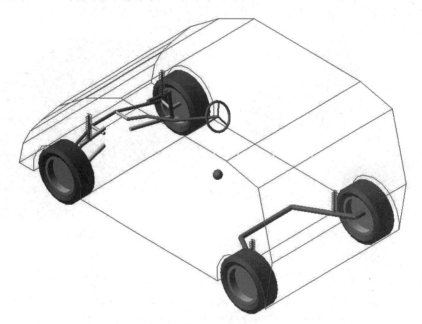

图 1-4　整车模型

1.2.3　ViewFlex

ViewFlex 模块是集成在 ADAMS/View 中的自动柔性体生成工具，它使得不必离开 ADAMS 环境即可创建柔性体，并且不需要借助任何其他有限元软件，就能让有关柔性体的仿真分析比传统方式更流畅、更高效。ViewFlex 可以通过外部环境（ABAQUS、ANSYS、NASTRAN、HYPERMESH 等软件）导入模态中性文件对系统中的部件进行柔性化处理。通过 ABAQUS 软件导入的装配体叶片弹簧柔性体如图 1-5 所示。

功能特色：

（1）在 ADAMS 环境下自动直接生成弹性体。

（2）后台完成网格划分、求解、MNF 文件生成的流程。

（3）由内置的 NASTRAN 求解。

（4）流程高效、流畅。

（5）高精确度。

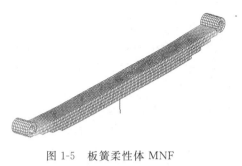

图 1-5　板簧柔性体 MNF

1.2.4　Controls

Controls 模块将控制系统与机械系统集成在一起进行联合仿真。集成的方式有两种：一种是将 MSC.ADAMS 建立的机械系统模型集成入控制系统仿真环境中，组成完整的耦合系统模型进行联合仿真；另一种是将控制软件中建立的控制系统读入 MSC.ADAMS 的模型中进行全系统联合仿真。FSAE 赛车弯道制动系统联合仿真模型如图 1-6 所示。机控耦合系统优势如下：

（1）机械系统中可以考虑各部件的惯性、摩擦、重力、碰撞和其他因素的影响。

（2）与常用控制软件进行双向数据传递，包括 MSC Easy5、MATLAB 和 MATRIX。

（3）支持联合仿真和函数估值两种模式。

（4）通过状态方程支持连续和离散系统。

（5）使控制系统工程师和机械系统工程师之间的交流更方便。

（6）有效地求解机械、控制系统耦合模型。

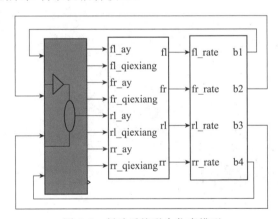

图 1-6　制动系统联合仿真模型

1.2.5　Truck

Truck 模块集成在 Car 模块中，以插件的形式可以在 Car 环境中随时调用。Truck 模块中有客车、货车及挂车模型，数据库中的公版模型主要为北美及欧洲卡车标准，整车、前后悬架及车身都不适用于我国的商用模型及客车。国内较多文献依然通过保持垂向刚度简化特性用公版模型对整车的性能进行各种分析,此处应保留谨慎态度,因为国内商用牵引车的悬架物理结构与公版模型完全不一致。采用 Car 模块建立的导向杆式平衡悬架如图 1-7 所示,在此基础上建立的 6×4 商用牵引车模型如图 1-8 所示。整车模型包含前非独立钢板弹簧悬架模型、右舵转向模型、车身模型、6 轮制动模型、发动机模型和导向杆式平衡悬架模型。读者可以在此整车模型基础上继续建立驾驶室、挂车及挂车制动系统等。商用车建模的难点在于钢板弹簧模型的建立及推杆式、导向杆式悬架集成参数的设定。汽车列车模型如图 1-9 所示。6 柱振动试验台如图 1-10 所示。8 柱振动试验台如图 1-11 所示。太拖拉整车如图 1-12 所示。

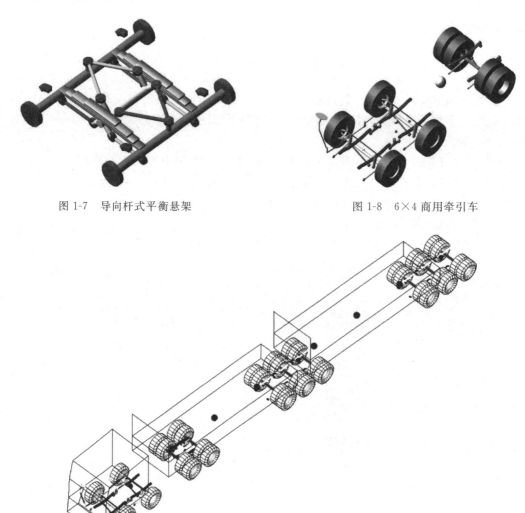

图 1-7　导向杆式平衡悬架　　　　　　　　图 1-8　6×4 商用牵引车

图 1-9　8×4 汽车列车(牵引车＋两挂列车)

图 1-10　6×4 整车与 6 柱振动试验台　　　　　　　图 1-11　8×4 整车与 8 柱振动试验台

图 1-12　太拖拉整车

1.2.6　Solver

　　Solver 是 ADAMS 的核心解算器。其解算过程是先自动校验模型,然后视模型情况自动进行各种类型的解算,求解过程中可以观察主要数据的变化以及机构的运动情况。MSC. ADAMS/Solver 同时提供了用于计算机械系统的固有频率(特征值)和振型(特征矢量)的专用工具。具体功能如下:

　　(1)使用欧拉-拉格朗日(Euler-Lagrange)方法自动形成运动学方程、空间坐标系及欧拉角、牛顿-拉夫森迭代法。

　　(2)多种显式、隐式积分算法:刚性积分方法[基尔霍夫(Gear)型和修正的 Gear 型]、非刚性积分方法[龙格-库塔(Runge-Kutta)和 ABAM]和固定步长方法(constant_BDF),以及二阶希尔伯特-黄变换(Hilbert-Huang transform,HHT)和纽马克法(Newmark method)等积分方法。

（3）多种积分修正方法：三阶指数法、稳定二阶指数法和稳定一阶指数法。

（4）提供大量的求解参数选项供用户进一步调试解算器，以改进求解的效率和精度。

（5）Calahan 和 Harwell 线性化求解器。

（6）支持用户自定义的子程序。

（7）解算稳定，结果精确，经过大量实际工程问题检验。

第 2 章　双轴转向系统

双轴及多轴转向系统在工程及特种车辆上应用较多。双轴转向一般采用连杆传动,大于两轴系转向的一般采用液压传动。图 2-1 所示为6×4牵引货车右舵双轴转向系统。与单轴转向相比,其转向系统多了一个摇臂,通过摇臂与车身的旋转拉动后面的传动杆使第二轴车辆产生转动,在此模型上可以继续拓展三轴及多轴连杆传动转向。在摇臂上可以通过增加液压推杆起到转向助力的作用,有关转向助力特性的研究可以通过在此推杆上建立函数,然后与 MATLAB 软件建立联合仿真模型即可。

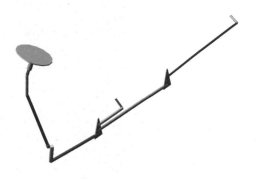

图 2-1　双轴转向系统

2.1　双轴转向模型

(1)启动 ADAMS/Car,选择 Template 进入建模界面。

(2)单击 File>New 命令,弹出建模对话框,如图 2-2 所示。

(3)Template Name:my_steer_two_axle。

(4)Major Role:steering。

(5)单击 OK,进入建模界面。

图 2-2　转向模板框

(6)单击 Build>Hardpoint>New 命令,弹出 Template 创建硬点对话框,如图 2-3 所示。

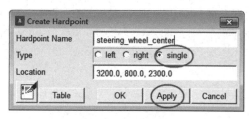

图 2-3　硬点创建

（7）Hardpoint Name：steering_wheel_center。

（8）Type：single。

（9）Location：3200.0，800.0，2300.0。

（10）单击 Apply，完成 steering_wheel_center 硬点的创建。

（11）重复上述步骤完成图 2-4 中硬点的创建，创建完成后单击 OK。

	loc x	loc y	loc z
hps_input_shaft_forward	3400.0	800.0	900.0
hps_intermediate_shaft_forward	3100.0	800.0	1812.5
hps_intermediate_shaft_rearward	3100.0	800.0	2088.6
hps_origin_ref	0.0	0.0	0.0
hps_pitman_arm_aft_front	5050.0	765.0	550.0
hps_pitman_arm_aft_rear	5150.0	765.0	550.0
hps_pitman_arm_aft_upper	5100.0	765.0	800.0
hps_pitman_arm_middle_front	4050.0	765.0	550.0
hps_pitman_arm_middle_rear	4150.0	765.0	550.0
hps_pitman_arm_middle_upper	4100.0	765.0	800.0
hps_pitman_axis	3415.0	750.0	900.0
hps_steer_arm	4450.0	765.0	700.0
hps_steer_link	3415.0	765.0	675.0
hps_steer_link_aft_front	5100.0	765.0	685.0
hps_steer_link_aft_rear	6130.0	765.0	730.0
hps_steer_link_fore_front	4100.0	765.0	710.0
hps_steer_link_middle_front	4100.0	765.0	635.0
hps_steer_link_middle_rear	5100.0	765.0	580.0
hps_steer_link_rear	4100.0	765.0	580.0
hps_steering_arm_attach	4450.0	865.0	760.0
hps_steering_arm_attach_aft	6130.0	865.0	765.0
hps_steering_wheel_center	3200.0	800.0	2300.0

图 2-4　双轴转向系统硬点

2.1.1　部件 steer_link

（1）单击 Build＞Part＞General Part＞New 命令，弹出创建部件对话框，如图 2-5 所示。

（2）General Part：._my_steer_two_axle. ges_steer_link。

（3）Location Dependency：Centered between coordinates。

（4）Centered between：Two Coordinates。

（5）Coordinate Reference ♯1：._my_steer_two_axle. ground. hps_steer_link。

（6）Coordinate Reference ♯2：._my_steer_two_axle. ground. hps_steer_link_rear。

（7）Orientation Dependency：Orient axis along line。

（8）Coordinate Reference ♯1：._my_steer_two_axle. ground. hps_steer_link。

（9）Coordinate Reference ♯2：._my_steer_two_axle. ground. hps_steer_link_rear。

（10）Axis：Z。

（11）Mass：1。

（12）Ixx：1。

（13）Iyy：1。

（14）Izz：1。

（15）Density：Material。

（16）Material Type：. materials. steel。

（17）单击 OK，完成 . _my_steer_two_axle. ges_steer_link 部件的创建。

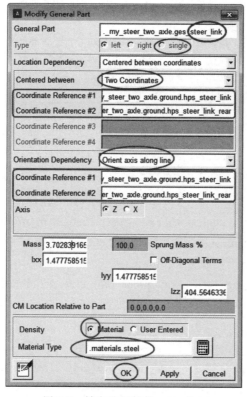

图 2-5　转向连杆部件 steer_link

（18）单击 Build＞Geometry＞Link＞New 命令，弹出创建几何体对话框，如图 2-6 所示。

（19）Link Name：. _my_steer_two_axle. ges_steer_link_gralin_steer_link。

（20）General Part：. _my_steer_two_axle. ges_steer_link。

（21）Coordinate Reference ♯1：. _my_steer_two_axle. ground. hps_steer_link。

（22）Coordinate Reference ♯2：. _my_steer_two_axle. ground. hps_steer_link_rear。

（23）Radius：15. 0。

（24）Color：red。

（25）选择 Calculate Mass Properties of General Part 复选框，当几何体建立好之后会更新对应部件的质量和惯量参数。

（26）Density：Material。

（27）Material Type：steel。

（28）单击 OK，完成 . _my_steer_two_axle. ges_steer_link. gralin_steer_link 几何体的创建。

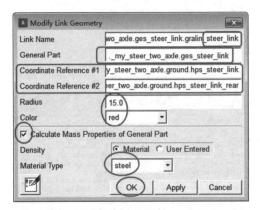

图 2-6　转向连杆几何体 steer_link

2.1.2　部件 pitman_arm_middle

（1）单击 Build＞Part＞General Part＞New 命令，弹出创建部件对话框，可参考图 2-5。

（2）General Part：._my_steer_two_axle. ges_pitman_arm_middle。

（3）Location Dependency：Centered between coordinates。

（4）Centered between：Three Coordinates。

（5）Coordinate Reference ＃1：._my_steer_two_axle. ground. hps_pitman_arm_middle_upper。

（6）Coordinate Reference ＃2：._my_steer_two_axle. ground. hps_pitman_arm_middle_front。

（7）Coordinate Reference ＃3：._my_steer_two_axle. ground. hps_pitman_arm_middle_rear。

（8）Orientation Dependency：Oriented in plane。

（9）Coordinate Reference ＃1：._my_steer_two_axle. ground. hps_pitman_arm_middle_upper。

（10）Coordinate Reference ＃2：._my_steer_two_axle. ground. hps_pitman_arm_middle_front。

（11）Coordinate Reference ＃3：._my_steer_two_axle. ground. hps_pitman_arm_middle_rear。

（12）Axis：Z。

（13）Mass：1。

（14）Ixx：1。

（15）Iyy：1。

（16）Izz：1。

（17）Density：Material。

（18）Material Type：. materials. steel。

（19）单击 OK，完成 ._my_steer_two_axle. ges_pitman_arm_middle 部件的创建。

（20）单击 Build＞Geometry＞Arm＞New 命令，弹出创建三角臂几何体对话框，如图 2-7 所示。

（21）Arm Name：._my_steer_two_axle. ges_pitman_arm_middle. graarm_pitman_arm_middle。

（22）General Part：._my_steer_two_axle. ges_pitman_arm_middle。

（23）Coordinate Reference ♯1：._my_steer_two_axle. ground. hps_pitman_arm_middle_upper。

（24）Coordinate Reference ♯2：._my_steer_two_axle. ground. hps_pitman_arm_middle_front。

（25）Coordinate Reference ♯3：._my_steer_two_axle. ground. hps_pitman_arm_middle_rear。

（26）Thickness：10. 0。

（27）Color：white。

（28）选择 Calculate Mass Properties of General Part 复选框。

（29）Density：Material。

（30）Material Type：steel。

（31）单击 OK，完成 ._my_steer_two_axle. ges_pitman_arm_middle. graarm_pitman_arm_middle 几何体的创建。

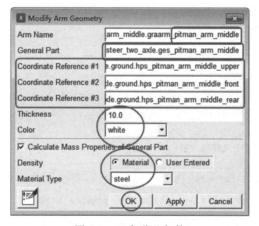

图 2-7　三角臂几何体

2. 1. 3　部件 steer_input_arm_aft

（1）单击 Build＞Part＞General Part＞New 命令，弹出创建部件对话框，可参考图 2-5。

（2）General Part：._my_steer_two_axle. ges_steer_input_arm_aft。

（3）Location Dependency：Located on a line。

（4）Coordinate Reference ♯1：._my_steer_two_axle. ground. hps_steer_link_aft_rear。

（5）Coordinate Reference ♯2：._my_steer_two_axle. ground. hps_steering_arm_attach_aft。

（6）Relative location（％）：50。

（7）Orientation Dependency：User-entered values。

(8)Orient using：Euler Angles。

(9)Euler Angles：0. 0,0. 0,0. 0。

(10)Axis：Z。

(11)Mass：1。

(12)Ixx：1。

(13)Iyy：1。

(14)Izz：1。

(15)Density：Material。

(16)Material Type：. materials. steel。

(17)单击 OK,完成 . _my_steer_two_axle. ges_steer_input_arm_aft 部件的创建。

(18)单击 Build＞Geometry＞Link＞New 命令,弹出创建几何体对话框,可参考图 2-6。

(19)Link Name：. _my_steer_two_axle. ges_steer_link. gralin_steer_link。

(20)General Part：. _my_steer_two_axle. ges_steer_input_arm_aft。

(21)Coordinate Reference ♯1：. _my_steer_two_axle. ground. hps_steer_link。

(22)Coordinate Reference ♯2：. _my_steer_two_axle. ground. hps_steer_link_rear。

(23)Radius：15. 0。

(24)Color：red。

(25)选择 Calculate Mass Properties of General Part 复选框,当几何体建立好之后会更新对应部件的质量和惯量参数。

(26)Density：Material。

(27)Material Type：steel。

(28)单击 OK,完成 . _my_steer_two_axle. ges_steer_link. gralin_steer_link 几何体的创建。

2. 1. 4　部件 pitman_arm_aft

(1)单击 Build＞Part＞General Part＞New 命令,弹出创建部件对话框,可参考图 2-5。

(2)General Part：. _my_steer_two_axle. ges_pitman_arm_aft。

(3)Location Dependency：Delta location from coordinate。

(4)Coordinate Reference：. _my_steer_two_axle. ground. hps_steer_link_aft_front。

(5)Location：0,0,0。

(6)Location in：Local。

(7)Orientation Dependency：User-entered values。

(8)Orient using：Euler Angles。

(9)Euler Angles：0. 0,0. 0,0. 0。

(10)Axis：Z。

(11)Mass：1。

(12)Ixx：1。

(13)Iyy：1。

(14)Izz:1。

(15)Density:Material。

(16)Material Type:. materials. steel。

(17)单击 OK,完成 ._my_steer_two_axle. ges_pitman_arm_aft 部件的创建。

(18)单击 Build>Geometry>Arm>New 命令,弹出创建三角臂几何体对话框,可参考图 2-7。

(19)Link Name:. _my_steer_two_axle. ges_pitman_arm_aft. graarm_pitman_arm_aft。

(20)General Part:. _my_steer_two_axle. ges_pitman_arm_aft。

(21)Coordinate Reference ♯1:. _my_steer_two_axle. ground. hps_pitman_arm_aft_upper。

(22)Coordinate Reference ♯2:. _my_steer_two_axle. ground. hps_pitman_arm_aft_front。

(23)Coordinate Reference ♯3:. _my_steer_two_axle. ground. hps_pitman_arm_aft_rear。

(24)Thickness:10。

(25)Color:white。

(26)选择 Calculate Mass Properties of General Part 复选框。

(27)Density:Material。

(28)Material Type:steel。

(29)单击 OK,完成 ._my_steer_two_axle. ges_pitman_arm_aft. graarm_pitman_arm_aft 几何体的创建。

2. 1. 5　部件 steer_link_aft

(1)单击 Build>Part>General Part>New 命令,弹出创建部件对话框,可参考图 2-5。

(2)General Part:. _my_steer_two_axle. ges_steer_link_aft。

(3)Location Dependency:Located on a line。

(4)Coordinate Reference ♯1:. _my_steer_two_axle. ground. hps_steer_link_aft_front。

(5)Coordinate Reference ♯2:. _my_steer_two_axle. ground. hps_steer_link_aft_rear。

(6)Relative location(%):50。

(7)Orientation Dependency:User-entered values。

(8)Orient using:Euler Angles。

(9)Euler Angles:0. 0,0. 0,0. 0。

(10)Axis:Z。

(11)Mass:1。

(12)Ixx:1。

(13)Iyy:1。

(14)Izz:1。

(15)Density:Material。

(16)Material Type:. materials. steel。

(17)单击 OK,完成 ._my_steer_two_axle. ges_steer_link_aft 部件的创建。

(18)单击 Build＞Geometry＞Link＞New 命令,弹出创建几何体对话框,可参考图 2-6。

(19)Link Name:. _my_steer_two_axle. ges_steer_link_aft. gralin_steer_link_aft。

(20)General Part:. _my_steer_two_axle. ges_steer_link_aft。

(21)Coordinate Reference ＃1:. _my_steer_two_axle. ground. hps_steer_link_aft_front。

(22)Coordinate Reference ＃2:. _my_steer_two_axle. ground. hps_steer_link_aft_rear。

(23)Radius:10. 0。

(24)Color:blue。

(25)选择 Calculate Mass Properties of General Part 复选框。

(26)Density:Material。

(27)Material Type:steel。

(28)单击 OK,完成_my_steer_two_axle. ges_steer_link_aft. gralin_steer_link_aft 几何体的创建。

2. 1. 6　部件 steer_link_middle

(1)单击 Build＞Part＞General Part＞New 命令,弹出创建部件对话框,可参考图 2-5。

(2)General Part:. _my_steer_two_axle. ges_steer_link_middle。

(3)Location Dependency:Located on a line。

(4)Coordinate Reference ＃1:. _my_steer_two_axle. ground. hps_steer_link_middle_front。

(5)Coordinate Reference ＃2:. _my_steer_two_axle. ground. hps_steer_link_middle_rear。

(6)Relative location(％):50。

(7)Orientation Dependency:User-entered values。

(8)Orient using:Euler Angles。

(9)Euler Angles:0. 0,0. 0,0. 0。

(10)Axis:Z。

(11)Mass:1。

(12)Ixx:1。

(13)Iyy:1。

(14)Izz:1。

(15)Density:Material。

(16)Material Type:. materials. steel。

(17)单击 OK,完成 . _my_steer_two_axle. ges_steer_link_middle 部件的创建。

(18)单击 Build＞Geometry＞Link＞New 命令,弹出创建几何体对话框,可参考图 2-6。

(19)Link Name:. _my_steer_two_axle. ges_steer_link_middle. gralin_steer_link_middle。

(20)General Part:. _my_steer_two_axle. ges_steer_link_middle。

(21)Coordinate Reference ＃1:. _my_steer_two_axle. ground. hps_steer_link_middle_front。

(22)Coordinate Reference ＃2:. _my_steer_two_axle. ground. hps_steer_link_middle_rear。

（23）Radius：15.0。

（24）Color：skyblue。

（25）选择 Calculate Mass Properties of General Part 复选框。

（26）Density：Material。

（27）Material Type：steel。

（28）单击 OK，完成 ._my_steer_two_axle.ges_steer_link_middle.gralin_steer_link_middle 几何体的创建。

2.1.7　部件 steering_wheel

（1）单击 Build＞Construction Frame＞New 命令，弹出创建结构框对话框，如图 2-8 所示。

（2）Construction Frame：._my_steer_two_axle.ground.cfs_steering_wheel_center。

（3）Location Dependency：Delta location from coordinate。

（4）Coordinate Reference：._my_steer_two_axle.ground.hps_steering_wheel_center。

（5）Location：0,0,0。

（6）Location in：local。

（7）Orientation Dependency：Orient axis along line。

（8）Coordinate Reference ♯1：._my_steer_two_axle.ground.hps_steering_wheel_center。

（9）Coordinate Reference ♯2：._my_steer_two_axle.ground.hps_intermediate_shaft_rearward。

（10）Axis：Z。

（11）单击 Apply，完成 ._my_steer_two_axle.ground.cfs_steering_wheel_center 结构框的创建。

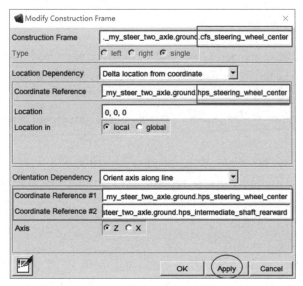

图 2-8　结构框 steering_wheel_center

(12)Construction Frame:. _my_steer_two_axle. ground. cfs_steering_wheel_mcs。

(13)Location Dependency:Delta location from coordinate。

(14)Coordinate Reference:. _my_steer_two_axle. ground. hps_steering_wheel_center。

(15)Location:0,0,0。

(16)Location in:local。

(17)Orientation Dependency:Delta location from coordinate。

(18)Construction Frame:. _my_steer_two_axle. ground. cfs_steering_wheel_center。

(19)Orientation:0,0,0。

(20)单击 OK,完成 . _my_steer_two_axle. ground. cfs_steering_wheel_mcs 结构框的创建。

(21)单击 Build＞Part＞General Part＞New 命令,弹出创建部件对话框,可参考图 2-5。

(22)General Part:. _my_steer_two_axle. ges_steering_wheel。

(23)Location Dependency:Delta location from coordinate。

(24)Coordinate Reference:. _my_steer_two_axle. ground. cfs_steering_wheel_mcs。

(25)Location:0,0,0。

(26)Location in:Local。

(27)Orientation Dependency:Delta location from coordinate。

(28)Construction Frame:. _my_steer_two_axle. ground. cfs_steering_wheel_mcs。

(29)Orientation:0,0,0。

(30)Mass:1。

(31)Ixx:1。

(32)Iyy:1。

(33)Izz:1。

(34)Density:Material。

(35)Material Type:. materials. steel。

(36)单击 OK,完成 . _my_steer_two_axle. ges_steering_wheel 部件的创建。

(37)单击 Build＞Geometry＞Cylinder＞New 命令,弹出创建圆柱几何体对话框,如图 2-9 所示。

(38)Cylinder Name:. _my_steer_two_axle. ges_steering_wheel. gracyl_steering_wheel。

(39)General Part:. _my_steer_two_axle. ges_steering_wheel。

(40)Construction Frame:. _my_steer_two_axle. ground. cfs_steering_wheel_center。

(41)Radius:200. 0。

(42)Length In Positive Z:5. 0。

(43)Length In Negative Z:5. 0。

(44)Color:yellow。

(45)选择 Calculate Mass Properties of General Part 复选框。

(46)单击 OK,完成转向盘 . _my_steer_two_axle. ges_steering_wheel. gracyl_steering_ wheel 几何体的创建。

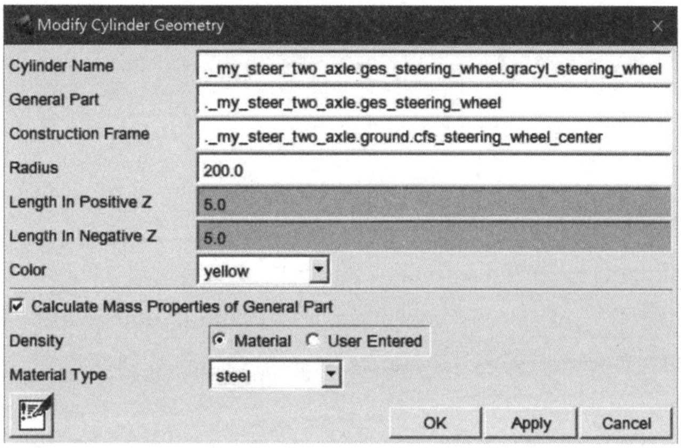

图 2-9　圆柱几何体 steering_wheel

2.1.8　部件 column_housing

（1）单击 Build＞Construction Frame＞New 命令，弹出创建结构框对话框，可参考图 2-8。

（2）Construction Frame：._my_steer_two_axle. ground. cfs_column_housing。

（3）Location Dependency：Centered between coordinates。

（4）Centered between：Two Coordinates。

（5）Coordinate Reference ♯1：._my_steer_two_axle. ground. hps_intermediate_shaft_ rearward。

（6）Coordinate Reference ♯2：._my_steer_two_axle. ground. hps_steering_wheel_center。

（7）Orientation Dependency：Orient axis along line。

（8）Coordinate Reference ♯1：._my_steer_two_axle. ground. hps_intermediate_shaft_ rearward。

（9）Coordinate Reference ♯2：._my_steer_two_axle. ground. hps_steering_wheel_ center。

（10）Axis：Z。

（11）单击 OK，完成 ._my_steer_two_axle. ground. cfs_column_housing 结构框的创建。

（12）单击 Build＞Part＞General Part＞New 命令，弹出创建部件对话框，可参考图 2-5。

（13）General Part：._my_steer_two_axle. ges_column_housing。

（14）Location Dependency：Centered between coordinates。

（15）Centered between：Two Coordinates。

（16）Coordinate Reference ♯1：._my_steer_two_axle. ground. hps_intermediate_shaft_ rearward。

（17）Coordinate Reference ♯2：._my_steer_two_axle. ground. hps_steering_wheel_ center。

（18）Orientation Dependency：Orient axis to point。

(19)Coordinate Reference:. _my_steer_two_axle. ground. hps_steering_wheel_center。

(20)Axis:Z。

(21)Mass:1。

(22)Ixx:1。

(23)Iyy:1。

(24)Izz:1。

(25)Density:Material。

(26)Material Type:. materials. steel。

(27)单击 OK,完成 . _my_steer_two_axle. ges_column_housing 部件的创建。

(28)单击 Build>Geometry>Cylinder>New 命令,弹出创建圆柱几何体对话框,可参考图 2-9。

(29)Cylinder Name:. _my_steer_two_axle. ges_column_housing. gracyl_column_housing。

(30)General Part:. _my_steer_two_axle. ges_column_housing。

(31)Construction Frame:. _my_steer_two_axle. ground. cfs_column_housing。

(32)Radius:25. 0。

(33)Length In Positive Z:50. 0。

(34)Length In Negative Z:50. 0。

(35)Color:skyblue。

(36)选择 Calculate Mass Properties of General Part 复选框。

(37)单击 OK,完成转向盘 . _my_steer_two_axle. ges_column_housing. gracyl_column_housing 几何体的创建。

2. 1. 9 部件 steering_column

(1)单击 Build>Part>General Part>New 命令,弹出创建部件对话框,可参考图 2-5。

(2)General Part:. _my_steer_two_axle. ges_steering_column。

(3)Location Dependency:Centered between coordinates。

(4)Centered between:Two Coordinates。

(5)Coordinate Reference ♯1:. _my_steer_two_axle. ground. hps_intermediate_shaft_rearward。

(6)Coordinate Reference ♯2:. _my_steer_two_axle. ground. hps_steering_wheel_center。

(7)Orientation Dependency:Orient axis to point。

(8)Coordinate Reference:. _my_steer_two_axle. ground. hps_intermediate_shaft_rearward。

(9)Axis:Z。

(10)Mass:1。

(11)Ixx:1。

（12）Iyy：1。

（13）Izz：1。

（14）Density：Material。

（15）Material Type：. materials. steel。

（16）单击 OK，完成 . _my_steer_two_axle. ges_steering_column 部件的创建。

（17）单击 Build＞Geometry＞Link＞New 命令，弹出创建几何体对话框，可参考图 2-6。

（18）Link Name：. _my_steer_two_axle. ges_steering_column. gralin_steering_column。

（19）General Part：. _my_steer_two_axle. ges_steering_column。

（20）Coordinate Reference ♯1：. _my_steer_two_axle. ground. hps_intermediate_shaft_rearward。

（21）Coordinate Reference ♯2：. _my_steer_two_axle. ground. hps_steering_wheel_center。

（22）Radius：15. 0。

（23）Color：red。

（24）选择 Calculate Mass Properties of General Part 复选框。

（25）Density：Material。

（26）Material Type：steel。

（27）单击 OK，完成 . _my_steer_two_axle. ges_steering_column. gralin_steering_column 几何体的创建。

2. 1. 10　部件 intermediate_shaft

（1）单击 Build＞Part＞General Part＞New 命令，弹出创建部件对话框，可参考图 2-5。

（2）General Part：. _my_steer_two_axle. ges_intermediate_shaft。

（3）Location Dependency：Centered between coordinates。

（4）Centered between：Two Coordinates。

（5）Coordinate Reference ♯1：. _my_steer_two_axle. ground. hps_intermediate_shaft_rearward。

（6）Coordinate Reference ♯2：. _my_steer_two_axle. ground. hps_intermediate_shaft_forward。

（7）Orientation Dependency：Orient axis to point。

（8）Coordinate Reference：. _my_steer_two_axle. ground. hps_intermediate_shaft_rearward。

（9）Axis：Z。

（10）Mass：1。

（11）Ixx：1。

（12）Iyy：1。

（13）Izz：1。

（14）Density：Material。

(15)Material Type：. materials. steel。

(16)单击 OK，完成 . _my_steer_two_axle. ges_intermediate_shaft 部件的创建。

(17)单击 Build＞Geometry＞Link＞New 命令，弹出创建几何体对话框，可参考图 2-6。

(18)Link Name：. _my_steer_two_axle. ges_intermediate_shaft. gralin_intermediate_shaft。

(19)General Part：. _my_steer_two_axle. ges_intermediate_shaft。

(20)Coordinate Reference ♯1：. _my_steer_two_axle. ground. hps_intermediate_shaft_rearward。

(21)Coordinate Reference ♯2：. _my_steer_two_axle. ground. hps_intermediate_shaft_forward。

(22)Radius：15. 0。

(23)Color：yellow。

(24)选择 Calculate Mass Properties of General Part 复选框。

(25)Density：Material。

(26)Material Type：steel。

(27)单击 OK，完成 . _my_steer_two_axle. ges_intermediate_shaft. gralin_intermediate_shaft 几何体的创建。

2. 1. 11　部件 input_shaft

(1)单击 Build＞Part＞General Part＞New 命令，弹出创建部件对话框，可参考图 2-5。

(2)General Part：. _my_steer_two_axle. ges_input_shaft。

(3)Location Dependency：Centered between coordinates。

(4)Centered between：Two Coordinates。

(5)Coordinate Reference ♯1：. _my_steer_two_axle. ground. hps_intermediate_shaft_forward。

(6)Coordinate Reference ♯2：. _my_steer_two_axle. ground. hps_input_shaft_forward。

(7)Orientation Dependency：Orient axis to point。

(8)Coordinate Reference：. _my_steer_two_axle. ground. hps_intermediate_shaft_forward。

(9)Axis：Z。

(10)Mass：1。

(11)Ixx：1。

(12)Iyy：1。

(13)Izz：1。

(14)Density：Material。

(15)Material Type：. materials. steel。

(16)单击 OK，完成 . _my_steer_two_axle. ges_input_shaft 部件的创建。

(17)单击 Build＞Geometry＞Link＞New 命令，弹出创建几何体对话框，可参考图 2-6。

(18)Link Name：. _my_steer_two_axle. ges_input_shaft. gralin_input_shaft。

(19)General Part：. _my_steer_two_axle. ges_input_shaft。

(20)Coordinate Reference ♯1：. _my_steer_two_axle. ground. hps_intermediate_shaft_forward。

(21)Coordinate Reference ♯2：. _my_steer_two_axle. ground. hps_input_shaft_forward。

(22)Radius：15. 0。

(23)Color：red。

(24)选择 Calculate Mass Properties of General Part 复选框。

(25)Density：Material。

(26)Material Type：steel。

(27)单击 OK，完成. _my_steer_two_axle. ges_input_shaft. gralin_input_shaft 几何体的创建。

2. 1. 12　部件 ball_screw

(1)单击 Build>Construction Frame>New 命令，弹出创建结构框对话框，可参考图 2-8。

(2)Construction Frame：. _my_steer_two_axle. ground. cfs_ball_screw_rearward。

(3)Location Dependency：Delta location from coordinate。

(4)Coordinate Reference：. _my_steer_two_axle. ground. hps_input_shaft_forward。

(5)Orientation Dependency：Delta location from coordinate。

(6)Construction Frame：. _my_steer_two_axle. ground. cfs_input_shaft_forward。

(7)Orientation：0，0，0。

(8)单击 Apply，完成. _my_steer_two_axle. ground. cfs_ball_screw_rearward 结构框的创建。

(9)单击 Build>Construction Frame>New 命令，弹出创建结构框对话框，可参考图 2-8。

(10)Construction Frame：. _my_steer_two_axle. ground. cfs_input_shaft_forward。

(11)Location Dependency：Delta location from coordinate。

(12)Coordinate Reference：. _my_steer_two_axle. ground. hps_input_shaft_forward。

(13)Location：0，0，0。

(14)Location in：local。

(15)Orientation Dependency：Oriented in plane。

(16)Coordinate Reference ♯1：. _my_steer_two_axle. ground. hps_input_shaft_forward。

(17)Coordinate Reference ♯2：. _my_steer_two_axle. ground. hps_intermediate_shaft_forward。

(18)Coordinate Reference ♯3：. _my_steer_two_axle. ground. hps_intermediate_shaft_rearward。

(19)单击 Apply，完成. _my_steer_two_axle. ground. cfs_input_shaft_forward 结构框的创建。

(20)单击 Build＞Construction Frame＞New 命令,弹出创建结构框对话框,可参考图 2-8。

(21)Construction Frame：. _my_steer_two_axle. ground. cfs_ball_screw_rearward。

(22)Location Dependency：Delta location from coordinate。

(23)Coordinate Reference：. _my_steer_two_axle. ground. hps_input_shaft_forward。

(24)Location：0,0,0。

(25)Location in：local。

(26)Orientation Dependency：Delta location from coordinate。

(27)Construction Frame：. _my_steer_two_axle. ground. cfs_input_shaft_forward。

(28)Orientation：0,0,0。

(29)单击 OK,完成 . _my_steer_two_axle. ground. cfs_ball_screw_rearward 结构框的创建。

(30)单击 Build＞Part＞General Part＞New 命令,弹出创建部件对话框,可参考图 2-5。

(31)General Part：. _my_steer_two_axle. ges_ball_screw。

(32)Location Dependency：Centered between coordinates。

(33)Centered between：Two Coordinates。

(34)Coordinate Reference ♯1：. _my_steer_two_axle. ground. cfs_ball_screw_rearward。

(35)Coordinate Reference ♯2：. _my_steer_two_axle. ground. cfs_ball_screw_forward。

(36)Orientation Dependency：Orient axis to point。

(37)Coordinate Reference：. _my_steer_two_axle. ground. cfs_ball_screw_rearward。

(38)Axis：Z。

(39)Mass：1。

(40)Ixx：1。

(41)Iyy：1。

(42)Izz：1。

(43)Density：Material。

(44)Material Type：. materials. steel。

(45)单击 OK,完成 . _my_steer_two_axle. ges_ball_screw 部件的创建。

(46)单击 Build＞Geometry＞Link＞New 命令,弹出创建几何体对话框,可参考图 2-6。

(47)Link Name：. _my_steer_two_axle. ges_ball_screw. gralin_ball_screw。

(48)General Part：. _my_steer_two_axle. ges_ball_screw。

(49)Coordinate Reference ♯1：. _my_steer_two_axle. ground. cfs_ball_screw_rearward。

(50)Coordinate Reference ♯2：. _my_steer_two_axle. ground. cfs_ball_screw_forward。

(51)Radius：15. 0。

(52)Color：red。

(53)选择 Calculate Mass Properties of General Part 复选框。

(54)Density：Material。

(55)Material Type：steel。

(56)单击 OK,完成 . _my_steer_two_axle. ges_ball_screw. gralin_ball_screw 几何体的
创建。

2.1.13　部件 rack

(1)单击 Build＞Part＞General Part＞New 命令,弹出创建部件对话框,可参考图 2-5。

(2)General Part:._my_steer_two_axle.ges_rack。

(3)Location Dependency:Located on a line。

(4)Coordinate Reference ♯1:._my_steer_two_axle.ground.cfs_ball_screw_rearward。

(5)Coordinate Reference ♯2:._my_steer_two_axle.ground.cfs_ball_screw_forward。

(6)Relative location(%):50。

(7)Orientation Dependency:Orient axis to point。

(8)Coordinate Reference:._my_steer_two_axle.ground.cfs_ball_screw_rearward。

(9)Axis:Z。

(10)Mass:1。

(11)Ixx:1。

(12)Iyy:1。

(13)Izz:1。

(14)Density:Material。

(15)Material Type:.materials.steel。

(16)单击 OK,完成 ._my_steer_two_axle.ges_rack 部件的创建。

(17)单击 Build＞Geometry＞Link＞New 命令,弹出创建几何体对话框,可参考图 2-6。

(18)Link Name:._my_steer_two_axle.ges_rack.gralin_rack。

(19)General Part:._my_steer_two_axle.ges_rack。

(20)Coordinate Reference ♯1:._my_steer_two_axle.ground.cfs_ball_screw_rearward。

(21)Coordinate Reference ♯2:._my_steer_two_axle.ground.cfs_ball_screw_forward。

(22)Radius:18.0。

(23)Color:white。

(24)选择 Calculate Mass Properties of General Part 复选框。

(25)Density:Material。

(26)Material Type:steel。

(27)单击 OK,完成 ._my_steer_two_axle.ges_rack.gralin_rack 几何体的创建。

2.1.14　部件 steer_input_arm_fore

(1)单击 Build＞Part＞General Part＞New 命令,弹出创建部件对话框,可参考图 2-5。

(2)General Part:._my_steer_two_axle.ges_steer_input_arm_fore。

(3)Location Dependency:Centered between coordinates。

(4)Centered between:Two Coordinates。

(5)Coordinate Reference ♯1:._my_steer_two_axle.ground.hps_steering_arm_attach。

(6)Coordinate Reference ♯2:._my_steer_two_axle.ground.hps_steer_arm。

(7)Orientation Dependency:User-entered values。

(8)Orient using:Euler Angles。

(9)Euler Angles:0. 0,0. 0,0. 0。

(10)Mass:1。

(11)Ixx:1。

(12)Iyy:1。

(13)Izz:1。

(14)Density:Material。

(15)Material Type:. materials. steel。

(16)单击 OK,完成 . _my_steer_two_axle. ges_steer_input_arm_fore 部件的创建。

(17)单击 Build＞Geometry＞Link＞New 命令,弹出创建几何体对话框,可参考图 2-6。

(18)Link Name:. _my_steer_two_axle. ges_steer_input_arm_fore. gralin_steer_input_arm。

(19)General Part:. _my_steer_two_axle. ges_steer_input_arm_fore。

(20)Coordinate Reference ♯1:. _my_steer_two_axle. ground. hps_steering_arm_attach。

(21)Coordinate Reference ♯2:. _my_steer_two_axle. ground. hps_steer_arm。

(22)Radius:10. 0。

(23)Color:red。

(24)选择 Calculate Mass Properties of General Part 复选框。

(25)Density:Material。

(26)Material Type:steel。

(27)单击 OK,完成 . _my_steer_two_axle. ges_steer_input_arm_fore. gralin_steer_input_arm 几何体的创建。

2. 1. 15　部件 steer_link_fore

(1)单击 Build＞Part＞General Part＞New 命令,弹出创建部件对话框,可参考图 2-5。

(2)General Part:. _my_steer_two_axle. ges_steer_link_fore。

(3)Location Dependency:Centered between coordinates。

(4)Centered between:Two Coordinates。

(5)Coordinate Reference ♯1:. _my_steer_two_axle. ground. hps_steer_link_fore_front。

(6)Coordinate Reference ♯2:. _my_steer_two_axle. ground. hps_steer_arm。

(7)Orientation Dependency:User-entered values。

(8)Orient using:Euler Angles。

(9)Euler Angles:0. 0,0. 0,0. 0。

(10)Mass:1。

(11)Ixx:1。

(12)Iyy:1。

(13)Izz:1。

(14)Density:Material。

(15)Material Type:. materials. steel。

(16)单击 OK,完成 . _my_steer_two_axle. ges_steer_link_fore 部件的创建。

(17)单击 Build＞Geometry＞Link＞New 命令,弹出创建几何体对话框,可参考图 2-6。

(18)Link Name:. _my_steer_two_axle. ges_steer_link_fore. gralin_steer_link_fore。

(19)General Part:. _my_steer_two_axle. ges_steer_link_fore。

(20)Coordinate Reference ♯1:. _my_steer_two_axle. ground. hps_steer_arm。

(21)Coordinate Reference ♯2:. _my_steer_two_axle. ground. hps_steer_link_fore_front。

(22)Radius:15. 0。

(23)Color:yellow。

(24)选择 Calculate Mass Properties of General Part 复选框。

(25)Density:Material。

(26)Material Type:steel。

(27)单击 OK,完成 . _my_steer_two_axle. ges_steer_link_fore. gralin_steer_link_fore 几何体的创建。

2. 1. 16　部件 pitman_arm

(1)单击 Build＞Part＞General Part＞New 命令,弹出创建部件对话框,可参考图 2-5。

(2)General Part:. _my_steer_two_axle. ges_pitman_arm。

(3)Location Dependency:Centered between coordinates。

(4)Centered between:Two Coordinates。

(5)Coordinate Reference ♯1:. _my_steer_two_axle. ground. hps_pitman_axis。

(6)Coordinate Reference ♯2:. _my_steer_two_axle. ground. hps_steer_link。

(7)Orientation Dependency:User-entered values。

(8)Orient using:Euler Angles。

(9)Euler Angles:0. 0,0. 0,0. 0。

(10)Mass:1。

(11)Ixx:1。

(12)Iyy:1。

(13)Izz:1。

(14)Density:Material。

(15)Material Type:. materials. steel。

(16)单击 OK,完成 . _my_steer_two_axle. ges_pitman_arm 部件的创建。

(17)单击 Build＞Geometry＞Link＞New 命令,弹出创建几何体对话框,可参考图 2-6。

(18)Link Name:. _my_steer_two_axle. ges_pitman_arm. gralin_ pitman。

(19)General Part:. _my_steer_two_axle. ges_pitman_arm。

(20)Coordinate Reference ♯1:. _my_steer_two_axle. ground. hps_pitman_axis。

(21)Coordinate Reference ♯2:. _my_steer_two_axle. ground. hps_steer_link。

(22)Radius:20. 0。

(23)Color：yellow。

(24)选择 Calculate Mass Properties of General Part 复选框。

(25)Density：Material。

(26)Material Type：steel。

(27)单击 OK，完成 ._my_steer_two_axle.ges_pitman_arm. gralin_pitman 几何体的创建。

2.1.17 安装部件 pitman_mount

(1)单击 Build＞Part＞Mount＞New 命令，弹出创建部件对话框，如图 2-10 所示。

(2)Mount Name：._my_steer_two_axle. mts_pitman_mount。

(3)Coordinate Reference：._my_steer_two_axle. ground. hps_pitman_axis。

(4)From Minor Role：inherit。

(5)单击 OK，完成 ._my_steer_two_axle. mts_pitman_mount 安装部件的创建。

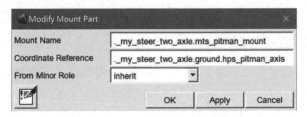

图 2-10 安装部件

2.1.18 安装部件 strarm_to_spindle_fore

(1)单击 Build＞Part＞Mount＞New 命令，弹出创建部件对话框，可参考图 2-10。

(2)Mount Name：._my_steer_two_axle. mts_strarm_to_spindle_fore。

(3)Coordinate Reference：._my_steer_two_axle. ground. hps_steering_arm_attach。

(4)From Minor Role：inherit。

(5)单击 OK，完成 ._my_steer_two_axle. mts_strarm_to_spindle_fore 安装部件的创建。

2.1.19 安装部件 column_to_body

(1)单击 Build＞Part＞Mount＞New 命令，弹出创建部件对话框，可参考图 2-10。

(2)Mount Name：._my_steer_two_axle. mts_steering_column_to_body。

(3)Coordinate Reference：._my_steer_two_axle. ground. cfs_column_housing。

(4)From Minor Role：inherit。

(5)单击 OK，完成 ._my_steer_two_axle. mts_steering_column_to_body 安装部件的创建。

2.1.20　安装部件 pitman_arm_aft_to_body

(1)单击 Build＞Part＞Mount＞New 命令,弹出创建部件对话框,可参考图 2-10。

(2)Mount Name:._my_steer_two_axle. mts_pitman_arm_aft_to_body。

(3)Coordinate Reference:._my_steer_two_axle. ground. hps_pitman_arm_aft_upper。

(4)From Minor Role:inherit。

(5)单击 OK,完成 ._my_steer_two_axle. mts_pitman_arm_aft_to_body 安装部件的创建。

2.1.21　安装部件 strarm_to_spindle_aft

(1)单击 Build＞Part＞Mount＞New 命令,弹出创建部件对话框,可参考图 2-10。

(2)Mount Name:._my_steer_two_axle. mts_strarm_to_spindle_aft。

(3)Coordinate Reference:._my_steer_two_axle. ground. hps_steering_arm_attach_aft。

(4)From Minor Role:inherit。

(5)单击 OK,完成 ._my_steer_two_axle. mts_strarm_to_spindle_aft 安装部件的创建。

2.1.22　安装部件 pitman_arm_middle_to_body

(1)单击 Build＞Part＞Mount＞New 命令,弹出创建部件对话框,可参考图 2-10。

(2)Mount Name:._my_steer_two_axle. mts_pitman_arm_middle_to_body。

(3)Coordinate Reference:._my_steer_two_axle. ground. hps_pitman_arm_middle_upper。

(4)From Minor Role:inherit。

(5)单击 OK,完成 ._my_steer_two_axle. mts_pitman_arm_middle_to_body 安装部件的创建。

2.2　双轴转向系统约束

(1)单击 Build＞Construction Frame＞New 命令,弹出创建结构框对话框,可参考图 2-8。

(2)Construction Frame:._my_steer_two_axle. ground. cfs_pitman_axis。

(3)Location Dependency:Delta location from coordinate。

(4)Coordinate Reference:._my_steer_two_axle. ground. hps_pitman_axis。

(5)Location:0,0,0。

(6)Location in:local。

(7)Orientation Dependency:User-entered values。

(8)Orient using:Euler Angles。

(9)Euler Angles:－90.0,0.0,0.0。

(10)单击 OK,完成 ._my_steer_two_axle. ground. cfs_pitman_axis 结构框的创建。

(11)单击 Build＞Attachments＞Joint＞New 命令,弹出创建约束件对话框,如图 2-11

所示。

(12)部件 pitman_arm 与安装部件 pitman_mount 之间 revolute 约束：

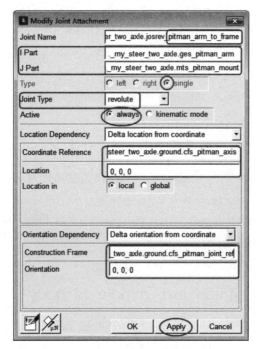

图 2-11　约束副 revolute

①Joint Name：._my_steer_two_axle.josrev_pitman_arm_to_frame。

②I Part：._my_steer_two_axle.ges_pitman_arm。

③J Part：._my_steer_two_axle.mts_pitman_mount。

④Joint Type：revolute(转动副，约束 5 个自由度)。

⑤Active：always。

⑥Location Dependency：Delta location from coordinate。

⑦Coordinate Reference：._my_steer_two_axle.ground.cfs_pitman_axis。

⑧Location：0,0,0。

⑨Location in：local。

⑩Orientation Dependency：Delta orientation from coordinate。

⑪Construction Frame：._my_steer_two_axle.ground.cfs_pitman_joint_ref。

⑫Orientation：0,0,0。

⑬单击 Apply，完成 ._my_steer_two_axle.josrev_pitman_arm_to_frame 转动副的创建。

(13)部件 steer_input_arm_fore 与 steer_link_fore 之间 convel 约束：

①Joint Name：._my_steer_two_axle.joscon_input_steering_arm_to_axle。

②I Part：._my_steer_two_axle.ges_steer_input_arm_fore。

③J Part：._my_steer_two_axle.ges_steer_link_fore。

④Joint Type：convel。

⑤Active：always。

⑥Location Dependency：Delta location from coordinate。

⑦Coordinate Reference：._my_steer_two_axle. ground. hps_steer_arm。

⑧Location：0，0，0。

⑨Location in：local。

⑩I-Part Axis：._my_steer_two_axle. ground. hps_steering_arm_attach。

⑪J-Part Axis：._my_steer_two_axle. ground. hps_steer_link_fore_front。

⑫单击 Apply，完成 ._my_steer_two_axle. joscon_input_steering_arm_to_axle 恒速副的创建。

（14）部件 pitman_arm 与 steer_link 之间 spherical 约束：

①Joint Name：._my_steer_two_axle. jossph_pitman_to_draglink。

②I Part：._my_steer_two_axle. ges_pitman_arm。

③J Part：._my_steer_two_axle. ges_steer_link。

④Joint Type：spherical。

⑤Active：always。

⑥Location Dependency：Delta location from coordinate。

⑦Coordinate Reference：._my_steer_two_axle. ground. hps_steer_link。

⑧Location：0，0，0。

⑨Location in：local。

⑩单击 Apply，完成 ._my_steer_two_axle. jossph_pitman_to_draglink 球副的创建。

（15）部件 steer_input_arm_fore 与 strarm_to_spindle_fore 之间 fixed 约束：

①Joint Name：._my_steer_two_axle. josfix_strarm_to_spindle。

②I Part：._my_steer_two_axle. ges_steer_input_arm_fore。

③J Part：._my_steer_two_axle. mts_strarm_to_spindle_fore。

④Joint Type：fixed。

⑤Active：always。

⑥Location Dependency：Delta location from coordinate。

⑦Coordinate Reference：._my_steer_two_axle. ground. hps_steer_link。

⑧Location：0，0，0。

⑨Location in：local。

⑩单击 Apply，完成 ._my_steer_two_axle. josfix_strarm_to_spindle 固定副的创建。

（16）rack 与 pitman_mount 之间 translational 约束：

①Joint Name：._my_steer_two_axle. jostra_rack_steering_gear。

②I Part：._my_steer_two_axle. ges_rack。

③J Part：._my_steer_two_axle. mts_pitman_mount。

④Joint Type：translational。

⑤Active：always。

⑥Location Dependency：Delta location from coordinate。

⑦Coordinate Reference：. _my_steer_two_axle. ground. cfs_ball_screw_forward。

⑧Location：0,0,0。

⑨Location in：local。

⑩Orientation Dependency：Delta orientation from coordinate。

⑪Construction Frame：. _my_steer_two_axle. ground. cfs_ball_screw_forward。

⑫Orientation：0,0,0。

⑬单击 Apply,完成 . _my_steer_two_axle. jostra_rack_steering_gear 移动副的创建。

(17)部件 ball_screw 与 pitman_mount 之间 revolute 约束：

①Joint Name：. _my_steer_two_axle. josrev_ball_screw_steering_gear。

②I Part：. _my_steer_two_axle. ges_ball_screw。

③J Part：. _my_steer_two_axle. mts_pitman_mount。

④Joint Type：revolute。

⑤Active：always。

⑥Location Dependency：Delta location from coordinate。

⑦Coordinate Reference：. _my_steer_two_axle. ground. cfs_ball_screw_forward。

⑧Location：0,0,0。

⑨Location in：local。

⑩Orientation Dependency：Delta orientation from coordinate。

⑪Construction Frame：. _my_steer_two_axle. ground. cfs_ball_screw_forward。

⑫Orientation：0,0,0。

⑬单击 Apply,完成 . _my_steer_two_axle. josrev_ball_screw_steering_gear 转动副的创建。

(18)部件 input_shaft 与 pitman_mount 之间 revolute 约束：

①Joint Name：. _my_steer_two_axle. josrev_input_shaft_steering_gear。

②I Part：. _my_steer_two_axle. ges_input_shaft。

③J Part：. _my_steer_two_axle. mts_pitman_mount。

④Joint Type：revolute。

⑤Active：always。

⑥Location Dependency：Delta location from coordinate。

⑦Coordinate Reference：. _my_steer_two_axle. ground. hps_input_shaft_forward。

⑧Location：0,0,0。

⑨Location in：local。

⑩Orientation Dependency：Orient to zpoint-xpoint。

⑪Coordinate Reference ♯1：. _my_steer_two_axle. ground. hps_intermediate_shaft_forward。

⑫Coordinate Reference ♯2：. _my_steer_two_axle. ground. hps_intermediate_shaft_rearward。

⑬Axes：ZX。

⑭单击 Apply,完成 ._my_steer_two_axle.josrev_input_shaft_steering_gear 转动副的创建。

(19)部件 intermediate_shaft 与 input_shaft 之间 hooke 约束：

①Joint Name：._my_steer_two_axle.joshoo_intermediate_shaftinput。

②I Part：._my_steer_two_axle.ges_intermediate_shaft。

③J Part：._my_steer_two_axle.ges_input_shaft。

④Joint Type：hooke。

⑤Active：always。

⑥Location Dependency：Delta location from coordinate。

⑦Coordinate Reference：._my_steer_two_axle.ground.hps_intermediate_shaft_forward。

⑧Location：0,0,0。

⑨Location in：local。

⑩I-Part Axis：._my_steer_two_axle.ground.hps_intermediate_shaft_rearward。

⑪J-Part Axis：._my_steer_two_axle.ground.hps_input_shaft_forward。

⑫单击 Apply,完成 ._my_steer_two_axle.joshoo_intermediate_shaftinput 胡克副的创建。

(20)部件 steering_column 与 intermediate_shaft 之间 hooke 约束：

①Joint Name：._my_steer_two_axle.joshoo_column_intermediate。

②I Part：._my_steer_two_axle.ges_steering_column。

③J Part：._my_steer_two_axle.ges_intermediate_shaft。

④Joint Type：hooke。

⑤Active：always。

⑥Location Dependency：Delta location from coordinate。

⑦Coordinate Reference：._my_steer_two_axle.ground.hps_intermediate_shaft_rearward。

⑧Location：0,0,0。

⑨Location in：local。

⑩I-Part Axis：._my_steer_two_axle.ground.hps_steering_wheel_center。

⑪J-Part Axis：._my_steer_two_axle.ground.hps_intermediate_shaft_forward。

⑫单击 Apply,完成 ._my_steer_two_axle.joshoo_column_intermediate 胡克副的创建。

(21)部件 steering_wheel 与 column_housing 之间 revolute 约束：

①Joint Name：._my_steer_two_axle.josrev_steering_wheel。

②I Part：._my_steer_two_axle.ges_steering_wheel。

③J Part：._my_steer_two_axle.ges_column_housing。

④Joint Type：revolute。

⑤Active：always。

⑥Location Dependency：Delta location from coordinate。

⑦Coordinate Reference：. _my_steer_two_axle. ground. hps_steering_wheel_center。

⑧Location：0，0，0。

⑨Location in：local。

⑩Orientation Dependency：Delta orientation from coordinate。

⑪Construction Frame：. _my_steer_two_axle. ground. cfs_steering_wheel_center。

⑫Orientation：0，0，0。

⑬单击 Apply，完成 . _my_steer_two_axle. josrev_steering_wheel 转动副的创建。

(22)部件 column_housing 与 steering_column_to_body 之间 fixed 约束：

①Joint Name：. _my_steer_two_axle. josfix_column_housing_to_housing_mount。

②I Part：. _my_steer_two_axle. ges_column_housing。

③J Part：. _my_steer_two_axle. mts_steering_column_to_body。

④Joint Type：fixed。

⑤Active：always。

⑥Location Dependency：Delta location from coordinate。

⑦Coordinate Reference：. _my_steer_two_axle. ground. cfs_column_housing。

⑧Location：0，0，0。

⑨Location in：local。

⑩单击 Apply，完成 . _my_steer_two_axle. josfix_column_housing_to_housing_mount 固定副的创建。

(23)部件 steering_column 与 column_housing 之间 cylindrical 约束：

①Joint Name：. _my_steer_two_axle. joscyl_steering_column。

②I Part：. _my_steer_two_axle. ges_steering_column。

③J Part：. _my_steer_two_axle. ges_column_housing。

④Joint Type：cylindrical。

⑤Active：always。

⑥Location Dependency：Delta location from coordinate。

⑦Coordinate Reference：. _my_steer_two_axle. ground. cfs_column_housing。

⑧Location：0，0，0。

⑨Location in：local。

⑩Orientation Dependency：Orient axis to point。

⑪Coordinate Reference：. _my_steer_two_axle. ground. hps_intermediate_shaft_rearward。

⑫Axis：Z。

⑬单击 Apply，完成 . _my_steer_two_axle. joscyl_steering_column 转动副的创建。

(24)部件 pitman_arm_middle 与 steer_link_middle 之间 spherical 约束：

①Joint Name：. _my_steer_two_axle. jossph_pitman_middle_to_steer_link_middle。

②I Part：. _my_steer_two_axle. ges_pitman_arm_middle。

③J Part：. _my_steer_two_axle. ges_steer_link_middle。

④Joint Type：spherical。

⑤Active：always。

⑥Location Dependency：Delta location from coordinate。

⑦Coordinate Reference：. _my_steer_two_axle. ground. hps_steer_link_middle_front。

⑧Location：0，0，0。

⑨Location in：local。

⑩单击 Apply，完成 . _my_steer_two_axle. jossph_pitman_middle_to_steer_link_middle 球副的创建。

(25)部件 pitman_arm_aft 与 pitman_arm_aft_to_body 之间 revolute 约束：

①Joint Name：. _my_steer_two_axle. josrev_pitman_arm_aft_to_body。

②I Part：. _my_steer_two_axle. ges_pitman_arm_aft。

③J Part：. _my_steer_two_axle. mts_pitman_arm_aft_to_body。

④Joint Type：revolute。

⑤Active：always。

⑥Location Dependency：Delta location from coordinate。

⑦Coordinate Reference：. _my_steer_two_axle. ground. hps_pitman_arm_aft_upper。

⑧Location：0，0，0。

⑨Location in：local。

⑩Orientation Dependency：User-entered values。

⑪Orient using：Euler Angles。

⑫Euler Angles：0. 0，90. 0，0. 0。

⑬单击 Apply，完成 . _my_steer_two_axle. josrev_pitman_arm_aft_to_body 球副的创建。

(26)部件 steer_link_middle 与 pitman_arm_aft 之间 convel 约束：

①Joint Name：. _my_steer_two_axle. joscon_steer_link_aft_to_pitman_arm_aft。

②I Part：. _my_steer_two_axle. ges_steer_link_middle。

③J Part：. _my_steer_two_axle. ges_pitman_arm_aft。

④Joint Type：convel。

⑤Active：always。

⑥Location Dependency：Delta location from coordinate。

⑦Coordinate Reference：. _my_steer_two_axle. ground. hps_steer_link_middle_rear。

⑧Location：0，0，0。

⑨Location in：local。

⑩I-Part Axis：. _my_steer_two_axle. ground. hps_pitman_arm_aft_upper。

⑪J-Part Axis：. _my_steer_two_axle. ground. hps_steer_link_middle_front。

⑫单击 Apply，完成 . _my_steer_two_axle. joscon_steer_link_aft_to_pitman_arm_aft 恒

速副的创建。

(27)部件 pitman_arm_aft 与 steer_link_aft 之间 spherical 约束：

①Joint Name：._my_steer_two_axle. jossph_pitman_arm_aft_to_steer_link_aft。

②I Part：._my_steer_two_axle. ges_pitman_arm_aft。

③J Part：._my_steer_two_axle. ges_steer_link_aft。

④Joint Type：spherical。

⑤Active：always。

⑥Location Dependency：Delta location from coordinate。

⑦Coordinate Reference：._my_steer_two_axle. ground. hps_steer_link_aft_front。

⑧Location：0,0,0。

⑨Location in：local。

⑩单击 Apply,完成 ._my_steer_two_axle. jossph_pitman_arm_aft_to_steer_link_aft 球副的创建。

(28)部件 steer_link_aft 与 steer_input_arm_aft 之间 convel 约束：

①Joint Name：._my_steer_two_axle. joscon_steering_arm_aft_to_axle。

②I Part：._my_steer_two_axle. ges_steer_link_aft。

③J Part：._my_steer_two_axle. ges_steer_input_arm_aft。

④Joint Type：convel。

⑤Active：always。

⑥Location Dependency：Delta location from coordinate。

⑦Coordinate Reference：._my_steer_two_axle. ground. hps_steer_link_aft_rear。

⑧Location：0,0,0。

⑨Location in：local。

⑩I-Part Axis：._my_steer_two_axle. ground. hps_steering_arm_attach_aft。

⑪J-Part Axis：._my_steer_two_axle. ground. hps_steer_link_aft_front。

⑫单击 Apply,完成 ._my_steer_two_axle. joscon_steering_arm_aft_to_axle 恒速副的创建。

(29)部件 steer_input_arm_aft 与 strarm_to_spindle_aft 之间 fixed 约束：

①Joint Name：._my_steer_two_axle. josfix_strarm_to_spindle_aft。

②I Part：._my_steer_two_axle. ges_steer_input_arm_aft。

③J Part：._my_steer_two_axle. mts_strarm_to_spindle_aft。

④Joint Type：fixed。

⑤Active：always。

⑥Location Dependency：Delta location from coordinate。

⑦Coordinate Reference：._my_steer_two_axle. ground. hps_steering_arm_attach_aft。

⑧Location：0,0,0。

⑨Location in：local。

⑩单击 Apply,完成 ._my_steer_two_axle. josfix_strarm_to_spindle_aft 固定副的创建。

(30)部件 steer_link 与 pitman_arm_middle 之间 convel 约束：

①Joint Name：._my_steer_two_axle.joscon_steering_link_to_pitman_arm_middle。

②I Part：._my_steer_two_axle.ges_steer_link。

③J Part：._my_steer_two_axle.ges_pitman_arm_middle。

④Joint Type：convel。

⑤Active：always。

⑥Location Dependency：Delta location from coordinate。

⑦Coordinate Reference：._my_steer_two_axle.ground.hps_steer_link_rear。

⑧Location：0,0,0。

⑨Location in：local。

⑩I-Part Axis：._my_steer_two_axle.ground.hps_pitman_arm_middle_upper。

⑪J-Part Axis：._my_steer_two_axle.ground.hps_steer_link。

⑫单击 Apply,完成 ._my_steer_two_axle.joscon_steering_link_to_pitman_arm_middle 恒速副的创建。

(31)部件 steer_link_fore 与 pitman_arm_middle 之间 spherical 约束：

①Joint Name：._my_steer_two_axle.jossph_pitman_arm_middle_to_steer_link_fore。

②I Part：._my_steer_two_axle.ges_steer_link_fore。

③J Part：._my_steer_two_axle.ges_pitman_arm_middle。

④Joint Type：spherical。

⑤Active：always。

⑥Location Dependency：Delta location from coordinate。

⑦Coordinate Reference：._my_steer_two_axle.ground.hps_steer_link_fore_front。

⑧Location：0,0,0。

⑨Location in：local。

⑩单击 Apply,完成 ._my_steer_two_axle.jossph_pitman_arm_middle_to_steer_link_fore 球副的创建。

(32)部件 pitman_arm_middle 与 pitman_arm_middle_to_body 之间 revolute 约束：

①Joint Name：._my_steer_two_axle.josrev_pitman_arm_middle_to_body。

②I Part：._my_steer_two_axle.ges_pitman_arm_middle。

③J Part：._my_steer_two_axle.mts_pitman_arm_middle_to_body。

④Joint Type：revolute。

⑤Active：always。

⑥Location Dependency：Delta location from coordinate。

⑦Coordinate Reference：._my_steer_two_axle.ground.hps_pitman_arm_middle_upper。

⑧Location：0,0,0。

⑨Location in：local。

⑩Orientation Dependency：User-entered values。

⑪Orient using：Euler Angles。

⑫Euler Angles：0.0,90.0,0.0。

⑬单击 OK,完成 . _my_steer_two_axle.josrev_pitman_arm_middle_to_body 球副的创建。

2.3　双轴转向减速齿轮

(1)单击 Build＞Gear＞Reduction Gear＞New 命令,弹出创建齿轮对话框,如图 2-12 所示。减速齿轮本质上是一对耦合副,需要指定输入输出约束及传动比。

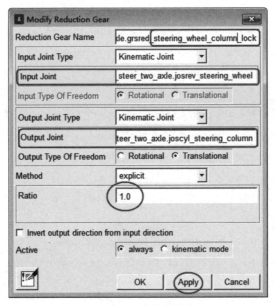

图 2-12　减速齿轮

(2)Reduction Gear Name：. _my_steer_two_axle. grsred_steering_wheel_column_lock。

(3)Input Joint：. _my_steer_two_axle. josrev_steering_wheel。

(4)Output Joint：. _my_steer_two_axle. joscyl_steering_column。

(5)Ratio：1. 0。

(6)Active：always。

(7)单击 Apply,完成 . _my_steer_two_axle. grsred_steering_wheel_column_lock 减速齿轮的创建。

(8)Reduction Gear Name：. _my_steer_two_axle. grsred_ball_screw_rack。

(9)Input Joint：. _my_steer_two_axle. josrev_ball_screw_steering_gear。

(10)Output Joint：. _my_steer_two_axle. jostra_rack_steering_gear。

(11)Ratio：18. 0。

(12)Active：always。

(13)单击 Apply,完成 . _my_steer_two_axle. grsred_ball_screw_rack 减速齿轮的创建。

(14)Reduction Gear Name：._my_steer_two_axle. grsred_pitman_arm_rack。

(15)Input Joint：._my_steer_two_axle. josrev_pitman_arm_to_frame。

(16)Output Joint：._my_steer_two_axle. jostra_rack_steering_gear。

(17)Ratio：1.0。

(18)Active：always。

(19)单击 Apply，完成 ._my_steer_two_axle. grsred_pitman_arm_rack 减速齿轮的创建。

(20)Reduction Gear Name：._my_steer_two_axle. grsred_ball_screw_input_shaft_lock。

(21)Input Joint：._my_steer_two_axle. josrev_input_shaft_steering_gear。

(22)Output Joint：._my_steer_two_axle. josrev_ball_screw_steering_gear。

(23)Ratio：1.0。

(24)Active：always。

(25)单击 OK，完成 ._my_steer_two_axle. grsred_ball_screw_input_shaft_lock 减速齿轮的创建。

2.4　双轴转向变量参数

(1)单击 Build＞Parameter Variable＞New 命令，弹出参数变量对话框，如图 2-13 所示。

(2)Parameter Variable Name：._my_steer_two_axle. pvs_max_rack_displacement。

(3)Real Value：100.0。

(4)Units：length。

(5)Hide from standard user：no。

(6)单击 Apply，完成 ._my_steer_two_axle. pvs_max_rack_displacement 变量的创建。

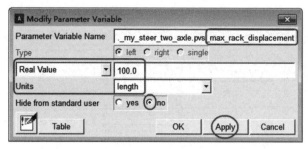

图 2-13　参数变量

(7)Parameter Variable Name：._my_steer_two_axle. phs_kinematic_flag。

(8)Integer Value：0.0。

(9)Units：length。

(10)Hide from standard user：yes。

(11)单击 Apply，完成 ._my_steer_two_axle. phs_kinematic_flag 变量的创建。

(12)Parameter Variable Name：._my_steer_two_axle.pvs_max_rack_force。

(13)Real Value：500.0。

(14)Units：force。

(15)Hide from standard user：no。

(16)单击 Apply，完成 ._my_steer_two_axle.pvs_max_rack_force 变量的创建。

(17)Parameter Variable Name：._my_steer_two_axle.pvs_max_steering_angle。

(18)Real Value：720.0。

(19)Units：angle。

(20)Hide from standard user：no。

(21)单击 Apply，完成 ._my_steer_two_axle.pvs_max_steering_angle 变量的创建。

(22)Parameter Variable Name：._my_steer_two_axle.pvs_max_steering_torque。

(23)Real Value：720.0。

(24)Units：torque。

(25)Hide from standard user：no。

(26)单击 Apply，完成 ._my_steer_two_axle.pvs_max_steering_torque 变量的创建。

(27)Parameter Variable Name：._my_steer_two_axle.phs_steering_assist_active。

(28)Integer Value：1.0。

(29)Units：torque。

(30)Hide from standard user：yes。

(31)单击 OK，完成 ._my_steer_two_axle.phs_steering_assist_active 变量的创建。

2.5　双轴转向通讯器

(1)单击 Build＞Communicator＞Output＞New 命令，弹出输出通讯器对话框，如图 2-14 所示。

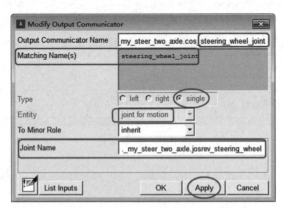

图 2-14　输出通讯器

(2)Output Communicator Name：._my_steer_two_axle.cos_steering_wheel_joint。

(3)Matching Name(s)：steering_wheel_joint。

(4)Type:single。

(5)Entity:joint for motion。

(6)To Minor Role:inherit。

(7)Joint Name:._my_steer_two_axle. josrev_steering_wheel。

(8)单击 Apply,完成 ._my_steer_two_axle. cos_steering_wheel_joint 通讯器的创建。

(9)Output Communicator Name:._my_steer_two_axle. cos_max_rack_displacement。

(10)Matching Name(s):max_rack_displacement。

(11)Type:single。

(12)Entity:parameter real。

(13)To Minor Role:inherit。

(14)Parameter Variable Name:._my_steer_two_axle. pvs_max_rack_displacement。

(15)单击 Apply,完成 ._my_steer_two_axle. cos_max_rack_displacement 通讯器的创建。

(16)Output Communicator Name:._my_steer_two_axle. cos_max_rack_force。

(17)Matching Name(s):max_rack_force。

(18)Type:single。

(19)Entity:parameter real。

(20)To Minor Role:inherit。

(21)Parameter Variable Name:._my_steer_two_axle. pvs_max_rack_force。

(22)单击 Apply,完成 ._my_steer_two_axle. cos_max_rack_force 通讯器的创建。

(23)Output Communicator Name:._my_steer_two_axle. cos_max_steering_angle。

(24)Matching Name(s):max_steering_angle。

(25)Type:single。

(26)Entity:parameter real。

(27)To Minor Role:inherit。

(28)Parameter Variable Name:._my_steer_two_axle. pvs_max_steering_angle。

(29)单击 Apply,完成 ._my_steer_two_axle. pvs_max_steering_angle 通讯器的创建。

(30)Output Communicator Name:._my_steer_two_axle. cos_max_steering_torque。

(31)Matching Name(s):max_steering_torque。

(32)Type:single。

(33)Entity:parameter real。

(34)To Minor Role:inherit。

(35)Parameter Variable Name:._my_steer_two_axle. pvs_max_steering_torque。

(36)单击 Apply,完成 ._my_steer_two_axle. cos_max_steering_torque 通讯器的创建。

(37)Output Communicator Name:._my_steer_two_axle. cos_steering_rack_joint。

(38)Matching Name(s):steering_rack_joint。

(39)Type:single。

(40)Entity:joint for motion。

(41)To Minor Role：inherit。

(42)Joint Name：._my_steer_two_axle. jostra_rack_steering_gear。

(43)单击 OK，完成 ._my_steer_two_axle. cos_steering_rack_joint 通讯器的创建。

2.6　双轴转向系统保存

(1)单击 File＞Save As 命令，弹出保存模板对话框，如图 2-15 所示。

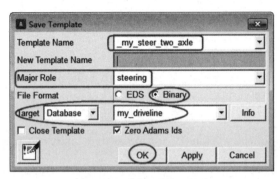

图 2-15　双轴转向模型保存

(2)Major Role：steering。

(3)File Format：Binary。

(4)Target：Database/my_driveline。

(5)单击 OK，完成 ._my_steer_two_axle 双轴转向模型模板的保存。

(6)按 F9，把专家模板转换到标准模式，单击 File＞New＞Suspension 命令，弹出子系统对话框，如图 2-16 所示。

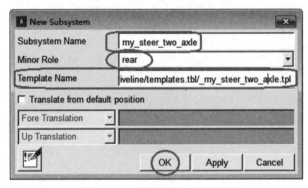

图 2-16　双轴转向子系统创建

(7)Subsystem Name：my_steer_two_axle。

(8)Minor Role：rear。

(9)Template Name：mdids：//my_driveline/templates. tbl/_my_steer_two_axle. tpl。

(10)单击 OK，完成 my_steer_two_axle 推杆式悬架子系统的创建。

2.7　Tasa 转向仿真

2.7.1　Tasa 试验台

（1）单击 File＞Open＞Assembly 命令。

（2）Assembly Name：mdids：//atruck _ shared/assemblies. tbl/tasa _ truck _ leaf _ tandem _ susp. asy。

（3）单击 OK，打开公版数据库中双轴试验台，如图 2-17 所示。

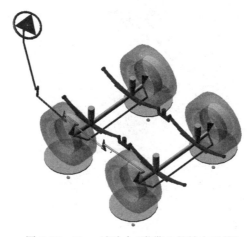

图 2-17　Tasa 试验台（附带左舵转向系统）

（4）单击 File＞Manage Assembly＞Replace Subsystem(s)命令。

（5）Subsystem(s) to remove：msc_truck_twin_axle_steering。

（6）Subsystem（s）to add：mdids：//my _ driveline/subsystems. tbl/my _ steer _ two _ axle. sub。

（7）单击 OK，完成转向系统的替换，如图 2-18 所示。

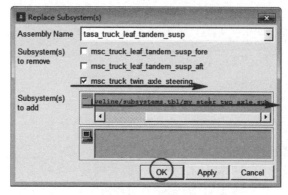

图 2-18　替换 Tasa 试验台转向子系统

2.7.2　Tasa 试验台修正

　　替换完成后的 Tasa 试验台如图 2-19 所示,此时试验台并不能正确仿真,原因在于把左舵转向替换成右舵转向系统后,转向系统与转向轮毂的连接也需要修改,修改前后车桥与转向系统连接的输出通讯器,把左轮毂部件替换为右轮毂部件,此时 Tasa 试验台修改成功,可以进行各种工况特性的仿真。

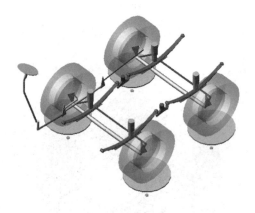

图 2-19　Tasa 试验台(右舵转向系统)

2.7.3　双轴转向仿真

　　(1)单击 Simulate＞Suspension Analysis＞Steering 命令,弹出转向仿真对话框,如图 2-20所示。

　　(2)Output Prefix:Steering。

　　(3)Number of Steps:1000。

　　(4)Mode of Simulation:interactive。

　　(5)Vertical Setup Mode:Wheel Center。

　　(6)Upper Steering Limit:500。

　　(7)Lower Steering Limit:－500。

　　(8)Travel Relative To:Wheel Center。

　　(9)Control Mode:Absolute。

　　(10)Coordinate System:Vehicle。

　　(11)单击 OK,完成双轴转向仿真,如图 2-21 和图 2-22 所示。

　　(12)按 F8,界面转换到后处理模块。

　　(13)设置横坐标为方向盘转动的角度,即转向范围从－500°～500°,计算前后车桥的四轮定位参数如图 2-23 至图 2-26 所示,车辆侧向偏移量如图 2-27 所示。

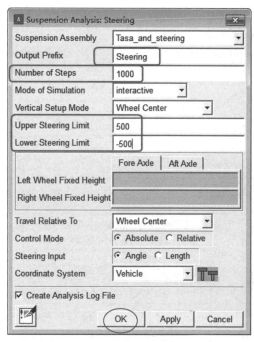

图 2-20 双轴转向仿真设置

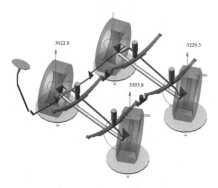

图 2-21 转向盘左转 500°

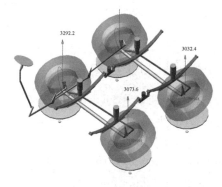

图 2-22 转向盘右转 500°

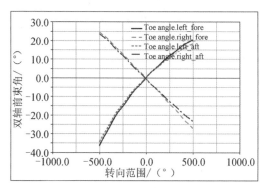

图 2-23 双轴前束角

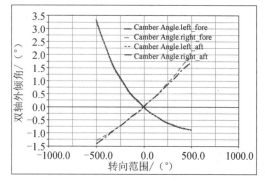

图 2-24 双轴外倾角

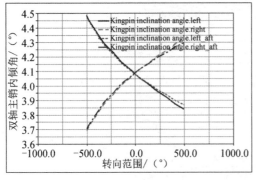

图 2-25　双轴主销内倾角

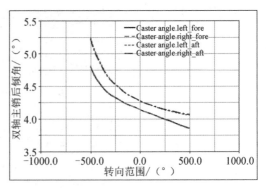

图 2-26　双轴主销后倾角

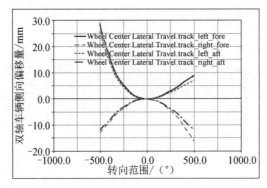

图 2-27　双轴车辆侧向偏移量

2.7.4　双轴跳动仿真

（1）单击 Simulate＞Suspension Analysis＞Parallel Wheel Travel 命令，弹出双轴激振对话框，如图 2-28 所示。

（2）Output Prefix：PT。

（3）Number of Steps：1000。

（4）Mode of Simulation：interactive。

（5）Vertical Setup Mode：Wheel Center。

（6）单击 Fore Axle：

①Bump Travel：100。

②Rebound Travel：−100。

（7）单击 Aft Axle：

①Bump Travel：−100。

②Rebound Travel：100。

（8）Travel Relative To：Wheel Center。

（9）Control Mode：Absolute。

（10）单击 OK，完成双轴转向仿真。

（11）按 F8，界面转换到后处理模块。

(12)设置横坐标为车轮跳动位移,即跳动范围从 $-100\sim100$ mm,计算前后车桥的四轮定位参数,如图 2-29 至图 2-32 所示。

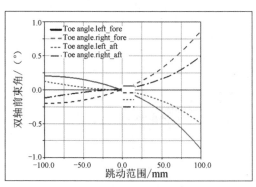

（a）　　　　　　　　　　　　　　（b）

图 2-28　双轴前轴同向激振仿真(a)和双轴后轴同向激振仿真(b)

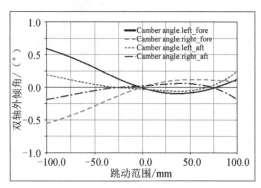

图 2-29　双轴前束角　　　　　　　　　　　　图 2-30　双轴外倾角

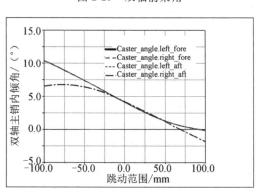

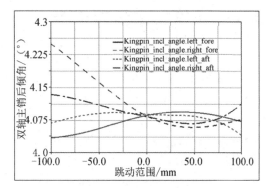

图 2-31　双轴主销内倾角　　　　　　　　　　图 2-32　双轴主销后倾角

第3章 柔性体板簧模型

钢板弹簧力学模型较为复杂,建模难度大。目前钢板弹簧装配体分为簧片接触式与非接触式。接触式簧片装配在受力时,簧片间会产生滑动摩擦、挤压等复杂力学现象,这是导致长期使用过程中簧片断裂失效的根本原因。同时还需要考虑簧片的曲率特性,当各簧片的曲率相同时,簧片叠加装配后不需要考虑装配预应力;当各簧片的曲率半径不同时,需考虑装配预应力,建模难度也相应增加。近些年,少片非接触式相同曲率的板簧在商用车上应用较多,此种板簧装配体由3~4片叶片弹簧构成,除簧片中间部位,各簧片间需添加垫片并通过骑马螺栓与车轴固定,其余部位簧片间均不存在接触。不同板簧类型其有限元力学模型均不相同,同一个板簧模型其建模方式亦可多样。本章讨论几种不同类型的板簧模型。壳单元板簧模型如图3-1所示。

图 3-1　壳单元板簧模型

3.1　壳单元板簧模态分析

板簧有限元力学模型较为复杂,其计算效率很低。针对此问题,本节介绍一种等曲率的壳单元板簧模型,各簧片用其中性面替代,此时板簧的单元数量及节点数量较少,计算效率提升较大。建立好的壳单元板簧模型 leaf_shell. inp 存储在章节文件中,请读者自行查阅学习。

壳单元板簧模型几何、材料属性及装配模型建立不再重复,请读者导入查看;如需要自建模型,可以通过导入模型后测量前后端及中间的位置参数,板簧厚度 8 mm,宽度 50 mm,弹性模型 2.06E5,泊松比 0.29,密度 7.74E−9。装配好的板簧几何模型如图 3-2 所示。

(1)切换到分析部 Step 界面,完成 2 个分析部创建,如图 3-3 所示。Step-1 为模态分析步,设置提取前 20 阶模态,参数如图 3-4 所示。Step-2 为子结构生成,子结构即把整个连杆作为一个单一部件。Step-2 子结构在 Basic 选项卡设置子结构标示(Substructure identifier:Z101),点选 Whole model,在后续方框中选择整个模型,如图 3-5 所示;切换到 Options 选项卡,勾选 Specify retained eigenmodes by:,点选 Mode range,在 Data 方框中输入 1,20,1,如图 3-6 所示。

图 3-2　板簧几何装配体

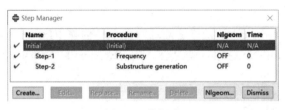

图 3-3　分析步

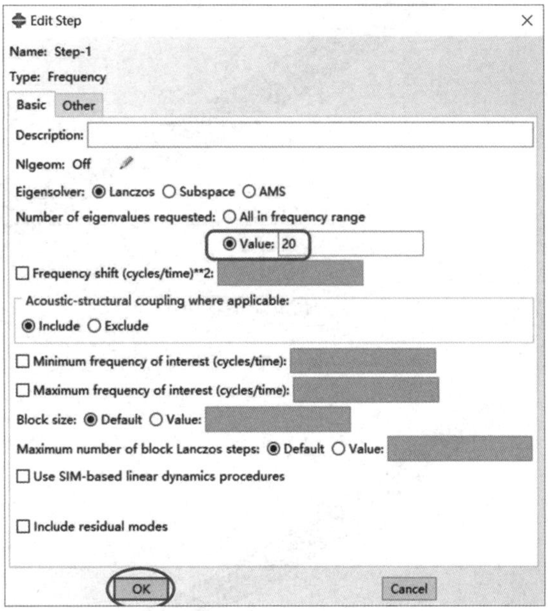

图 3-4　频率参数

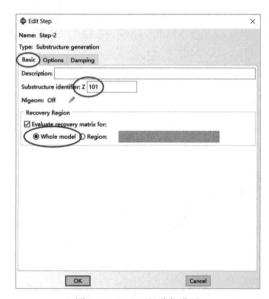
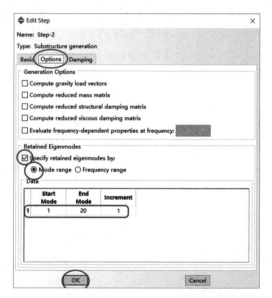

图 3-5　Basic 选项卡设置　　　　　　　图 3-6　Options 选项卡设置

（2）切换到 Interaction 界面，在板簧两端圆孔中心创建 RP（参考点），建立 RP 与孔内表面的 MPC 多点约束，如图 3-7 所示；簧片面之间建立 tie（绑定）约束，如图 3-8 所示。

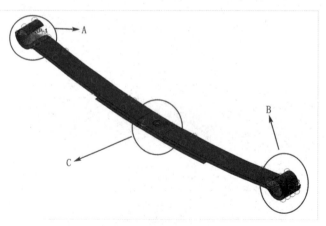

图 3-7　板簧装配体 MPC

图 3-8　板簧装配体 tie 约束

说明：

①板簧装配体 MNF 中性文件能够计算成功,同时也能在 ADAMS 中仿真成功,并不意味着板簧中性文件是正确的。原因在于板簧模型簧片之间采用绑定约束,绑定约束使得簧片之间不能产生移动,与实际板簧运动状态不符。如果板簧变形范围较小且变化速度非常慢,可以近似采用绑定约束进行处理或者板簧模型在装配体中合并成一个整体进行处理。

②簧片之间建立接触特性,接触属性中设置簧片接触后不分离。在模态分析之前建立一个静力分析步,施加较小的集中力(具体力大小视模型情况而定)使簧片间的接触特性产生作用,进而进行后学的模态分析。此种方案模态计算结果与绑定约束处理比较误差不大。设置簧片间产生接触后不分离与簧片间采用绑定约束处理相似。

（3）切换到网格划分 Mesh 界面,设置壳单元网格全局尺寸为 5 mm,网格划分完成后如图 3-9 所示,共包含 1956 个四边形单元,经检查,网格全部符合要求。

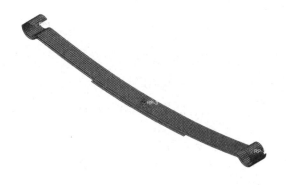

图 3-9　板簧网格模型

（4）切换到 Load 界面,在 Step-1 分析步下约束 RP-1、RP-2、RP-3 这 3 个参考点完全固定;Step-2 分析步下选择 Retained nodal dofs,单击继续弹出编辑界面对话框,如图 3-10 所示,选择 RP-1、RP-2、RP-3 这 3 个参考点,勾选全部约束。

（5）切换到 Job 界面,在模型下单击编辑关键字,弹出关键字命令窗口,如图 3-11 所示。

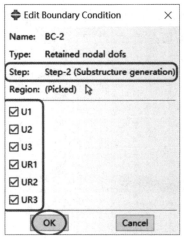

图 3-10　约束设置

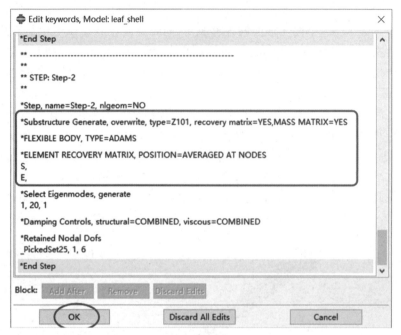

图 3-11　壳单元板簧模型关键字编辑

壳单元板簧模型添加关键字信息注释如下：

```
MASS MATRIX = YES      % 质量矩阵
 * FLEXIBLE BODY, TYPE = ADAMS      % 转换为 ADAMS 关键字
 * ELEMENT RECOVERY MATRIX, POSITION = AVERAGED AT NODES    % 计算结果中显示应力应变
S,
E,
```

（6）创建 leaf_shell 分析作业并提交运算，运算完成后可以在后处理模块中显示连杆的模态变形及对应的频率；前 4 阶模态变形如图 3-12 至图 3-15 所示。

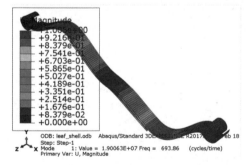

图 3-12　一阶模态变形

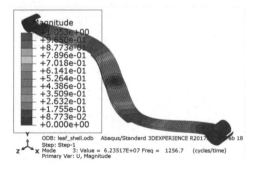

图 3-13　三阶模态变形

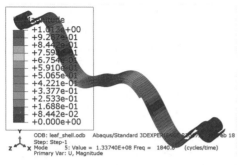
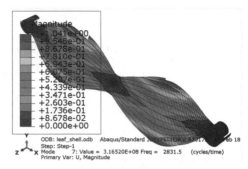

图 3-14　五阶模态变形　　　　　　　　　　图 3-15　七阶模态变形

（7）打开 Abaqus Command，输入 cd D:/ADAMS_MNF，切换命令至 ADAMS_MNF 文件夹。

（8）继续输入以下命令：abaqus adams job=leaf_shellsubstructure_sim=leaf_shell_Z101 model_odb=leaf_shell length=mm mass=tonne time=sec force=N，命令输入完成后，Abaqus Command 完成提交并运算后产生 leaf_shell. mnf 中性文件。

3.2　壳单元板簧刚度测试

（1）启动 ADAMS/View，选择 New Model。

（2）Model Name：leaf_shell。

（3）单击 OK，完成壳单元板簧模型创建，如图 3-16 所示。

采用 ABAQUS 有限元制作好的壳单元板簧测试模型模态中性文件 MNF 存储在章节文件中。

（4）单击 Flexible Bodies＞Adams Flex(Create a Flexible Body)，弹出创建柔性体对话框，如图 3-17 所示。

（5）Flexible Body Name：leaf_shell. FLEX_leaf_shell。

（6）MNF：D:/ADAMS_MNF/leaf_shell. mnf，其余参数保持默认。

（7）单击 OK，完成扭壳单元板簧柔性体 leaf_shell 的导入。

（8）Shackle 部件：

①单击 Bodies＞Construction＞Marker，创建参考点。

②Add to Ground。

③Don't Attach。

④右击鼠标，参考点位置输入：350.0，102.4，25.0。

⑤单击 OK，完成硬点创建。

⑥右击硬点，选择 Rename，重命名为 Shackle_ref。

⑦单击 Bodies＞Geometry Cylinder，创建圆柱几何体。

⑧选择 New Part。

⑨Radius：10.0。

⑩选择硬点 FLEX_leaf_shell. INT_NODE_4972 与 Shackle_ref 完成圆柱形部件创建。

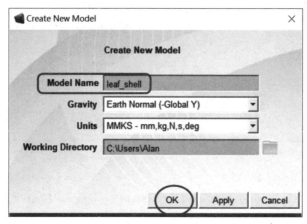

图 3-16　壳单元板簧测试模型

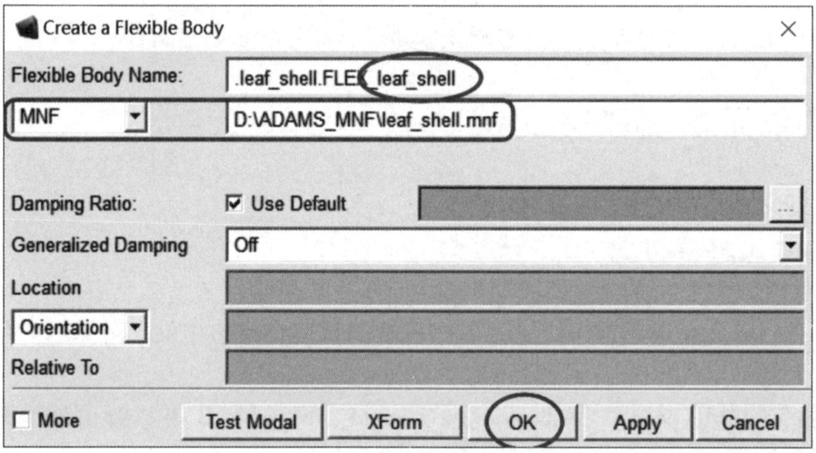

图 3-17　壳单元板簧模型导入

⑪右击圆柱体部件,选择 Rename,重命名为 Shackle。

(9)FLEX_leaf_shell 与 ground 之间 Revolute 约束:

①设置工作网格在 XY 屏幕上,位置在 FLEX_leaf_shell. INT_NODE_4973 参考点上。

②单击 Connection>Joints>Create a Revolute Joint。

③Bod-1 Loc,即衬套的定位为两个位置一个点。

④Normal to Grid,即衬套方向与网格垂直。

⑤按先后顺序选取部件 FLEX_leaf_shell 与 ground,再选取点 . leaf_shell. FLEX_leaf_shell. INT_NODE_4971。

⑥击 OK,完成 JOINT_1 约束副的创建。

⑦右击 JOINT_1,选择 Rename,重命名为 . leaf_shell. leaf_shell_to_ground,如图 3-18 所示。

(10)部件 FLEX_leaf_shell 与 shackle 之间 Revolute 约束:

①单击 Connection>Joints>Create a Revolute Joint。

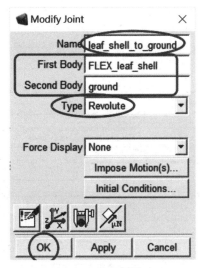

图 3-18 铰接副约束

②Bod-1 Loc,即衬套的定位为两个位置一个点。

③Normal to Grid,即衬套方向与网格垂直。

④按先后顺序选取部件 FLEX_leaf_shell 与 shackle,再选取点 . leaf_shell. FLEX_leaf_ shell. INT_NODE_4972。

⑤单击 OK,完成 JOINT_2 约束副的创建。

⑥右击 JOINT_2,选择 Rename,重命名为 . leaf_shell_to_shackle。

(11)部件 shackle 与 ground 之间 Revolute 约束:

①单击 Connection>Joints>Create a Revolute Joint。

② Bod-1 Loc,即衬套的定位为两个位置一个点。

③Normal to Grid,即衬套方向与网格垂直。

④按先后顺序选取部件 shackle 与 ground,再选取点 Shackle_ref。

⑤单击 OK,完成 JOINT_3 约束副的创建。

⑥右击 JOINT_3,选择 Rename,重命名为 shackle_to_ground。

(12)板簧测试力:

①单击 Forces>Applied Forces>Create a Force。

②选择参考点 . leaf_shell. FLEX_leaf_shell. INT_NODE_4973,方向为 Y 方向,完成 SFORCE_1 创建。

③右击 SFORCE_1,选择 Modify,修改力如图 3-19 所示。

④Function:20000.0 ＊ SIN(180d ＊ time),此处施加的力为循环变力,随着时间的增加,在 0.5 s 内力从 0 N 增加大 20000 N,从 0.5～1.0 s 力从 20000 N 减小为 0 N,如图 3-20 所示。

⑤单击 OK,完成力施加。

至此,基于壳单元的板簧刚度测试模型建立完成,如图 3-21 所示,对板簧进行 1 s 仿真,以 . leaf_shell. FLEX_leaf_shell. INT_NODE_4973 为测试点,测出其在 Y 方向的位移及循环变力,对应的壳单元板簧刚度如图 3-22 所示。需要说明的是,板簧的刚度在力的施加与释放过程中是两条不同的刚度曲线。图 3-23 所示为刚度局部位移段放大图,从图中可以看出,板簧压缩与释放刚度曲线未重合,这主要是因为簧片间摩擦(主要因素)、装配等造成死区。板簧刚度在合理的变化范围内为线性。

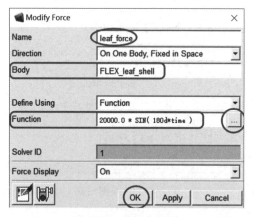

图 3-19   板簧力施加

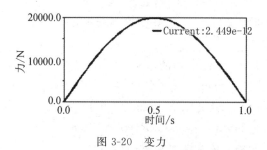

图 3-20   变力

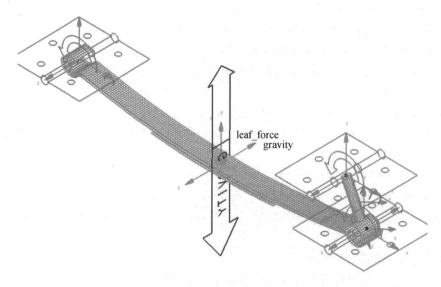

图 3-21   壳单元板簧刚度测试模型

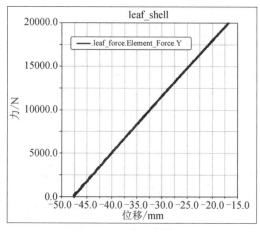

图 3-22　壳单元板簧刚度

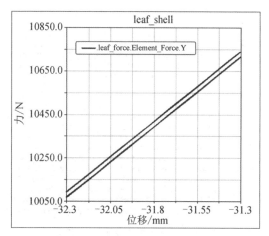

图 3-23　壳单元板簧刚度(放大图)

3.3　实体单元板簧模型

　　本节建立实体单元板簧模型,参数与壳单元板簧相同;建立好的实体单元板簧模型 leaf_solid.inp 存储在章节文件中,请读者自行查阅学习。实体单元模型的约束、材料属性、边界条件处理、载荷步与壳单元板簧模型均相同,分析完成后对标壳单元与实体单元板簧模型数据。

3.3.1　实体单元板簧模型与壳单元板簧模型频率数据对比

　　实体单元板簧模型建模及分析过程不再重复其步骤,此处仅展示实体单元板簧模型,如图 3-24 所示。两者的模态对比结果如图 3-25 和图 3-26 所示。从结果看,两个模型高频模态相似度极好,可以由壳单元替代实体单元,提升单个模型及整车模型(商用车整车模型,如果悬架包含钢板弹簧等接触非线性特性)的计算效率。

图 3-24　实体单元板簧模型

1	Mode	1: Value = 1.90063E+07 Freq = 693.86 (cycles/time)
2	Mode	2: Value = 2.06405E+07 Freq = 723.07 (cycles/time)
3	Mode	3: Value = 6.23517E+07 Freq = 1256.7 (cycles/time)
4	Mode	4: Value = 1.02481E+08 Freq = 1611.2 (cycles/time)
5	Mode	5: Value = 1.33740E+08 Freq = 1840.6 (cycles/time)
6	Mode	6: Value = 1.43870E+08 Freq = 1909.0 (cycles/time)
7	Mode	7: Value = 3.16520E+08 Freq = 2831.5 (cycles/time)
8	Mode	8: Value = 3.33148E+08 Freq = 2904.9 (cycles/time)
9	Mode	9: Value = 4.53753E+08 Freq = 3390.2 (cycles/time)
10	Mode	10: Value = 4.89247E+08 Freq = 3520.3 (cycles/time)
11	Mode	11: Value = 5.01833E+08 Freq = 3565.3 (cycles/time)
12	Mode	12: Value = 6.19303E+08 Freq = 3960.7 (cycles/time)
13	Mode	13: Value = 1.02149E+09 Freq = 5086.7 (cycles/time)
14	Mode	14: Value = 1.04931E+09 Freq = 5155.5 (cycles/time)
15	Mode	15: Value = 1.20116E+09 Freq = 5516.0 (cycles/time)
16	Mode	16: Value = 1.26009E+09 Freq = 5649.6 (cycles/time)
17	Mode	17: Value = 1.60862E+09 Freq = 6383.3 (cycles/time)
18	Mode	18: Value = 1.73449E+09 Freq = 6628.4 (cycles/time)
19	Mode	19: Value = 1.84296E+09 Freq = 6832.5 (cycles/time)
20	Mode	20: Value = 1.98026E+09 Freq = 7082.4 (cycles/time)

图 3-25　壳单元板簧模型频率

1	Mode	1: Value = 1.77423E+07 Freq = 670.39 (cycles/time)
2	Mode	2: Value = 1.92738E+07 Freq = 698.72 (cycles/time)
3	Mode	3: Value = 6.00569E+07 Freq = 1233.4 (cycles/time)
4	Mode	4: Value = 1.00242E+08 Freq = 1593.5 (cycles/time)
5	Mode	5: Value = 1.21812E+08 Freq = 1756.6 (cycles/time)
6	Mode	6: Value = 1.30491E+08 Freq = 1818.1 (cycles/time)
7	Mode	7: Value = 2.94458E+08 Freq = 2731.1 (cycles/time)
8	Mode	8: Value = 3.08534E+08 Freq = 2795.6 (cycles/time)
9	Mode	9: Value = 4.26510E+08 Freq = 3286.9 (cycles/time)
10	Mode	10: Value = 4.61930E+08 Freq = 3420.6 (cycles/time)
11	Mode	11: Value = 4.86145E+08 Freq = 3509.2 (cycles/time)
12	Mode	12: Value = 6.00824E+08 Freq = 3901.2 (cycles/time)
13	Mode	13: Value = 9.25350E+08 Freq = 4841.4 (cycles/time)
14	Mode	14: Value = 9.50426E+08 Freq = 4906.6 (cycles/time)
15	Mode	15: Value = 1.08361E+09 Freq = 5239.1 (cycles/time)
16	Mode	16: Value = 1.13858E+09 Freq = 5370.3 (cycles/time)
17	Mode	17: Value = 1.60672E+09 Freq = 6379.6 (cycles/time)
18	Mode	18: Value = 1.66222E+09 Freq = 6488.8 (cycles/time)
19	Mode	19: Value = 1.84556E+09 Freq = 6837.3 (cycles/time)
20	Mode	20: Value = 1.90694E+09 Freq = 6950.1 (cycles/time)

图 3-26　实体单元板簧模型频率

3.3.2　实体单元板簧模型与壳单元板簧模型刚度特性对比

（1）打开 Abaqus Command，输入 cd D:/ADAMS_MNF，切换命令至 ADAMS_MNF 文件夹。

（2）继续输入以下命令：abaqus adams job=leaf_solid_asmsubstructure_sim=leaf_solid_asm_Z101 model_odb=leaf_solid_asm length=mm mass=tonne time=sec force=N，命令输入完成后，Abaqus Command 完成提交并运算后产生 leaf_solid. mnf 中性文件。

（3）将制作完成的基于实体单元的板簧模型中性文件 leaf_solid. mnf 导入 ADAMS/View 中，具体的导入过程及约束、变载荷等过程不再重复，请读者参考桥单元板簧刚度测试小节。

ADAMS/View 中建立好的基于实体单元板簧刚度测试模型如图 3-27 所示，板簧刚度特性曲线如图 3-28 所示，与壳单元板簧刚度特性曲线（图 3-22）对比，刚度变化趋势相同。在刚度变化过程中，实体单元板簧模型的刚度特性有较多的小波纹，刚度特性曲线放大后如图 3-29 所示，这主要是使用不同的单元特性导致（壳单元与实体单元特性差异）。实体单元板簧模型更符合工程实际，但从计算效率上看，在复杂模型中更推荐采用壳单元板簧模型。

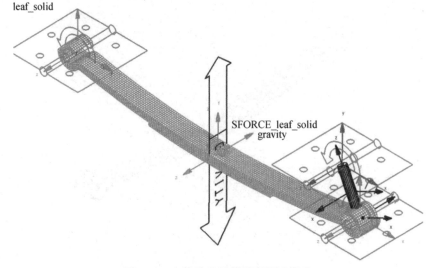

图 3-27　实体单元板簧刚度测试模型

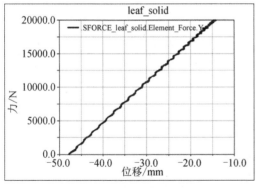

图 3-28 实体单元板簧刚度

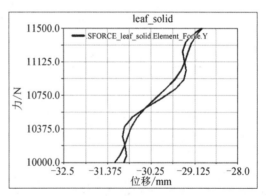

图 3-29 实体单元板簧刚度（放大图）

3.4 装配式板簧模型

由于簧片间存在接触（主要是簧片间的滑移与挤压），因此整车在多工况、长时间使用过程中容易造成簧片断裂失效。近些年，商用车多采用少片非接触式板簧，板簧装配体由 3～4 片板簧构成，板簧装配体除与车轴固定处（骑马螺栓处）簧片间有垫片，其余部分簧片之间均不存在接触，这种少片簧的优势是可以极大程度地减少后桥悬架的质量，同时可以提升板簧的疲劳及耐久特性。本节讨论两种非接触式板簧的建模方法：① 装配式板簧：分别绘制各簧片与衬垫，装配成板簧模型，分析其模态并制作模态中性文件。② 整体式板簧：直接绘制整体式板簧的几何模型，绘制过程中预留簧片之间的间隙，同时把簧片与车轴固定处作为一个整体处理。③ 最后采用 ADAMS/View 测试对比两种板簧的动态参数。

（1）在 ABAQUS 草图模块中绘制簧片与垫片的草图，如图 3-30 和图 3-31 所示。板簧装配体共 3 个簧片、2 个垫片。板簧的厚度为 8 mm，宽度为 50 mm，其他参数如草图标注，单位：mm。

（2）簧片三维几何模型通过拉伸绘制完成后，在簧片两端及簧片中间绘制螺孔，螺孔的直径为 10 mm。由于 3 片板簧几何完全一致，因此第一片板簧绘制完成后可通过复制的方式快速完成第二片、第三片板簧与衬垫的建模。簧片与衬垫几何模型绘制完成后通过装配得到非接触式板簧模型，如图 3-32 所示。非接触式簧片之间的间隙为 4 mm，大小与衬垫的厚度相同。非接触式板簧装配体模型文件 leaf_solid_asm. inp 存储在章节文件中，请读者自行调阅学习。读者也可在 ABAQUS 中的板簧模型中通过测量板簧的参数绘制板簧几何模型并装配。板簧的材料参数：弹性模量 2.06E5，泊松比 0.29，密度 7.74E－9。材料参数建立完成之后通过截面属性赋予 3 个簧片与 2 个垫片。

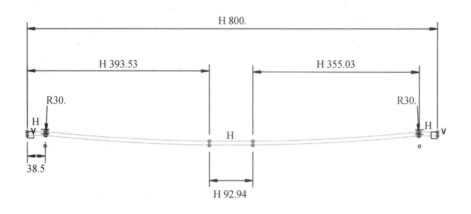

图 3-30　簧片草图

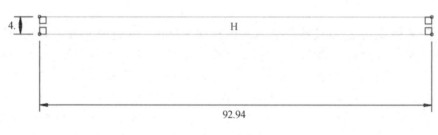

图 3-31　垫片草图

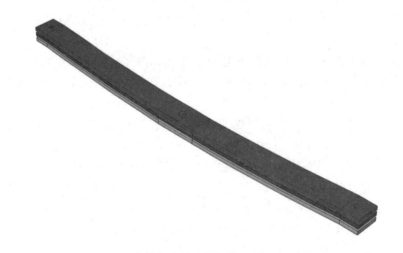

图 3-32　非接触式簧片装配模型(装配式建模)

(3)板簧装配与材料属性制作完成后切换到 Mesh 网格划分模块,划分网格之前需要对板簧的几何模型进行适当的切分,才能保证网格质量较高。板簧装配体模型共包含 5902 个六面体单元,经检查所有单元均符合要求。

(4)切换到分析部 Step 界面,完成 2 个分析部创建,可参考图 3-3,Step-1 为模态分析步,设置提取前 20 阶模态,参数可参考图 3-4 所示。Step-2 为子结构生成,子结构即把整个连杆作为一个单一部件。Step-2 子结构在 Basic 选项卡设置子结构标示（Substructure identifier：Z101），点选 Whole model，在后续方框中选择整个模型，可参考图 3-5；切换到 Options 选项卡，勾选 Specify retained eigenmodes by：，点选 Mode range，在 Data 方框中输入 1,20,1，可参考图 3-6。

（5）切换到 Interaction 界面，在板簧两端及中间、垫片的螺栓孔中心创建 RP，建立 RP 与孔内表面的 MPC 多点约束；如图 3-33 所示；簧片中间部位与垫片之间建立绑定约束，如图 3-34 所示。

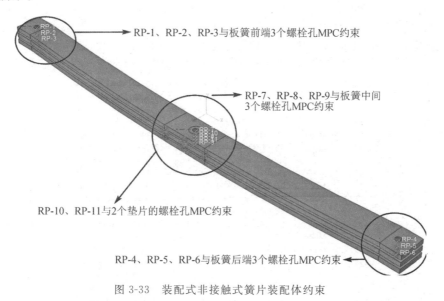

RP-1、RP-2、RP-3与板簧前端3个螺栓孔MPC约束

RP-7、RP-8、RP-9与板簧中间3个螺栓孔MPC约束

RP-10、RP-11与2个垫片的螺栓孔MPC约束

RP-4、RP-5、RP-6与板簧后端3个螺栓孔MPC约束

图 3-33　装配式非接触式簧片装配体约束

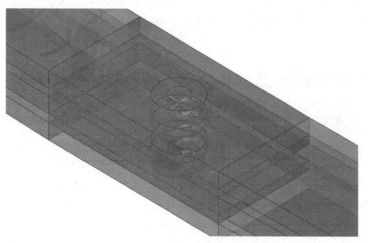

图 3-34　绑定约束（簧片与垫片之间）

（6）切换到 Load 界面，在 Step-1 分析步下对 RP-1 至 RP-11 这 11 个参考点完全固定；Step-2 分析步下选择 Retained nodal dofs，单击继续弹出编辑界面对话框，可参考图 3-10，选择 RP-1 至 RP-11 共 11 个参考点，勾选全部约束。

(7)切换到 Job 界面,在模型下单击编辑关键字,选择 leaf_solid_asm,添加如下信息:

```
MASS MATRIX = YES        % 质量矩阵
 * FLEXIBLE BODY, TYPE = ADAMS       % 转换为 ADAMS 关键字
 * ELEMENT RECOVERY MATRIX, POSITION = AVERAGED AT NODES    % 计算结果中显示应力应变
S,
E,
```

(8)创建 leaf_solid_asm 分析作业并提交运算,计算前 20 阶频率结果,如图 3-35 所示

1	Mode	1: Value = 3.56432E+06 Freq =	300.48	(cycles/time)
2	Mode	2: Value = 3.63411E+06 Freq =	303.40	(cycles/time)
3	Mode	3: Value = 3.78134E+06 Freq =	309.49	(cycles/time)
4	Mode	4: Value = 3.79779E+06 Freq =	310.16	(cycles/time)
5	Mode	5: Value = 3.83172E+06 Freq =	311.54	(cycles/time)
6	Mode	6: Value = 3.83428E+06 Freq =	311.65	(cycles/time)
7	Mode	7: Value = 2.03518E+07 Freq =	718.00	(cycles/time)
8	Mode	8: Value = 2.06978E+07 Freq =	724.07	(cycles/time)
9	Mode	9: Value = 2.11661E+07 Freq =	732.22	(cycles/time)
10	Mode	10: Value = 2.11777E+07 Freq =	732.42	(cycles/time)
11	Mode	11: Value = 2.14771E+07 Freq =	737.58	(cycles/time)
12	Mode	12: Value = 2.14975E+07 Freq =	737.93	(cycles/time)
13	Mode	13: Value = 3.45612E+07 Freq =	935.65	(cycles/time)
14	Mode	14: Value = 4.95067E+07 Freq =	1119.8	(cycles/time)
15	Mode	15: Value = 5.25837E+07 Freq =	1154.1	(cycles/time)
16	Mode	16: Value = 5.26860E+07 Freq =	1155.2	(cycles/time)
17	Mode	17: Value = 5.35709E+07 Freq =	1164.9	(cycles/time)
18	Mode	18: Value = 5.35875E+07 Freq =	1165.1	(cycles/time)
19	Mode	19: Value = 5.62274E+07 Freq =	1193.4	(cycles/time)
20	Mode	20: Value = 6.34094E+07 Freq =	1267.4	(cycles/time)

图 3-35　频率结果(装配式板簧模型)

3.5　整体式板簧模型

(1)整体式板簧模型草图如图 3-36 所示,草图绘制完成后直接通过拉伸完成整体式板簧三维的建模。整体式非接触式板簧装配体模型文件 leaf_solid_full. inp 存储在章节文件中,请读者自行调阅学习。板簧的材料参数:弹性模量 2.06E5,泊松比 0.29,密度 7.74E—9。材料参数建立完成之后通过截面属性赋予整个板簧模型。与装配式板簧模型对比,整体式板簧模型在三维模型建模及后续的约束处理中相对简单很多(簧片与垫片之间的绑定约束、板簧及垫片中的 6 个螺栓孔处 MPC 约束均不用考虑)。板簧模型建立好之后在整体式板簧前后两端及中间部位创建直径为 10 mm 的圆孔。整体式板簧网格划分质量也相对较好,六面体单元共计 11694 个。整体式板簧有限元模型如图 3-37 所示。

(2)切换到分析部 Step 界面,完成 2 个分析部创建,可参考图 3-3,Step-1 为模态分析步,设置提取前 20 阶模态,参数可参考图 3-4。Step-2 为子结构生成,子结构即把整个连杆作为一个单一部件。Step-2 子结构在 Basic 选项卡设置子结构标示(Substructure

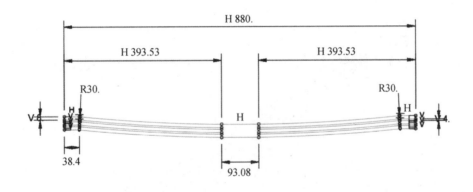

图 3-36　整体式板簧模型草图

图 3-37　整体式板簧有限元模型

identifier:Z101),点选 Whole model,在后续方框中选择整个模型,可参考图 3-5;切换到 Options 选项卡,勾选 Specify retained eigenmodes by:,点选 Mode range,在 Data 方框中输入 1,20,1,可参考图 3-6。

(3)切换到 Interaction 界面,在板簧两端及中间、垫片的螺栓孔中心创建 RP,建立 RP 与孔内表面的 MPC 多点约束,如图 3-38 所示。

(4)切换到 Load 界面,在 Step-1 分析步下对 RP-1 至 RP-7 这 7 个参考点完全固定;Step-2 分析步下选择 Retained nodal dofs,单击继续弹出编辑界面对话框,可参考图 3-10,选择 RP-1 至 RP-7 共 7 个参考点,勾选全部约束。

(5)切换到 Job 界面,在模型下单击编辑关键字,选择 leaf_solid_full,添加如下信息:

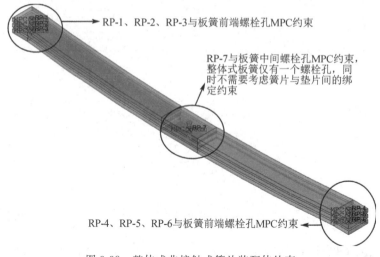

RP-1、RP-2、RP-3与板簧前端螺栓孔MPC约束

RP-7与板簧中间螺栓孔MPC约束，整体式板簧仅有一个螺栓孔，同时不需要考虑簧片与垫片间的绑定约束

RP-4、RP-5、RP-6与板簧前端螺栓孔MPC约束

图 3-38　整体式非接触式簧片装配体约束

```
MASS MATRIX = YES        % 质量矩阵
 * FLEXIBLE BODY, TYPE = ADAMS        % 转换为 ADAMS 关键字
 * ELEMENT RECOVERY MATRIX, POSITION = AVERAGED AT NODES        % 计算结果中显示应力应变
S,
E,
```

（6）创建 leaf_solid_full 分析作业并提交运算，计算前 20 阶频率结果，如图 3-39 所示。对比图 3-34 与图 3-39 可发现，两种模型频率计算结果几乎完全相同，由于整体式建模较为简单、单元质量较高，同时不用考虑簧片与垫片之间的绑定约束，因此在做非接触式板簧模型时可优先考虑整体式建模方法。

```
1     Mode    1: Value = 3.56559E+06 Freq =   300.53   (cycles/time)
2     Mode    2: Value = 3.63200E+06 Freq =   303.31   (cycles/time)
3     Mode    3: Value = 3.78236E+06 Freq =   309.53   (cycles/time)
4     Mode    4: Value = 3.79904E+06 Freq =   310.21   (cycles/time)
5     Mode    5: Value = 3.83183E+06 Freq =   311.55   (cycles/time)
6     Mode    6: Value = 3.83341E+06 Freq =   311.61   (cycles/time)
7     Mode    7: Value = 2.03718E+07 Freq =   718.35   (cycles/time)
8     Mode    8: Value = 2.06955E+07 Freq =   724.03   (cycles/time)
9     Mode    9: Value = 2.11653E+07 Freq =   732.20   (cycles/time)
10    Mode   10: Value = 2.11659E+07 Freq =   732.22   (cycles/time)
11    Mode   11: Value = 2.14722E+07 Freq =   737.49   (cycles/time)
12    Mode   12: Value = 2.14889E+07 Freq =   737.78   (cycles/time)
13    Mode   13: Value = 3.44865E+07 Freq =   934.64   (cycles/time)
14    Mode   14: Value = 4.93616E+07 Freq =   1118.2   (cycles/time)
15    Mode   15: Value = 5.23589E+07 Freq =   1151.6   (cycles/time)
16    Mode   16: Value = 5.24897E+07 Freq =   1153.1   (cycles/time)
17    Mode   17: Value = 5.33413E+07 Freq =   1162.4   (cycles/time)
18    Mode   18: Value = 5.33627E+07 Freq =   1162.6   (cycles/time)
19    Mode   19: Value = 5.59255E+07 Freq =   1190.2   (cycles/time)
20    Mode   20: Value = 6.31784E+07 Freq =   1265.0   (cycles/time)
```

图 3-39　频率结果（整体式板簧模型）

3.6　装配式与整体式非接触式板簧刚度测试

(1)启动 ADAMS/View,选择 New Model。

(2)Model Name:leaf_asm_an_full_test。

(3)Working Directory:D:/ADAMS_MNF。

(4)单击 OK,完成非接触式板簧模型创建,如图 3-40 所示。

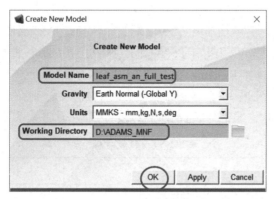

图 3-40　非接触式板簧测试模型

(5)单击 Flexible Bodies>Adams Flex(Create a Flexible Body),弹出创建柔性体对话框,如图 3-41 所示。

(6)Flexible Body Name:. leaf_asm_an_full_test. leaf_solid_full。

(7)MNF:D:/ADAMS_MNF/leaf_solid_full. mnf,其余参数保持默认。

(8)单击 Apply,完成整体式非接触式板簧柔性体 leaf_solid_full 的导入。

(9)Flexible Body Name:. leaf_asm_an_full_test. leaf_solid_asm。

(10)MNF:D:/ADAMS_MNF/leaf_solid_asm. mnf,其余参数保持默认。

(11)Location:0,-300,0。

(12)单击 OK,完成装配式非接触式板簧柔性体 leaf_solid_asm 的导入。

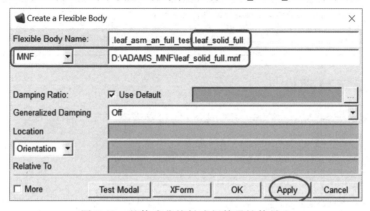

图 3-41　整体式非接触式板簧柔性体导入

3.6.1 转接部件

板簧前后端部需要与车架进行连接,同时簧片间也要通过约束处理。由于板簧是一个整体部件,因此簧片间不能进行约束处理,需在板簧上建立额外的部件(一般为无质量的部件或小质量的部件)。此处的方案是在板簧前后端部建立小质量的转接部件球形体,这样簧片间不仅能添加约束,而且簧片与车架(大地)间亦可以添加约束处理。

(1)单击 Bodies＞Geometry Sphere,创建球形几何体。

(2)选择 New Part。

(3)Radius:4.0。

(4)选择参考点 leaf_solid_full. INT_NODE_18574 完成球形部件创建。

(5)右击球形部件,选择 Rename,重命名为 P1。

(6)重复上述步骤,完成 12 个转接部件的建立,按顺序分别命名为 P2、P3、P4、P5、P6、P7、P8、P9、P10、P11、P12。柔性体板簧参考点与转接部件对应关系见表 3-1。

表 3-1 转接部件参考点

柔性体参考点	转接部件
leaf_solid_full. INT_NODE_18575	P2
leaf_solid_full. INT_NODE_18576	P3
leaf_solid_full. INT_NODE_18577	P4
leaf_solid_full. INT_NODE_18578	P5
leaf_solid_full. INT_NODE_18579	P6
leaf_solid_asm. INT_NODE_30237	P7
leaf_solid_asm. INT_NODE_30238	P8
leaf_solid_asm. INT_NODE_30239	P9
leaf_solid_asm. INT_NODE_30240	P10
leaf_solid_asm. INT_NODE_30241	P11
leaf_solid_asm. INT_NODE_30242	P12

3.6.2 板簧吊耳部件

(1)单击 Bodies＞Construction＞Marker,创建参考点。

(2)Add to Ground。

(3)Don't Attach。

(4)右击鼠标,参考点位置输入:350,414.3,25.0。

(5)单击 OK,完成硬点创建。

(6)右击硬点,选择 Rename,重命名为 Shackle_ref_1。

（7）单击 Bodies＞Geometry Cylinder，创建圆柱几何体。

（8）选择 New Part。

（9）Radius：10.0。

（10）选择硬点 leaf_solid_full. INT_NODE_18577 与 Shackle_ref_1 完成圆柱形部件创建。

（11）右击圆柱体部件，选择 Rename，重命名为 Shackle_1。

（12）单击 Bodies＞Construction＞Marker，创建参考点。

（13）Add to Ground。

（14）Don't Attach。

（15）右击鼠标，参考点位置输入：350.0，114.3，25.0。

（16）单击 OK，完成硬点创建。

（17）右击硬点，选择 Rename，重命名为 Shackle_ref_2。

（18）单击 Bodies＞Geometry Cylinder，创建圆柱几何体。

（19）选择 New Part。

（20）Radius：10.0。

（21）选择硬点 leaf_solid_asm. INT_NODE_30240 与 Shackle_ref_2 完成圆柱形部件创建。

（22）右击圆柱体部件，选择 Rename，重命名为 Shackle_2。

3.6.3　约束方案

整体式与装配式非接触式板簧模型在刚度测试时，各部件之间的约束对应关系见表 3-2，约束副均垂直于工作网格（即 XY 平面）。

表 3-2　部件约束关系

部件 1	部件 2	约束关系	约束位置参考点
Leaf_solid_full	P1	固定副	leaf_solid_full. INT_NODE_18574
	P2		leaf_solid_full. INT_NODE_18575
	P3		leaf_solid_full. INT_NODE_18576
	P4		leaf_solid_full. INT_NODE_18577
	P5		leaf_solid_full. INT_NODE_18578
	P6		leaf_solid_full. INT_NODE_18579
	Ground	铰接副	leaf_solid_full. INT_NODE_18575
	shackle_1		leaf_solid_full. INT_NODE_18578
Shackle_1	Ground		ground. shackle_ref_1
P1	P2	固定副	leaf_solid_full. INT_NODE_18574
P3	P2		leaf_solid_full. INT_NODE_18576
P4	P5		leaf_solid_full. INT_NODE_18577
P6	P6		leaf_solid_full. INT_NODE_18579

续表

部件 1	部件 2	约束关系	约束位置参考点
Leaf_solid_asm	P7	固定副	leaf_solid_asm. INT_NODE_30237
	P8		leaf_solid_asm. INT_NODE_30238
	P9		leaf_solid_asm. INT_NODE_30239
	P10		leaf_solid_asm. INT_NODE_30240
	P11		leaf_solid_asm. INT_NODE_30241
	P12		leaf_solid_asm. INT_NODE_30242
	Ground	铰接副	leaf_solid_asm. INT_NODE_30238
	shackle_2		leaf_solid_asm. INT_NODE_30241
Shackle_2	Ground		ground. shackle_ref_2
P7	P8	固定副	leaf_solid_asm. INT_NODE_30237
P9	P8		leaf_solid_asm. INT_NODE_30239
P10	P11		leaf_solid_asm. INT_NODE_30240
P12	P11		leaf_solid_asm. INT_NODE_30242

（1）单击 Forces＞Applied Forces＞Create a Force。

（2）选择参考点 leaf_solid_full. INT_NODE_18579，方向为 Y 方向，完成 SFORCE_1 创建。

（3）右击 SFORCE_1，选择 Modify。

（4）Function：7000.0 ＊ SIN(180d ＊ time)，即最大力为 7000 N，对应的频率为 0.5 Hz。

（5）单击 Apply，完成力修正。

（6）选择参考点 leaf_solid_asm. INT_NODE_30244，方向为 Y 方向，完成 SFORCE_2 创建。

（7）右击 SFORCE_2，选择 Modify。

（8）Function：7000.0 ＊ SIN(180d ＊ time)，即最大力为 7000 N，对应的频率为 0.5 Hz。

（9）单击 OK，完成力施加。

至此，非接触式板簧刚度测试模型建立完成，如图 3-42 所示，对板簧进行 1 s 仿真，计算非接触式板簧刚度特性曲线如图 3-43 和图 3-44 所示。从曲线变化趋势看，两种模型变化趋势相似度极高。

为进一步验证其刚度特性，需考虑不同频率特性下非接触式板簧的刚度特性，当频率增加 10 倍，即当频率为 5 Hz 时：

（1）右击 SFORCE_1，选择 Modify。

（2）Function：7000.0 ＊ SIN(1800d ＊ time)，此时对应的频率为 5 Hz。

（3）单击 OK，完成力修正。

（4）右击 SFORCE_2，选择 Modify。

（5）Function：7000.0 ＊ SIN(180d ＊ time)。

（6）单击 OK，完成力施加。

当对板簧施加的力频率为 5 Hz 时，对板簧进行 1 s 仿真，计算非接触式板簧刚度特性曲线,如图 4-45 和图 4-46 所示。从曲线变化趋势看,两种模型变化趋势相似度极高。

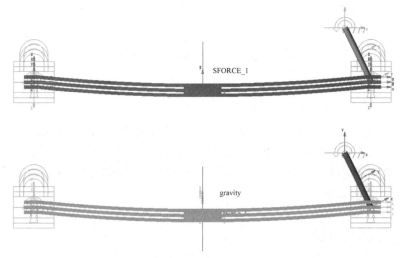

图 3-42　板簧测试模型(整体式与装配式同时测试)

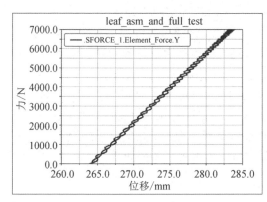

图 3-43　非接触式板簧(整体式、0.5 Hz)

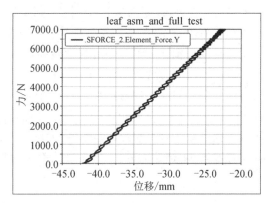

图 3-44　非接触式板簧(装配式、0.5 Hz)

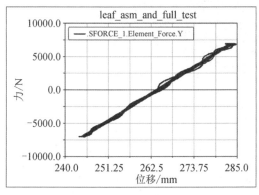

图 3-45　非接触式板簧(整体式、5 Hz)

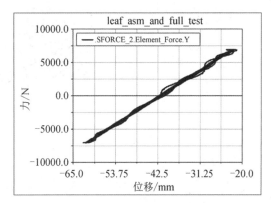

图 3-46　非接触式板簧(装配式、5 Hz)

第4章 路 面

整车模型计算仿真的前提是必须在路面上进行。路面的状态类型较为繁多,以适应不同计算工况的需要。在对整车制动系统评估时,需要设置对开及对接路面;在对整车的平顺性计算仿真时,需要不同等级的路面及通过减速带、连续坑洼路面等。ADAMS/Car 模块共享数据库中 ROAD 文件夹中提供的路面文件足以满足日常所需的工况仿真要求,但对于一些特殊工况需要的路面仍需要读者自己建立。

4.1 路面类型简介

路面模型可以分为 2D 与 3D 路面模型。2D 路面模型接触通常采用点式跟踪法;3D 路面模型为三维轮胎-路面接触,用来计算路面和轮胎之间交叉的体积,路面用一系列离散的三角形片表示,而轮胎用一系列的圆柱表示。采用 3D 路面模型(或者称 3D 等效体积路面模型),可以模拟在车辆运动过程中碰到路边台阶、凹坑、粗糙路面及不规则路面上运动的情形。3D 等效体积路面模型如图 4-1 所示,此路面由 6 个节点构成 4 个三角形面单元,图中示有每个三角形单元的向外的单位法向矢量,与有限元网格中定义较为相似。ADAMS/Tire 在定义路面时需要首先指定每个节点在路面参考坐标系下的坐标,再按顺序指定 3 个节点构成三角形单元,对应每个单元,可以指定不同的摩擦系数。此外,还有 3D 光滑路面,用于定义停车场、赛道路面等。3D 光滑路面一般指路面的曲率小于轮胎的曲率。

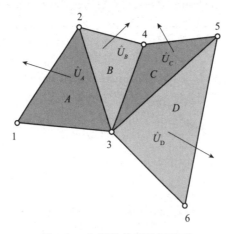

图 4-1 3D 等效体积路面模型

路面模型存储于共享数据库文件夹中,路径为 D:/MSC. Software/Adams_x64/2014/acar/shared_car_database.cdb/roads.tbl。2D 路面模型除平整路面 FLAT 外,其他路面在仿真

时均不能显示几何图形。① DRUM：测试轮胎用转股试验台。② FLAT：平整路面。③PLANK：矩形凸块路面。④POLY_LINE：折线路面。⑤POT_HOLE：凹坑路面。⑥RAMP：斜坡路面。⑦ROOF：三角形凸块路面。⑧SINE：正弦波路面。⑨SINE_SWEEP：正弦波波纹路面。⑩STOCHASTIC_UNEVEN：随即不平路面。

（1）单击 Simulate＞Component Analysis＞cosin/tiretlls 命令，弹出 cosin 2014-3 插件对话框，如图 4-2 所示。

（2）单击 File＞Open road 命令，弹出选择路面文件对话框，选择正弦波波纹路面 2d_sine_sweep. rdf。

（3）单击 Open，弹出 roadtools 工具对话框，如图 4-3 所示。

（4）单击显示按钮快捷方式，显示正弦波波纹路面如图 4-4 所示。其余不同类型路面形状读者可自行尝试打开观看。

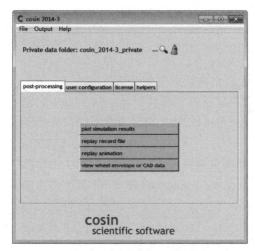

图 4-2　cosin 2014-3 插件

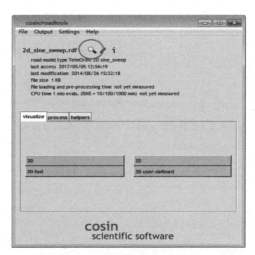

图 4-3　roadtools 工具对话框

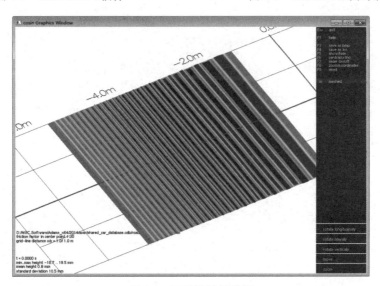

图 4-4　正弦波波纹路面

4.2　对开路面

对开路面主要用于车辆 ABS 制动状态下系统的仿真，以路面中轴线为界，左右两侧的路面摩擦系数不用。真实车辆在制动过程中，左右两侧车轮可能处在不同的路面上，或者模拟车辆在失控状态下整车的稳定性能。对开路面编辑以 3D 样条路面 mdi_3d_smooth_road.rdf 为模板，对路面左侧摩擦系数 MU_LEFT 与右侧摩擦系数 MU_RIGHT 进行更改；高低附路面以摩擦系数 0.5 为中间值，大于 0.5 为高附路面，小于 0.5 为低附路面，同时要求高低附路面摩擦系数比值大于等于 2。对 3D 样条路面 mdi_3d_smooth_road.rdf 进行局部修改，修改部分用斜体加下划线标注。修改好的路面另存为 mdi_3d_smooth_road_DK.rdf，文件存放于章节文件夹中。

对开路面信息按如下方式修改：

```
 $ ------------------------------------------------------------------- MDI_HEADER
[MDI_HEADER]
FILE_TYPE    =  'rdf'
FILE_VERSION   =  5.00
FILE_FORMAT   =  'ASCII'
(COMMENTS)
{comment_string}
'3d smooth road'
 $ ------------------------------------------------------------------- UNITS
[UNITS]
LENGTH            = 'meter'
FORCE             = 'newton'
ANGLE             = 'radians'
MASS              = 'kg'
TIME              = 'sec'
 $ ------------------------------------------------------------------- DEFINITION
[MODEL]
METHOD            = '3D_SPLINE'
FUNCTION_NAME      = 'ARC903'
VERSION           = 1.00
 $ ------------------------------------------------------------------- ROAD_PARAMETERS
[GLOBAL_PARAMETERS]
CLOSED_ROAD        = 'nO'
SEARCH_ALGORITHM   = 'FaSt'
ROAD_VERTICAL      = '0.0 0.0 1.0'
FORWARD_DIR        =   'NORMAL'
```

```
    MU_LEFT                 =    1.0
   MU_RIGHT                 =    1.0
   WIDTH                    =    7.000
   BANK                     =    0.0
   $ ----------------------------------------------------------------- DATA_POINTS
   [DATA_POINTS]
   {    X              Y              Z        WIDTH   BANK  MU_LEFT  MU_RIGHT }
   12.500  00E+00   0.00000E-00   0.00000E-00   7.000 0.000  0.800   0.400
   10.50000E+00   0.00000E-00   0.00000E-00   7.000 0.000  0.800   0.400
   5.50000E+00   0.00000E-00   0.00000E-00   7.000 0.000  0.800   0.400
   0.50000E+00   0.00000E-00   0.00000E-00   7.000 0.000  0.800   0.400
   0.00000E+00   0.00000E-00   0.00000E-00   7.000 0.000  0.800   0.400
  -2.50000E+00   0.00000E-00   0.00000E-00   7.000 0.000  0.800   0.400
  -5.00000E+00   0.00000E-00   0.00000E-00   7.000 0.000  0.800   0.400
  -1.00000E+01   0.00000E-00   0.00000E-00   7.000 0.000  0.800   0.400
  -2.00000E+01   0.00000E-00   0.10000E-00   7.000 0.000  0.800   0.400
  -3.00000E+01   0.00000E-00   0.20000E-00   7.000 0.000  0.800   0.400
  -4.00000E+01   0.00000E-00   0.30000E-00   7.000 0.000  0.800   0.400
  -5.00000E+01   0.00000E-00   0.40000E-00   7.000 0.000  0.800   0.400
  -6.00000E+01   0.00000E-00   0.50000E-00   7.000 0.000  0.800   0.400
  -7.00000E+01   0.00000E-00   0.60000E-00   7.000 0.000  0.800   0.400
  -8.00000E+01   0.00000E-00   0.70000E-00   7.000 0.000  0.800   0.400
  -9.00000E+01   0.00000E-00   0.80000E-00   7.000 0.000  0.800   0.400
  -1.00000E+02   0.00000E-00   0.90000E-00   7.000 0.000  0.800   0.400
  -1.10000E+02   0.00000E-00   1.00000E+00   7.000 0.000  0.800   0.400
  -1.20000E+02   0.00000E-00   1.10000E-00   7.000 0.000  0.800   0.400
  -1.30000E+02   0.00000E-00   1.20000E-00   7.000 0.000  0.800   0.400
   $ _____ END_DATA_POINTS
```

4.3　对接路面

　　对接路面同样用于车辆 ABS 制动状态下系统的仿真,以长度为单位作为一个整体,每个整体路面摩擦系数不同,以路面中轴线为界。对接路面编辑以 3D 样条路面 mdi_3d_smooth_road.rdf 为模板,经过某一个长度后(长度的长短可以通过对整车进行直线制动仿真来估计),路面左右侧的摩擦系数同时变更,一般情况下变小。高低附路面以摩擦系数 0.5 为中间值,大于 0.5 为高附路面,小于 0.5 为低附路面,同时要求高低附路面摩擦系数比值大于等于 2。对 3D 样条路面 mdi_3d_smooth_road.rdf 进行局部修改,修改部分用斜体加下划线标注。修改好的路面另存为 mdi_3d_smooth_road_DJ.rdf,文件存放于章节文件夹中。

对接路面信息按如下方式修改：

```
$ --------------------------------------------------------------- MDI_HEADER
[MDI_HEADER]
FILE_TYPE      =    'rdf'
FILE_VERSION   =   5.00
FILE_FORMAT    =    'ASCII'
(COMMENTS)
{comment_string}
'3d smooth road'
$ --------------------------------------------------------------- UNITS
[UNITS]
LENGTH             = 'meter'
FORCE              = 'newton'
ANGLE              = 'radians'
MASS               = 'kg'
TIME               = 'sec'
$ --------------------------------------------------------------- DEFINITION
[MODEL]
METHOD             = '3D_SPLINE'
FUNCTION_NAME      = 'ARC903'
VERSION            = 1.00
$ --------------------------------------------------------------- ROAD_PARAMETERS
[GLOBAL_PARAMETERS]
CLOSED_ROAD        = 'nO'
SEARCH_ALGORITHM   = 'FaSt'
ROAD_VERTICAL      = '0.0 0.0 1.0'
FORWARD_DIR        =   'NORMAL'
MU_LEFT            =   1.0
MU_RIGHT           =   1.0
WIDTH              =   7.000
BANK               =   0.0
$ --------------------------------------------------------------- DATA_POINTS
[DATA_POINTS]
{    X              Y            Z     WIDTH  BANK  MU_LEFT   MU_RIGHT }
12.500 00E+00  0.00000E-00  0.00000E-00  3.000 0.000  0.900  0.900
10.500 00E+00  0.00000E-00  0.00000E-00  3.000 0.000  0.900  0.900
5.50000E+00  0.00000E-00  0.00000E-00  3.000 0.000  0.900  0.900
```

0.50000E+00	0.00000E-00	0.00000E-00	3.000 0.000	0.900	0.900
0.00000E+00	0.00000E-00	0.00000E-00	3.000 0.000	0.900	0.900
-2.50000E+00	0.00000E-00	0.00000E-00	3.000 0.000	0.900	0.900
-5.00000E+00	0.00000E-00	0.00000E-00	3.000 0.000	0.900	0.900
-1.00000E+01	0.00000E-00	0.00000E-00	3.000 0.000	*0.300*	*0.300*
-2.00000E+01	0.00000E-00	0.10000E-00	3.000 0.000	*0.300*	*0.300*
-3.00000E+01	0.00000E-00	0.20000E-00	3.000 0.000	*0.300*	*0.300*
-4.00000E+01	0.00000E-00	0.30000E-00	3.000 0.000	*0.300*	*0.300*
-5.00000E+01	0.00000E-00	0.40000E-00	3.000 0.000	*0.300*	*0.300*
-6.00000E+01	0.00000E-00	0.50000E-00	3.000 0.000	*0.300*	*0.300*
-7.00000E+01	0.00000E-00	0.60000E-00	3.000 0.000	*0.300*	*0.300*
-8.00000E+01	0.00000E-00	0.70000E-00	3.000 0.000	*0.300*	*0.300*
-9.00000E+01	0.00000E-00	0.80000E-00	3.000 0.000	*0.300*	*0.300*
-1.00000E+02	0.00000E-00	0.90000E-00	3.000 0.000	*0.300*	*0.300*
-1.10000E+02	0.00000E-00	1.00000E+00	3.000 0.000	*0.300*	*0.300*
-1.20000E+02	0.00000E-00	1.10000E-00	3.000 0.000	*0.300*	*0.300*
-1.30000E+02	0.00000E-00	1.20000E-00	3.000 0.000	*0.300*	*0.300*

$ -- END_DATA_POINTS

4.4 减速带路面

减速带主要设置在路口、学校、小区门口等车流量较多、人口较为密集的地方,提示车辆减速慢行,注意安全。减速带规格类型较多,此案例采用的减速带规格为 250 mm×350 mm×50 mm(长、宽、高),其中减速带断面参数为 350 mm×50 mm;通过 ADAMS/Car 建立减速带模型,模拟 FSAE 赛车通过减速带时整车的运动状态。

(1)单击 Simulate>Full-Vehicle Analysis>Road Builder 命令,弹出路面构建对话框,如图 4-5 所示。对话框主要包含 4 部分:路面文件、标题栏、路面文件版本信息和路面单位信息。

(2)Road File:mdids://acar_shared/roads.tbl/road_3d_sine_example.xml。

(3)路面文件输入上述路径,路面建模器打开后默认存在,也可以单击后面的文件快捷方式输入其他路面文件均可;界面其余设置均保持默认。

(4)单击 Obstacle(障碍物,包括凸块路面、凹坑路面、三角形凸台路面等),此时图 4-5 转换成障碍物路面设置界面,如图 4-6 所示。

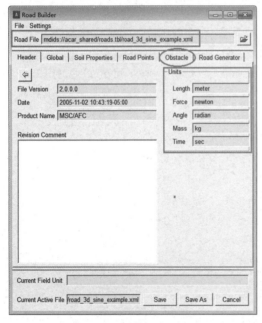 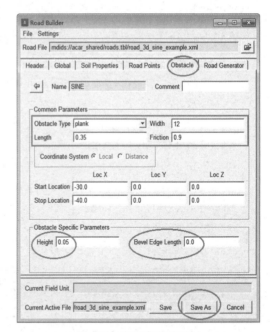

图 4-5　路面构建对话框　　　　　　　　　　图 4-6　路面障碍对话框

（5）Obstacle Type：plank。障碍物选择凸块路面。

（6）Width：12，单位 m。减速带宽度与路面宽度相同，路面宽度可以用记事本打开 road_3d_sine_example.xml 查询。

（7）Length：0.35，单位 m。

（8）Friction：0.9。

（9）Height：0.05，单位 m。

（10）Bevel Edge Length（凸块倒角变长度，默认角度为 45 度）：0.0，单位 m。

（11）其余保持默认设置，单击 Save As，另存为 road_3d_sine_example_JIANSUDAI. xml；存储路径为 D：/fsae_MD_2010. cdb/roads. tbl/ road_3d_sine_example_JIANSUDAI. xml。完成的减速带路面模型如图 4-7 所示。

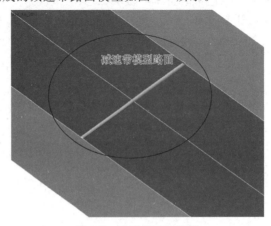

图 4-7　减速带路面模型

4.5　连续障碍路面

整车在高速路上行驶时,会存在多个连续减速带提示驾驶员与前车保持合适的车距;在整车设计量产之前,需要对整车的性能进行评估,也需要整车在随机不平路面上或者连续障碍路面上行驶。连续 3 个减速带路面创建如下(其他障碍路面创建也可参考):

(1)单击 Simulate＞Full-Vehicle Analysis＞Road Builder 命令,弹出路面构建对话框,如图 4-5 所示。

(2)Road File:D:/fsae_MD_2010.cdb/roads.tbl/road_3d_sine_example_JIANSUDAI_number_3.xml。

(3)单击 Obstacle。

(4)单击 Display Table View,显示出连续障碍路面设置对话框,如图 4-8 所示。

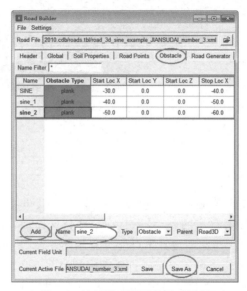

图 4-8　连续障碍路面设置对话框

(5)Name:sine_1。

(6)单击 Add,双击列表中的 sine_1 界面,转换成图 4-6 所示。

(7)Obstacle Type:plank。障碍物选择凸块路面。

(8)Width:12,单位 m。减速带宽度与路面宽度相同,路面宽度可以用记事本打开 road_3d_sine_example.xml 查询。

(9)Length:0.35,单位 m。

(10)Friction:0.9。

(11)Height:0.05,单位 m。

(12)Start Location:Loc X 下列方框输入－40.0。

(13)Stop Location:Loc X 下列方框输入－50.0。

(14)单击 Display Table View,重复一次上述过程。

(15)Name：sine_2。

(16)Start Location：Loc X 下列方框输入—50.0。

(17)Stop Location：Loc X 下列方框输入—60.0。

(18)其余保持默认设置，单击 Save As，另存为 road_3d_sine_example_JIANSUDAI_number_3.xml。存储路径为 D:/fsae_MD_2010.cdb/roads.tbl/road_3d_sine_example_JIANSUDAI_number_3.xml。完成的连续减速带路面模型如图 4-9 所示。

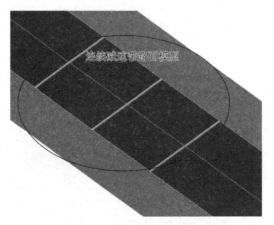

图 4-9　连续减速带路面模型

4.6　分离路面设置

整车在行驶过程中，4 个轮胎接触的路面不可能完全相同，即使是在良好的一级路面上，也会存在微小差异。针对整车的制动特性，在一些特殊路面，如雨地、雪地、坑洼泥泞路面，4 个车轮(或者多个车轮)与路面接触不可能具有相同的摩擦系数，因此有必要在虚拟仿真时设置分离路面，左右车轮或者 4 个车轮设置不同的摩擦系数。

根据文件夹路径 D:/fsae_MD_2010.cdb/roads.tbl，用记事本格式打开平整路面文件 2d_flat.rdf，在 PARAMETERS 栏修改 MU＝0.5，保存文件重命名为 2d_flat_mu_0.5.rdf。

平整路面信息如下：

```
$ ------------------------------------------------------------------------ MDI_HEADER
[MDI_HEADER]
FILE_TYPE    =  'rdf'
FILE_VERSION  =   5.00
FILE_FORMAT   =   'ASCII'
(COMMENTS)
{comment_string}
'flat 2d contact road for testing purposes'
```

```
$ ----------------------------------------------------------------- UNITS
[UNITS]
LENGTH                = 'mm'
FORCE                 = 'newton'
ANGLE                 = 'radians'
MASS                  = 'kg'
TIME                  = 'sec'
$ ----------------------------------------------------------------- MODEL
[MODEL]
METHOD                = '2D'
FUNCTION_NAME         = 'ARC901'
ROAD_TYPE             = 'flat'
$ ----------------------------------------------------------------- GRAPHICS
[GRAPHICS]
LENGTH                = 160000.0

WIDTH                 = 80000.0
NUM_LENGTH_GRIDS      = 16
NUM_WIDTH_GRIDS       = 8
LENGTH_SHIFT          = 10000.0
WIDTH_SHIFT           = 0.0  % 此栏参数也可以修改,用以改变路面的大小
$ ----------------------------------------------------------------- PARAMETERS
[PARAMETERS]
MU                    =   0.5   % 可修改的轮胎与路面的接触摩擦系数,范围在 0 到 1 之间
$ ----------------------------------------------------------------- REFSYS
[REFSYS]
OFFSET                =  0.0 0.0 0.0
ROTATION_ANGLE_XY_PLANE  =  0.0
```

(1)标准界面下打开整车模型:fsae_full_2017。其他章节的整车模型均可。

(2)单击 Simulate＞Full-Vehicle Analysis＞Vehicle Set-Up＞Set Road for Individual Tires 命令,弹出分离轮胎路面数据文件对话框,如图 4-10 所示。

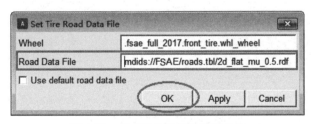

图 4-10 分离轮胎路面设置对话框

(3)Wheel：. fsae_full_2017. front_tire. whl_wheel，方框中右击 Wheel，选择 Pick。

(4)不勾选 Use default road date file。

(5)Road Date File：mdids：//FSAE/roads. tbl/2d_flat_mu_0. 5. rdf。

(6)单击 Apply，完成左前轮轮胎路面设置。

(7)Wheel：. fsae_full_2017. rear_tire. whl_wheel，方框中右击 Wheel，选择 Pick。

(8)不勾选 Use default road date file

(9)Road Date File：mdids：//FSAE/roads. tbl/2d_flat_mu_0. 5. rdf。

(10)单击 OK，完成左后轮轮胎路面设置。

第5章　板簧式非独立悬架

　　板簧式非独立悬架应用范围非常广泛,小型、中型、重型货运车辆,半挂车辆,客运车辆,皮卡车辆,农业车辆,军用车辆及特种车辆前后轴多采用非独立悬架,支撑元件多为板簧。板簧作为支撑元件,不仅可以起到垂向支撑作用,还可以起到纵向与侧向稳定杆的作用。由于簧片间存在摩擦,因此板簧装配体亦有避震器特性。国内早些年的车辆,如果悬架采用的是钢板弹簧,则大多不装避震器与导向杆系。近些年国内有些车辆有匹配避震器,避震器与钢板弹簧的良好匹配,可以进一步提升整车的平顺性与稳定性。需要特别说明的是,笔者近些年发现国外有些车辆在装有钢板弹簧的同时也考虑到了纵向与横向的杆系,进一步改善悬架在各种工况下的纵向与侧向力。导向杆系是否可以进一步提升整车的稳定性,可以通过在同一个整车模型中仿真验证。本章节讨论板簧式非独立悬架,包括第一转向桥非独立悬架模型、第二转向桥非独立悬架模型及驱动桥非独立悬架模型。第一转向桥非独立悬架模型、第二转向桥非独立悬架模型可以匹配 6×2、6×4、8×4 整车模型。建立好的第一转向桥非独立悬架模型如图 5-1 所示。

图 5-1　板簧式非独立悬架

5.1　第一转向桥非独立悬架模型

　　(1)启动 ADAMS/Car,选择专家模块(Template)进入建模界面。

　　(2)单击 File>New 命令。

　　(3)Template Name:my_truck_sus_hanger_front_leaf_MNF。

　　(4)Major Role:suspension。

（5）单击 OK，完成悬架模板的设置，如图 5-2 所示。

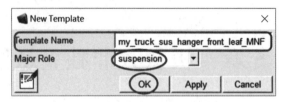

图 5-2　悬架模板

（6）单击 Build＞Hardpoint＞New 命令，弹出创建硬点参数对话框，如图 5-3 所示。

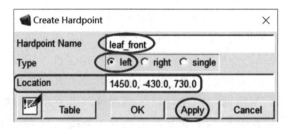

图 5-3　板簧前端硬点参数

（7）Hardpoint Name：leaf_front。

（8）Type：left。

（9）Location：1450.0，−430.0，730.0。

（10）单击 Apply，完成 ._my_truck_sus_hanger_front_leaf_MNF.ground.hpl_leaf_front 硬点的创建。

（11）重复上述步骤完成图 5-4 中所有硬点的创建，创建完成后单击 OK。

	loc_x	loc_y	loc_z
hpl_damper_down	1950.0	-550.0	500.0
hpl_damper_up	2050.0	-550.0	900.0
hpl_equaliser_left	2800.0	-430.0	595.0
hpl_equaliser_right	3200.0	-430.0	595.0
hpl_equaliser_top	3000.0	-430.0	700.0
hpl_hanger	3000.0	-430.0	820.0
hpl_leaf_front	1450.0	-430.0	730.0
hpl_leaf_mid	2100.0	-430.0	700.0
hpl_leaf_rear	2750.0	-430.0	730.0
hpl_tie_rod_arm	2350.0	-850.0	575.0
hpl_trailing_arm_front	1400.0	-675.0	450.0
hpl_trailing_arm_rear	2100.0	-700.0	500.0
hpl_upper_kingpin_axis	2120.0	-855.0	880.0
hpl_upright_dwon	2100.0	-875.0	600.0
hpl_wheel_center	2110.6	-1140.1952	735.0

图 5-4　板簧式非独立悬架硬点

5.1.1 整体式车桥 axle

5.1.1.1 整体式车桥部件 axle

(1)单击 Build>Part>General Part>New 命令,弹出创建部件对话框,如图 5-5 所示。

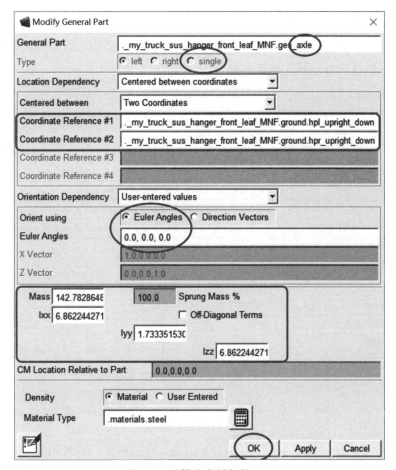

图 5-5 整体式车桥部件 axle

(2)General Part:._my_truck_sus_hanger_front_leaf_MNF. ges_axle。

(3)Location Dependency:Centered between coordinates。

(4)Centered between:Two Coordinates。

(5)Coordinate Reference ♯1:._my_truck_sus_hanger_front_leaf_MNF. ground. hpl_upright_down。

(6)Coordinate Reference ♯2:._my_truck_sus_hanger_front_leaf_MNF. ground. hpr_upright_down。

(7)Orientation Dependency:User-entered values。

(8)Orient using:Euler Angles。

(9)Euler Angles:0. 0,0. 0,0. 0。

(10)Mass:1。

(11)Ixx:1。

(12)Iyy:1。

(13)Izz:1。

(14)Density:Material。

(15)Material Type:. materials. steel。

(16)单击 OK,完成 ._my_truck_sus_hanger_front_leaf_MNF. ges_axle 部件的创建。

5.1.1.2　整体式驱动桥几何体 axle

(1)单击 Build＞Geometry＞Link＞New 命令,弹出建立整体桥式连杆几何体对话框,如图 5-6 所示。

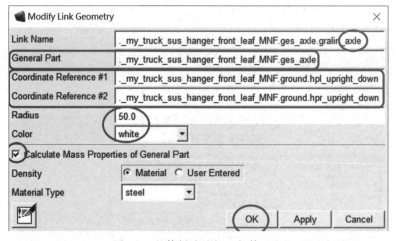

图 5-6　整体桥式连杆几何体 axle

(2)Link Name:. _my_truck_sus_hanger_front_leaf_MNF. ges_axle. gralin_axle。

(3)General Part:. _my_truck_sus_hanger_front_leaf_MNF. ges_axle。

(4)Coordinate Reference ♯1:. _my_truck_sus_hanger_front_leaf_MNF. ground. hpl_upright_down。

(5)Coordinate Reference ♯2:. _my_truck_sus_hanger_front_leaf_MNF. ground. hpr_upright_down。

(6)Radius:50. 0。

(7)Color:white。

(8)选择 Calculate Mass Properties of General Part 复选框。当几何体建立好之后会更新对应部件的质量和惯量参数,更新后的部件质量与惯量参数如图 5-5 所示。

(9)Density:Material。

(10)Material Type:steel。

(11)单击 OK,完成 . _my_truck_sus_hanger_front_leaf_MNF. ges_axle. gralin_axle 几何体的创建。

5.1.2　轮毂 spindle

5.1.2.1　结构框 wheel_center

（1）单击 Build＞Suspension Parameters＞Toe/Camber Values＞Set 命令，弹出创建悬架参数对话框，如图 5-7 所示。

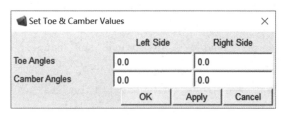

图 5-7　悬架参数

（2）Toe Angles：0.0/0.0。

（3）Camber Angles：0.0/0.0。

（4）单击 OK，完成参数创建；与此同时系统自动建立两个输出通讯器：col[r]_toe_angle 和 col[r]_camber_angle。

（5）单击 Build＞Construction Frame＞New 命令，弹出创建结构框对话框，如图 5-8 所示。

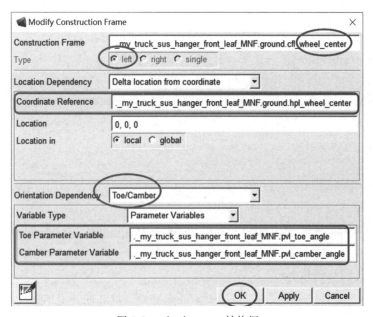

图 5-8　wheel_center 结构框

（6）Construction Frame：._my_truck_sus_hanger_front_leaf_MNF. ground. cfl_wheel_center。

（7）Coordinate Reference：._my_truck_sus_hanger_front_leaf_MNF. ground. hpl_ wheel_center。

（8）Location：0，0，0。

（9）Location in：local。

（10）Orientation Dependency：Toe/Camber。

（11）Variable Type：Parameter Variables。

（12）Toe Parameter Variable：._my_truck_sus_hanger_front_leaf_MNF. pvl_toe_angle。

（13）Camber Parameter Variable：._my_truck_sus_hanger_front_leaf_MNF. pvl_camber_angle。

（14）单击 OK，完成 ._my_truck_sus_hanger_front_leaf_MNF. ground. cfl_wheel_center 结构框的创建。

5.1.2.2　轮毂部件 spindle

（1）单击 Build＞Part＞General Part＞New 命令，弹出创建部件对话框，可参考图 5-5。

（2）General Part：._my_truck_sus_hanger_front_leaf_MNF. gel_spindle。

（3）Location Dependency：Delta location from coordinate。

（4）Coordinate Reference：._my_truck_sus_hanger_front_leaf_MNF. ground. cfl_wheel_center。

（5）Location：0，0，0。

（6）Location in：local。

（7）Orientation Dependency：Delta orientation from coordinate。

（8）Construction Frame：._my_truck_sus_hanger_front_leaf_MNF. ground. cfl_wheel_center。

（9）Orientation：0，0，0。

（10）Ixx：1。

（11）Iyy：1。

（12）Izz：1。

（13）Density：Material。

（14）Material Type：. materials. steel。

（15）单击 OK，完成 ._my_truck_sus_hanger_front_leaf_MNF. gel_spindle 部件的创建。

5.1.2.3　轮毂几何体 hub

（1）单击 Build＞Geometry＞Cylinder＞New 命令，弹出创建几何体对话框，如图 5-9所示。

（2）Cylinder Name：._my_truck_sus_hanger_front_leaf_MNF. gel_spindle. gracyl_hub。

（3）General Part：._my_truck_sus_hanger_front_leaf_MNF. gel_spindle。

（4）Construction Frame：._my_truck_sus_hanger_front_leaf_MNF. ground. cfl_wheel_center。

（5）Radius：150.0。

（6）Length In Positive Z：30。

（7）Length In Negative Z：10。

（8）Color：green。

（9）选择 Calculate Mass Properties of General Part 复选框。

（10）单击 OK，完成 ._my_truck_sus_hanger_front_leaf_MNF. gel_spindle. gracyl_hub 轮毂几何体的创建。

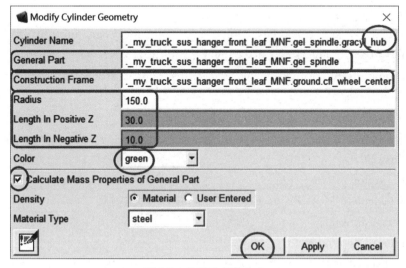

图 5-9　轮毂几何体 hub

5. 1. 3　转向节 upright

5. 1. 3. 1　转向节部件 upright

（1）单击 Build＞Part＞General Part＞New 命令，弹出创建部件对话框，可参考图 5-5。

（2）General Part：._my_truck_sus_hanger_front_leaf_MNF. gel_upright。

（3）Location Dependency：Delta location from coordinate。

（4）Coordinate Reference：. _my_truck_sus_hanger_front_leaf_MNF. ground. hpl_wheel_center。

（5）Location：0，0，0。

（6）Location in：local。

（7）Orientation Dependency：User-entered values。

（8）Orient using：Euler Angles。

（9）Euler Angles：0，0，0。

（10）Mass：1。

（11）Ixx：1。

（12）Iyy：1。

(13)Izz:1。

(14)Density:Material。

(15)Material Type:. materials. steel。

(16)单击 OK,完成 . _my_truck_sus_hanger_front_leaf_MNF. gel_upright 部件的创建。

5.1.3.2　转向节几何体

(1)单击 Build>Geometry>Link>New 命令,弹出建立整体桥式连杆几何体对话框,可参考图 5-6。

(2)Link Name:. _my_truck_sus_hanger_front_leaf_MNF. gel_upright. gralin_link1。

(3)General Part:. _my_truck_sus_hanger_front_leaf_MNF. gel_upright。

(4)Coordinate Reference #1:. _my_truck_sus_hanger_front_leaf_MNF. ground. hpl_upright_down。

(5)Coordinate Reference #2:. _my_truck_sus_hanger_front_leaf_MNF. ground. cfl_wheel_center。

(6)Radius:20. 0。

(7)Color:yellow。

(8)选择 Calculate Mass Properties of General Part 复选框。

(9)Density:Material。

(10)Material Type:steel。

(11)单击 Apply,完成 . _my_truck_sus_hanger_front_leaf_MNF. gel_upright. gralin_link1 几何体的创建。

(12)Link Name:. _my_truck_sus_hanger_front_leaf_MNF. gel_upright. gralin_link2。

(13)General Part:. _my_truck_sus_hanger_front_leaf_MNF. gel_upright。

(14)Coordinate Reference #1:. _my_truck_sus_hanger_front_leaf_MNF. ground. hpl_upper_kingpin_axis。

(15)Coordinate Reference #2:. _my_truck_sus_hanger_front_leaf_MNF. ground. cfl_wheel_center。

(16)Radius:20. 0。

(17)Color:yellow。

(18)选择 Calculate Mass Properties of General Part 复选框。

(19)Density:Material。

(20)Material Type:steel。

(21)单击 Apply,完成 . _my_truck_sus_hanger_front_leaf_MNF. gel_upright. gralin_link2 几何体的创建。

(22)Link Name:. _my_truck_sus_hanger_front_leaf_MNF. gel_upright. gralin_link3。

(23)General Part:. _my_truck_sus_hanger_front_leaf_MNF. gel_upright。

(24)Coordinate Reference #1:. _my_truck_sus_hanger_front_leaf_MNF. ground. hpl_upright_down。

(25)Coordinate Reference #2:._my_truck_sus_hanger_front_leaf_MNF. ground. hpl_tie_rod_arm。

(26)Radius:20.0。

(27)Color:yellow。

(28)选择 Calculate Mass Properties of General Part 复选框。

(29)Density:Material。

(30)Material Type:steel。

(31)单击 OK,完成 ._my_truck_sus_hanger_front_leaf_MNF. gel_upright. gralin_link3 几何体的创建。

5.1.4　转向横拉杆 tie_rod

5.1.4.1　结构框 tie_rod

(1)单击 Build>Construction Frame>New 命令,弹出创建结构框对话框,可参考图 5-8。

(2)Construction Frame:._my_truck_sus_hanger_front_leaf_MNF. ground. cfs_tie_rodtie_rod。

(3)Location Dependency:Centered between coordinates。

(4)Centered between:Two Coordinates。

(5)Coordinate Reference #1:._my_truck_sus_hanger_front_leaf_MNF. ground. hpl_tie_rod_arm。

(6)Coordinate Reference #2:._my_truck_sus_hanger_front_leaf_MNF. ground. hpr_tie_rod_arm。

(7)Orientation Dependency:User-entered values。

(8)Orient using:Euler Angles。

(9)Euler Angles:0,0,0。

(10)单击 OK,完成 ._my_truck_sus_hanger_front_leaf_MNF. ground. cfs_tie_rodtie_rod 结构框的创建。

5.1.4.2　转向横拉杆部件 tie_rod

(1)单击 Build>Part>General Part>New 命令,弹出创建部件对话框,可参考图 5-5。

(2)General Part:._my_truck_sus_hanger_front_leaf_MNF. ges_tie_rod。

(3)Location Dependency:Delta location from coordinate。

(4)Coordinate Reference:._my_truck_sus_hanger_front_leaf_MNF. ground. cfs_tie_rod。

(5)Location:0,0,0。

(6)Location in:local。

(7)Orientation Dependency:Delta orientation from coordinate。

(8)Construction Frame:._my_truck_sus_hanger_front_leaf_MNF. ground. cfs_tie_rod。

(9)Orientation:0,0,0。

(10)Ixx:1。

(11)Iyy:1。

(12)Izz:1。

(13)Density:Material。

(14)Material Type:. materials. steel。

(15)单击 OK,完成 . _my_truck_sus_hanger_front_leaf_MNF. ges_tie_rod 部件的创建。

5.1.4.3　转向横拉杆几何体 tierod

(1)单击 Build＞Geometry＞Link＞New 命令,弹出创建连杆几何体对话框,可参考图 5-6。

(2)Link Name:. _my_truck_sus_hanger_front_leaf_MNF. ges_tie_rod. gralin_tierod。

(3)General Part:. _my_truck_sus_hanger_front_leaf_MNF. ges_tie_rod。

(4)Coordinate Reference ♯1:. _my_truck_sus_hanger_front_leaf_MNF. ground. hpl_tie_rod_arm。

(5)Coordinate Reference ♯2:. _my_truck_sus_hanger_front_leaf_MNF. ground. hpr_tie_rod_arm。

(6)Radius:15. 0。

(7)Color:blue。

(8)选择 Calculate Mass Properties of General Part 复选框。当几何建立好之后会更新对应部件的质量和惯量参数。

(9)Density:Material。

(10)Material Type:steel。

(11)单击 OK,完成 . _my_truck_sus_hanger_front_leaf_MNF. ges_tie_rod. gralin_tierod 几何体的创建。

5.1.5　避震器上端部件 damper_up

(1)单击 Build＞Part＞General Part＞New 命令,弹出创建部件对话框,可参考图 5-5。

(2)General Part:. _my_truck_sus_hanger_front_leaf_MNF. gel_damper_up。

(3)Location Dependency:Delta location from coordinate。

(4)Coordinate Reference:. _my_truck_sus_hanger_front_leaf_MNF. ground. hpl_damper_up。

(5)Location:0,0,0。

(6)Location in:local。

(7)Orientation Dependency:User-entered values。

(8)Orient using:Euler Angles。

(9)Euler Angles:0,0,0。

(10)Ixx:1。

(11)Iyy:1。

(12)Izz:1。

(13)Density：Material。

(14)Material Type：. materials. steel。

(15)单击 OK，完成 ._my_truck_sus_hanger_front_leaf_MNF. gel_damper_up 部件的创建。

5. 1. 6　避震器下端部件 damper_down

(1)单击 Build＞Part＞General Part＞New 命令，弹出创建部件对话框，可参考图 5-5。

(2)General Part：._my_truck_sus_hanger_front_leaf_MNF. gel_damper_down。

(3)Location Dependency：Delta location from coordinate。

(4)Coordinate Reference：._my_truck_sus_hanger_front_leaf_MNF. ground. hpl_damper_down。

(5)Location：0,0,0。

(6)Location in：local。

(7)Orientation Dependency：User-entered values。

(8)Orient using：Euler Angles。

(9)Euler Angles：0,0,0。

(10)Ixx：1。

(11)Iyy：1。

(12)Izz：1。

(13)Density：Material。

(14)Material Type：. materials. steel。

(15)单击 OK，完成 ._my_truck_sus_hanger_front_leaf_MNF. gel_damper_down 部件的创建。

5. 1. 7　纵向拉杆 trailing_arm

5. 1. 7. 1　纵向拉杆部件 trailing_arm

(1)单击 Build＞Part＞General Part＞New 命令，弹出创建部件对话框，可参考图 5-5。

(2)General Part：._my_truck_sus_hanger_front_leaf_MNF. gel_trailing_arm。

(3)Location Dependency：Centered between coordinates。

(4)Centered between：Two Coordinates。

(5)Coordinate Reference ＃1：._my_truck_sus_hanger_front_leaf_MNF. ground. hpl_trailing_arm_rear。

(6)Coordinate Reference ＃2：._my_truck_sus_hanger_front_leaf_MNF. ground. hpl_trailing_arm_front。

(7)Location：0,0,0。

(8)Location in：local。

(9)Orientation Dependency：User-entered values。

(10)Orient using：Euler Angles。

（11）Euler Angles：0，0，0。

（12）Mass：1。

（13）Ixx：1。

（14）Iyy：1。

（15）Izz：1。

（16）Density：Material。

（17）Material Type：. materials. steel。

（18）单击 OK，完成 . _my_truck_sus_hanger_front_leaf_MNF. gel_trailing_arm 部件的创建。

5.1.7.2　纵向拉杆几何体 trailing_arm

（1）单击 Build＞Geometry＞Link＞New 命令，弹出建立连杆几何体对话框，可参考图 5-6。

（2）Link Name：. _my_truck_sus_hanger_front_leaf_MNF. gel_trailing_arm. gralin_trailing_arm。

（3）General Part：. _my_truck_sus_hanger_front_leaf_MNF. gel_trailing_arm。

（4）Coordinate Reference ＃1：. _my_truck_sus_hanger_front_leaf_MNF. ground. hpl_trailing_arm_rear。

（5）Coordinate Reference ＃2：. _my_truck_sus_hanger_front_leaf_MNF. ground. hpl_trailing_arm_front。

（6）Radius：20.0。

（7）Color：yellow。

（8）选择 Calculate Mass Properties of General Part 复选框。

（9）Density：Material。

（10）Material Type：steel。

（11）单击 OK，完成 . _my_truck_sus_hanger_front_leaf_MNF. gel_trailing_arm. gralin_trailing_arm 几何体的创建。

5.1.8　潘哈德杆 panhard_rod

5.1.8.1　结构框 panhard_rod_axle、panhard_rod_to_body

（1）单击 Build＞Construction Frame＞New 命令，弹出创建结构框对话框，可参考图 5-8。

（2）Construction Frame：. _my_truck_sus_hanger_front_leaf_MNF. ground. cfs_panhard_rod_to_body。

（3）Location Dependency：Delta location from coordinate。

（4）Coordinate Reference：. _my_truck_sus_hanger_front_leaf_MNF. ground. hpr_trailing_arm_rear。

（5）Location：0，−100，0。

(6)Location in：local。

(7)Orientation Dependency：User-entered values。

(8)Orient using：Euler Angles。

(9)Euler Angles：0,0,0。

(10)单击 Apply,完成 ._my_truck_sus_hanger_front_leaf_MNF. ground. cfs_panhard_rod_axle 结构框的创建。

(11)Construction Frame：._my_truck_sus_hanger_front_leaf_MNF. ground. cfs_panhard_rod_to_body。

(12)Location Dependency：Delta location from coordinate。

(13)Coordinate Reference：._my_truck_sus_hanger_front_leaf_MNF. ground. cfs_panhard_rod_axle。

(14)Location：−200，−1000,0。

(15)Location in：local。

(16)Orientation Dependency：User-entered values。

(17)Orient using：Euler Angles。

(18)Euler Angles：0,0,0。

(19)单击 OK,完成 ._my_truck_sus_hanger_front_leaf_MNF. ground. cfs_panhard_rod_to_body 结构框的创建。

5.1.8.2　潘哈德杆部件 panhard rod

(1)单击 Build＞Part＞General Part＞New 命令,弹出创建部件对话框,可参考图 5-5。

(2)General Part：._my_truck_sus_hanger_front_leaf_MNF. ges_panhard_rod。

(3)Location Dependency：Centered between coordinates。

(4)Centered between：Two Coordinates。

(5)Coordinate Reference ＃1：._my_truck_sus_hanger_front_leaf_MNF. ground. cfs_panhard_rod_axle。

(6)Coordinate Reference ＃2：._my_truck_sus_hanger_front_leaf_MNF. ground. cfs_panhard_rod_to_body。

(7)Location：0,0,0。

(8)Location in：local。

(9)Orientation Dependency：User-entered values。

(10)Orient using：Euler Angles。

(11)Euler Angles：0,0,0。

(12)Mass：1。

(13)Ixx：1。

(14)Iyy：1。

(15)Izz：1。

(16)Density：Material。

(17)Material Type：. materials. steel。

(18)单击 OK,完成 . _my_truck_sus_hanger_front_leaf_MNF. ges_panhard_rod 部件的创建。

5.1.8.3　潘哈德杆几何体 panhard_rod

(1)单击 Build>Geometry>Link>New 命令,弹出建立连杆几何体对话框,可参考图 5-6。

(2)Link Name:. _my_truck_sus_hanger_front_leaf_MNF. ges_panhard_rod. gralin_panhard_rod。

(3)General Part:. _my_truck_sus_hanger_front_leaf_MNF. ges_panhard_rod。

(4)Coordinate Reference #1:. _my_truck_sus_hanger_front_leaf_MNF. ground. cfs_panhard_rod_axle。

(5)Coordinate Reference #2:. _my_truck_sus_hanger_front_leaf_MNF. ground. cfs_panhard_rod_to_body。

(6)Radius:20.0。

(7)Color:red。

(8)选择 Calculate Mass Properties of General Part 复选框。

(9)Density:Material。

(10)Material Type:steel。

(11)单击 OK,完成 . _my_truck_sus_hanger_front_leaf_MNF. ges_panhard_rod. gralin_panhard_rod 几何体的创建。

5.1.9　板簧柔性体部件

(1)单击 Build>Part>Flexible Body>New 命令,弹出创建板簧柔性体部件对话框,如图 5-10 所示。需要说明的是,板簧柔性体部件 sus_ph_leaf. mnf 已经制作好存放在文件夹中,此处直接通过路径调出柔性部件模型。

(2)General Part:. _my_truck_sus_hanger_front_leaf_MNF. fbs_leaf_left。

(3)Type:single。

(4)Location Dependency:Delta location from coordinate。

(5)Coordinate Reference:. _my_truck_sus_hanger_front_leaf_MNF. ground. hpl_leaf_mid。

(6)Location:0,—40,50。

(7)Location in:local。

(8)Orientation Dependency:User-entered values。

(9)Orient using:Euler Angles。

(10)Euler Angles:180,90,180。

(11)Left MNF File:D:/ADAMS_MNF/sus_ph_leaf. mnf。

(12)Color:blue。

(13)单击 Apply,完成 . _my_truck_sus_hanger_front_leaf_MNF. fbs_leaf_left 板簧柔性体部件的创建。

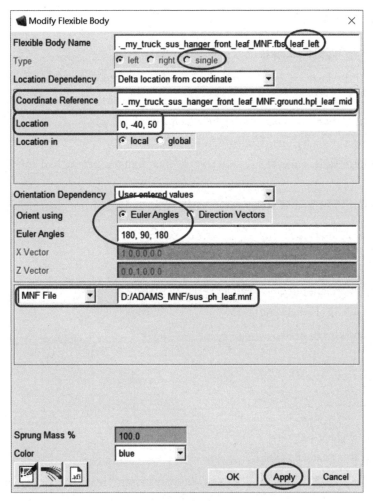

图 5-10 板簧柔性体 leaf_left

(14)General Part:._my_truck_sus_hanger_front_leaf_MNF. fbs_leaf_right。

(15)Type:single。

(16)Location Dependency:Delta location from coordinate。

(17)Coordinate Reference:._my_truck_sus_hanger_front_leaf_MNF. ground. hpr_leaf_mid。

(18)Location:0,0,0。

(19)Location in:local。

(20)Orientation Dependency:User-entered values。

(21)Orient using:Euler Angles。

(22)Euler Angles:-90,90,0。

(23)Left MNF File:D:/ADAMS_MNF/torsion_spring_ttl. mnf。

(24)Color:blue。

(25)单击 OK,完成 ._my_truck_sus_hanger_front_leaf_MNF. fbs_leaf_right 板簧柔性
体部件的创建。

5.1.10　吊耳 shackle

5.1.10.1　吊耳部件 shackle

(1)单击 Build＞Part＞General Part＞New 命令,弹出创建部件对话框,可参考图 5-5。

(2)General Part:._my_truck_sus_hanger_front_leaf_MNF. gel_shackle。

(3)Location Dependency:Centered between coordinates。

(4)Centered between:Two Coordinates。

(5)Coordinate Reference ♯1:._my_truck_sus_hanger_front_leaf_MNF. ground. hpl_leaf_rear。

(6)Coordinate Reference ♯2:._my_truck_sus_hanger_front_leaf_MNF. ground. hpl_equaliser_left。

(7)Location:0,0,0。

(8)Location in:local。

(9)Orientation Dependency:User-entered values。

(10)Orient using:Euler Angles。

(11)Euler Angles:0,0,0。

(12)Mass:1。

(13)Ixx:1。

(14)Iyy:1。

(15)Izz:1。

(16)Density:Material。

(17)Material Type:. materials. steel。

(18)单击 OK,完成 . _my_truck_sus_hanger_front_leaf_MNF. gel_shackle 部件的创建。

5.1.10.2　吊耳几何体 shackle

(1)单击 Build＞Geometry＞Link＞New 命令,弹出建立连杆几何体对话框,可参考图 5-6。

(2)Link Name:._my_truck_sus_hanger_front_leaf_MNF. gel_shackle. gralin_shackle。

(3)General Part:._my_truck_sus_hanger_front_leaf_MNF. gel_shackle。

(4)Coordinate Reference ♯1:._my_truck_sus_hanger_front_leaf_MNF. ground. hpl_leaf_rear。

(5)Coordinate Reference ♯2:._my_truck_sus_hanger_front_leaf_MNF. ground. hpl_equaliser_left。

(6)Radius:20. 0。

(7)Color:yellow。

(8)选择 Calculate Mass Properties of General Part 复选框。

(9)Density:Material。

（10）Material Type：steel。

（11）单击 OK，完成 . _my_truck_sus_hanger_front_leaf_MNF. gel_shackle. gralin_shackle 几何体的创建。

5.1.11　平衡块 equaliser

5.1.11.1　平衡块部件 equaliser

（1）单击 Build＞Part＞General Part＞New 命令，弹出创建部件对话框，可参考图 5-5。

（2）General Part：. _my_truck_sus_hanger_front_leaf_MNF. gel_equaliser。

（3）Location Dependency：Centered between coordinates。

（4）Centered between：Three Coordinates。

（5）Coordinate Reference ♯1：. _my_truck_sus_hanger_front_leaf_MNF. ground. hpl_equaliser_left。

（6）Coordinate Reference ♯2：. _my_truck_sus_hanger_front_leaf_MNF. ground. hpl_equaliser_right。

（7）Coordinate Reference ♯3：. _my_truck_sus_hanger_front_leaf_MNF. ground. hpl_equaliser_top。

（8）Orientation Dependency：Oriented in plane。

（9）Coordinate Reference ♯1：. _my_truck_sus_hanger_front_leaf_MNF. ground. hpl_equaliser_left。

（10）Coordinate Reference ♯2：. _my_truck_sus_hanger_front_leaf_MNF. ground. hpl_equaliser_right。

（11）Coordinate Reference ♯3：. _my_truck_sus_hanger_front_leaf_MNF. ground. hpl_equaliser_top。

（12）Mass：1。

（13）Ixx：1。

（14）Iyy：1。

（15）Izz：1。

（16）Density：Material。

（17）Material Type：. materials. steel。

（18）单击 OK，完成 . _my_truck_sus_hanger_front_leaf_MNF. gel_equaliser 部件的创建。

5.1.11.2　平衡块几何体 equaliser

（1）单击 Build＞Geometry＞Arm＞New 命令，弹出创建三角臂几何体对话框，如图 5-11 所示。

（2）Link Name：. _my_truck_sus_hanger_front_leaf_MNF. gel_equaliser. graarm_equaliser。

（3）General Part：. _my_truck_sus_hanger_front_leaf_MNF. gel_equaliser。

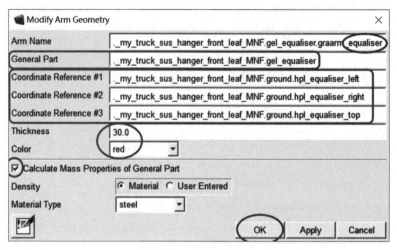

图 5-11　三角臂几何体

（4）Coordinate Reference ♯1：._my_truck_sus_hanger_front_leaf_MNF. ground. hpl_equaliser_left。

（5）Coordinate Reference ♯2：._my_truck_sus_hanger_front_leaf_MNF. ground. hpl_equaliser_right。

（6）Coordinate Reference ♯3：._my_truck_sus_hanger_front_leaf_MNF. ground. hpl_equaliser_top。

（7）Thickness：30.0。

（8）Color：red。

（9）选择 Calculate Mass Properties of General Part 复选框。

（10）Density：Material。

（11）Material Type：steel。

（12）单击 OK，完成 ._my_truck_sus_hanger_front_leaf_MNF. gel_equaliser. graarm_equaliser 几何体的创建。

5.1.12　挂钩 hanger

5.1.12.1　挂钩部件 hanger

（1）单击 Build＞Part＞General Part＞New 命令，弹出创建部件对话框，可参考图 5-5。

（2）General Part：._my_truck_sus_hanger_front_leaf_MNF. gel_hanger。

（3）Location Dependency：Centered between coordinates。

（4）Centered between：Two Coordinates。

（5）Coordinate Reference ♯1：._my_truck_sus_hanger_front_leaf_MNF. ground. hpl_equaliser_top。

（6）Coordinate Reference ♯2：._my_truck_sus_hanger_front_leaf_MNF. ground. hpl_hanger。

（7）Orientation Dependency：Oriented axis along line。

（8）Coordinate Reference #1：._my_truck_sus_hanger_front_leaf_MNF. ground. hpl_equaliser_top。

（9）Coordinate Reference #2：._my_truck_sus_hanger_front_leaf_MNF. ground. hpl_hanger。

（10）Mass：1。

（11）Ixx：1。

（12）Iyy：1。

（13）Izz：1。

（14）Density：Material。

（15）Material Type：. materials. steel。

（16）单击 OK，完成 ._my_truck_sus_hanger_front_leaf_MNF. gel_hanger 部件的创建。

5.1.12.2　挂钩几何体 hanger

（1）单击 Build＞Geometry＞Link＞New 命令，弹出建立连杆几何体对话框，可参考图 5-6。

（2）Link Name：._my_truck_sus_hanger_front_leaf_MNF. gel_hanger. gralin_hanger。

（3）General Part：._my_truck_sus_hanger_front_leaf_MNF. gel_hanger。

（4）Coordinate Reference #1：._my_truck_sus_hanger_front_leaf_MNF. ground. hpl_equaliser_top。

（5）Coordinate Reference #2：._my_truck_sus_hanger_front_leaf_MNF. ground. hpl_hanger。

（6）Radius：50. 0。

（7）Color：green。

（8）选择 Calculate Mass Properties of General Part 复选框。

（9）Density：Material。

（10）Material Type：steel。

（11）单击 OK，完成 ._my_truck_sus_hanger_front_leaf_MNF. gel_hanger. gralin_hanger 几何体的创建。

5.2　板簧式非独立悬架安装部件

5.2.1　结构框 axle_center

（1）单击 Build＞Construction Frame＞New 命令，弹出创建结构框对话框，可参考图 5-8。

（2）Construction Frame：._my_truck_sus_hanger_front_leaf_MNF. ground. cfs_axle_center。

（3）Location Dependency：Centered between coordinates。

（4）Centered between：Two Coordinates。

（5）Coordinate Reference ＃1：._my_truck_sus_hanger_front_leaf_MNF. ground. hpl_upright_down。

（6）Coordinate Reference ＃2：._my_truck_sus_hanger_front_leaf_MNF. ground. hpr_upright_down。

（7）Orientation Dependency：User-entered values。

（8）Orient using：Euler Angles。

（9）Euler Angles：0，0，0。

（10）单击 OK，完成 ._my_truck_sus_hanger_front_leaf_MNF. ground. cfs_axle_center 结构框的创建。

5.2.2 安装部件

（1）单击 Build＞Part＞Mount＞New 命令，弹出创建安装部件对话框，如图 5-12 所示。

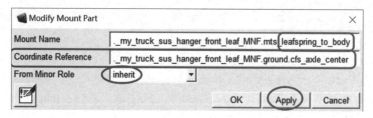

图 5-12 安装部件 leafspring_to_body

（2）Mount Name：._my_truck_sus_hanger_front_leaf_MNF. mts_leafspring_to_body。

（3）Coordinate Reference：._my_truck_sus_hanger_front_leaf_MNF. ground. cfs_axle_center。

（4）From Minor Role：inherit。

（5）单击 Apply，完成 ._my_truck_sus_hanger_front_leaf_MNF. mts_leafspring_to_body 安装部件的创建。

（6）Mount Name：._my_truck_sus_hanger_front_leaf_MNF. mtl_shock_to_frame。

（7）Coordinate Reference：._my_truck_sus_hanger_front_leaf_MNF. ground. hpl_damper_up。

（8）From Minor Role：inherit。

（9）单击 Apply，完成 ._my_truck_sus_hanger_front_leaf_MNF. mtl_shock_to_frame 安装部件的创建。

（10）Mount Name：._my_truck_sus_hanger_front_leaf_MNF. mtl_hanger_to_body。

（11）Coordinate Reference：._my_truck_sus_hanger_front_leaf_MNF. ground. hpl_hanger。

（12）From Minor Role：inherit。

（13）单击 Apply，完成 ._my_truck_sus_hanger_front_leaf_MNF. mtl_hanger_to_body 安装部件的创建。

(14)Mount Name：._my_truck_sus_hanger_front_leaf_MNF. mtl_trailing_arm_to_body。

(15)Coordinate Reference：._my_truck_sus_hanger_front_leaf_MNF. ground. hpl_trailing_arm_front。

(16)From Minor Role：inherit。

(17)单击 Apply，完成 ._my_truck_sus_hanger_front_leaf_MNF. mtl_trailing_arm_to_body 安装部件的创建。

(18)Mount Name：._my_truck_sus_hanger_front_leaf_MNF. mts_panhard_to_body。

(19)Coordinate Reference：._my_truck_sus_hanger_front_leaf_MNF. ground. cfs_panhard_rod_to_body。

(20)From Minor Role：inherit。

(21)单击 OK，完成 ._my_truck_sus_hanger_front_leaf_MNF. mts_panhard_to_body 安装部件的创建。

5.3　板簧式非独立悬架避震器

(1)单击 Build＞Force＞Damper＞New 命令，弹出创建避震器对话框，如图 5-13 所示。

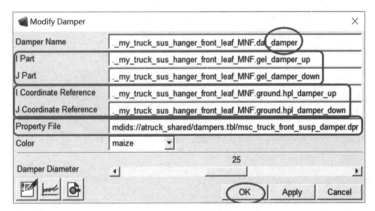

图 5-13　避震器

(2)Damper Name：._my_truck_sus_hanger_front_leaf_MNF. dal_damper。

(3)I Part：._my_truck_sus_hanger_front_leaf_MNF. gel_damper_up。

(4)J Part：._my_truck_sus_hanger_front_leaf_MNF. gel_damper_down。

(5)I Coordinate Reference：._my_truck_sus_hanger_front_leaf_MNF. ground. hpl_damper_up。

(6)J Coordinate Reference：._my_truck_sus_hanger_front_leaf_MNF. ground. hpl_damper_down。

(7)Property File：mdids：//atruck_shared/dampers. tbl/msc_truck_front_susp_damper. dpr。

(8)Color：maize。

（9）Damper Diameter（避震器直径）：拖动滑块选择 25。

（10）单击 OK，完成 ._my_truck_sus_hanger_front_leaf_MNF. dal_damper 避震器的创建。

5.4 板簧式非独立悬架变量参数

（1）单击 Build＞Suspension Parameters＞Characteristics Array＞Set 命令，弹出悬架的转向主销设置对话框，如图 5-14 所示。

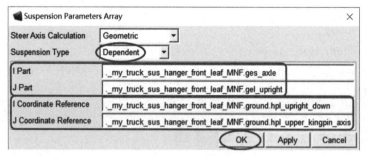

图 5-14 变量参数

（2）Steer Axis Calculation：Geometric。

（3）Suspension Type：Dependent，即为非独立悬架。

（4）I Part：._my_truck_sus_hanger_front_leaf_MNF. ges_axle。

（5）J Part：._my_truck_sus_hanger_front_leaf_MNF. gel_upright。

（6）I Coordinate Reference：._my_truck_sus_hanger_front_leaf_MNF. ground. hpl_upright_down。

（7）J Coordinate Reference：._my_truck_sus_hanger_front_leaf_MNF. ground. hpl_upper_kingpin_axis。

（8）单击 OK，完成转向主销设置。

5.5 板簧式非独立悬架通讯器

（1）单击 Build＞Communicator＞Output＞New 命令，弹出输出通讯器对话框，如图 5-15所示。

（2）Output Communicator Name：._my_truck_sus_hanger_front_leaf_MNF. col_suspension_mount。

（3）Matching Name(s)：suspension_mount。

（4）Type：left。

（5）Entity：mount。

（6）To Minor Role：inherit。

（7）Part Name：._my_truck_sus_hanger_front_leaf_MNF. gel_spindle。

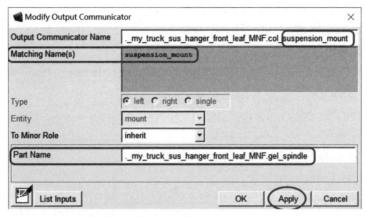

图 5-15　输出通讯器 suspension_mount

（8）单击 Apply,完成 . _my_truck_sus_hanger_front_leaf_MNF. col_suspension_mount 通讯器的创建。

（9）Output Communicator Name：. _my_truck_sus_hanger_front_leaf_MNF. col_wheel_center。

（10）Matching Name(s)：wheel_center。

（11）Type：left。

（12）Entity：Location。

（13）To Minor Role：front。

（14）Part Name：. _my_truck_sus_hanger_front_leaf_MNF. ground. hpl_wheel_center。

（15）单击 Apply,完成 . _my_truck_sus_hanger_front_leaf_MNF. col_wheel_center 通讯器的创建。

（16）Output Communicator Name：. _my_truck_sus_hanger_front_leaf_MNF. col_suspension_upright。

（17）Matching Name(s)：suspension_upright。

（18）Type：left。

（19）Entity：mount。

（20）To Minor Role：front。

（21）Part Name：. _my_truck_sus_hanger_front_leaf_MNF. gel_upright。

（22）单击 Apply,完成 . _my_truck_sus_hanger_front_leaf_MNF. col_suspension_upright 通讯器的创建。

（23）Output Communicator Name：. _my_truck_sus_hanger_front_leaf_MNF. cos_strarm_to_spindle_fore。

（24）Matching Name(s)：strarm_to_spindle_fore。

（25）Type：left。

（26）Entity：mount。

（27）To Minor Role：front。

（28）Part Name：._my_truck_sus_hanger_front_leaf_MNF. ger_upright。

（29）单击 Apply，完成 ._my_truck_sus_hanger_front_leaf_MNF. cos_strarm_to_spindle_fore 通讯器的创建。

（30）Output Communicator Name：._my_truck_sus_hanger_front_leaf_MNF. col_equaliser_to_aft_shackle。

（31）Matching Name(s)：equaliser_to_aft_shackle。

（32）Type：left。

（33）Entity：mount。

（34）To Minor Role：front。

（35）Part Name：._my_truck_sus_hanger_front_leaf_MNF. gel_equaliser。

（36）单击 OK，完成 ._my_truck_sus_hanger_front_leaf_MNF. col_equaliser_to_aft_shackle 通讯器的创建。

5.6　板簧式非独立悬架刚性约束

单击 Build＞Attachments＞Joint＞New 命令，弹出创建铰接副约束对话框，如图 5-16 所示。

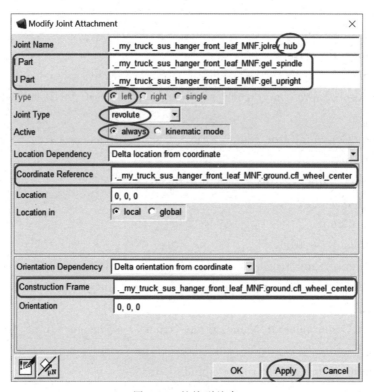

图 5-16　铰接副约束

（1）spindle 与 upright 之间 revolute 约束：

①Joint Name：._my_truck_sus_hanger_front_leaf_MNF. jolrev_hub。

②I Part：._my_truck_sus_hanger_front_leaf_MNF. gel_spindle。

③J Part：._my_truck_sus_hanger_front_leaf_MNF. gel_upright。

④Type：left。

⑤Joint Type：revolute。

⑥Active：always。

⑦Location Dependency：Delta location from coordinate。

⑧Coordinate Reference：._my_truck_sus_hanger_front_leaf_MNF. ground. cfl_wheel_center。

⑨Location：0,0,0。

⑩Location in：local。

⑪Orientation Dependency：Delta orientation from coordinate。

⑫Coordinate Frame：._my_truck_sus_hanger_front_leaf_MNF. ground. cfl_wheel_center。

⑬Orientation：0,0,0。

⑭单击 Apply,完成 ._my_truck_sus_hanger_front_leaf_MNF. jolrev_hub 约束副的创建。

(2)部件 axle 与 upright 之间 revolute 约束：

①Joint Name：._my_truck_sus_hanger_front_leaf_MNF. jolrev_upright_to_axle。

②I Part：._my_truck_sus_hanger_front_leaf_MNF. gel_upright。

③J Part：._my_truck_sus_hanger_front_leaf_MNF. ges_axle。

④Type：left。

⑤Joint Type：revolute。

⑥Active：always。

⑦Location Dependency：Centered between coordinates。

⑧Centered between：Two Coordinates。

⑨Coordinate Reference ♯1：._my_truck_sus_hanger_front_leaf_MNF. ground. hpl_upright_down。

⑩Coordinate Reference ♯2：._Truck_sus_front_1_axle_TTL. ground. hpl_upper_kingpin_axis。

⑪Orientation Dependency：Orient axis to point。

⑫Coordinate Reference：._my_truck_sus_hanger_front_leaf_MNF. ground. hpl_upper_kingpin_axis。

⑬Axis：Z。

⑭单击 Apply,完成 ._my_truck_sus_hanger_front_leaf_MNF. jolrev_upright_to_axle 约束副的创建。

(3)部件 tie_rod 与 upright 之间 spherical 约束：

①Joint Name：._my_truck_sus_hanger_front_leaf_MNF. jolsph_tie_rod_to_upright。

②I Part：._my_truck_sus_hanger_front_leaf_MNF. ges_tie_rod。

③J Part：._my_truck_sus_hanger_front_leaf_MNF. gel_upright。

④Type：left。

⑤Joint Type：spherical。

⑥Active：always。

⑦Location Dependency：Delta location from coordinate。

⑧Coordinate Reference：._my_truck_sus_hanger_front_leaf_MNF. ground. hpl_tie_rod_arm。

⑨Location：0,0,0。

⑩Location in：local。

⑪Orientation：None。

⑫单击 Apply,完成 ._my_truck_sus_hanger_front_leaf_MNF. jolsph_tie_rod_to_upright 约束副的创建。

(4)部件 tie_rod 与 upright 之间 perpendicular 约束：

①Joint Name：._my_truck_sus_hanger_front_leaf_MNF. josper_tie_rod_ori。

②I Part：._my_truck_sus_hanger_front_leaf_MNF. ges_tie_rod。

③J Part：._my_truck_sus_hanger_front_leaf_MNF. gel_upright。

④Type：single。

⑤Joint Type：perpendicular。

⑥Active：always。

⑦Location Dependency：Delta location from coordinate。

⑧Coordinate Reference：._my_truck_sus_hanger_front_leaf_MNF. ground. hpl_tie_rod_arm。

⑨Location：0,0,0。

⑩Location in：local。

⑪I-Part Axis：._my_truck_sus_hanger_front_leaf_MNF. ground. hpr_tie_rod_arm。

⑫J-Part Axis：._my_truck_sus_hanger_front_leaf_MNF. ground. cfs_axle_center。

⑬单击 Apply,完成 ._my_truck_sus_hanger_front_leaf_MNF. josper_tie_rod_ori 约束副的创建。

(5)部件 damper_up 与 damper_down 之间 cylindrical 约束：

①Joint Name：._my_truck_sus_hanger_front_leaf_MNF. jolcyl_damper。

②I Part：._my_truck_sus_hanger_front_leaf_MNF. gel_damper_up。

③J Part：._my_truck_sus_hanger_front_leaf_MNF. gel_damper_down。

④Joint Type：cylindrical。

⑤Active：always。

⑥Location Dependency：Centered between coordinates。

⑦Centered between：Two Coordinates。

⑧Coordinate Reference #1：._my_truck_sus_hanger_front_leaf_MNF. ground. hpl_damper_up。

⑨Coordinate Reference ＃2：._my_truck_sus_hanger_front_leaf_MNF. ground. hpl_damper_down。

⑩Orientation Dependency：Orient axis to point。

⑪Coordinate Reference：._my_truck_sus_hanger_front_leaf_MNF. ground. hpl_damper_up。

⑫Axis：Z。

⑬单击 Apply，完成 ._my_truck_sus_hanger_front_leaf_MNF. jolcyl_damper 约束副的创建。

(6)部件 equaliser 与 hanger 之间 revolute 约束：

①Joint Name：._my_truck_sus_hanger_front_leaf_MNF. jolrev_hanger_to_equaliser。

②I Part：._my_truck_sus_hanger_front_leaf_MNF. gel_equaliser。

③J Part：._my_truck_sus_hanger_front_leaf_MNF. gel_hanger。

④Type：left。

⑤Joint Type：revolute。

⑥Active：always。

⑦Location Dependency：Delta location from coordinate。

⑧Coordinate Reference：._my_truck_sus_hanger_front_leaf_MNF. ground. hpl_equaliser_top。

⑨Location：0,0,0。

⑩Location in：local。

⑪Orientation Dependency：User-entered values。

⑫Orient using：Euler Angles。

⑬Euler Angles：0,90,0。

⑭单击 Apply，完成 ._my_truck_sus_hanger_front_leaf_MNF. jolrev_hanger_to_equaliser 约束副的创建。

(7)部件 hanger 与 hanger_to_body 之间 fixed 约束：

①Joint Name：._my_truck_sus_hanger_front_leaf_MNF. jolfix_hanger_to_body。

②I Part：._my_truck_sus_hanger_front_leaf_MNF. gel_hanger。

③J Part：._my_truck_sus_hanger_front_leaf_MNF. mtl_hanger_to_body。

④Joint Type：fixed。

⑤Active：always。

⑥Location Dependency：Delta location from coordinate。

⑦Coordinate Reference：._my_truck_sus_hanger_front_leaf_MNF. ground. hpl_hanger。

⑧Location：0,0,0。

⑨Location in：local。

⑩Closest Node：37。

⑪单击 Apply，完成 ._my_truck_sus_hanger_front_leaf_MNF. jolfix_hanger_to_body 约束

副的创建。

(8)部件 shackle 与 equaliser 之间 revolute 约束：

①Joint Name：._my_truck_sus_hanger_front_leaf_MNF. jklrev_shackle。

②I Part：._my_truck_sus_hanger_front_leaf_MNF. gel_shackle。

③J Part：._my_truck_sus_hanger_front_leaf_MNF. gel_equaliser。

④Type：left。

⑤Joint Type：revolute。

⑥Active：kinematic mode。

⑦Location Dependency：Delta location from coordinate。

⑧Coordinate Reference：. _my_truck_sus_hanger_front_leaf_MNF. ground. hpl_equaliser_left。

⑨Location：0,0,0。

⑩Location in：local。

⑪Orientation Dependency：Delta orientation from coordinate。

⑫Coordinate Frame：._my_truck_sus_hanger_front_leaf_MNF. ground. cfr_equaliser_left。

⑬Orientation：0,0,0。

⑭单击 Apply,完成 ._my_truck_sus_hanger_front_leaf_MNF. jklrev_shackle 约束副的创建。

(9)部件 leaf_left 与 axle 之间 fixed 约束：

①Joint Name：._my_truck_sus_hanger_front_leaf_MNF. josfix_leaf_fix_l。

②I Part：._my_truck_sus_hanger_front_leaf_MNF. fbs_leaf_left。

③J Part：._my_truck_sus_hanger_front_leaf_MNF. ges_axle。

④Joint Type：fixed。

⑤Active：always。

⑥Location Dependency：Delta location from coordinate。

⑦Coordinate Reference：._my_truck_sus_hanger_front_leaf_MNF. ground. hpl_leaf_mid。

⑧Location：0,0,0。

⑨Location in：local。

⑩Closest Node：8113。

⑪单击 Apply,完成 ._my_truck_sus_hanger_front_leaf_MNF. josfix_leaf_fix_l 约束副的创建。

(10)部件 leaf_right 与 axle 之间 fixed 约束：

①Joint Name：._my_truck_sus_hanger_front_leaf_MNF. josfix_leaf_fix_r。

②I Part：._my_truck_sus_hanger_front_leaf_MNF. fbs_leaf_right。

③J Part：._my_truck_sus_hanger_front_leaf_MNF. ges_axle。

④Joint Type：fixed。

⑤Active：always。

⑥Location Dependency：Delta location from coordinate。

⑦Coordinate Reference：._my_truck_sus_hanger_front_leaf_MNF. ground. hpr_leaf_mid。

⑧Location：0，0，0。

⑨Location in：local。

⑩Closest Node：8113。

⑪单击 Apply，完成 ._my_truck_sus_hanger_front_leaf_MNF. josfix_leaf_fix_r 约束副的创建。

(11)部件 leaf_left 与 leafspring_to_body 之间 revolute 约束：

①Joint Name：._my_truck_sus_hanger_front_leaf_MNF. josrev_leaf_front_l。

②I Part：._my_truck_sus_hanger_front_leaf_MNF. fbs_leaf_left。

③J Part：._my_truck_sus_hanger_front_leaf_MNF. mts_leafspring_to_body。

④Type：single。

⑤Joint Type：revolute。

⑥Active：always。

⑦Location Dependency：Delta location from coordinate。

⑧Coordinate Reference：._my_truck_sus_hanger_front_leaf_MNF. ground. cfl_leaf_front。

⑨Location：0，0，0。

⑩Location in：local。

⑪Closest Node：8114。

⑫Orientation Dependency：User-entered values。

⑬Orient using：Euler Angles。

⑭Euler Angles：0，90，0。

⑮单击 Apply，完成 ._my_truck_sus_hanger_front_leaf_MNF. josrev_leaf_front_l 约束副的创建。

(12)部件 leaf_right 与 leafspring_to_body 之间 revolute 约束：

①Joint Name：._my_truck_sus_hanger_front_leaf_MNF. josrev_leaf_front_r。

②I Part：._my_truck_sus_hanger_front_leaf_MNF. fbs_leaf_right。

③J Part：._my_truck_sus_hanger_front_leaf_MNF. mts_leafspring_to_body。

④Type：single。

⑤Joint Type：revolute。

⑥Active：always。

⑦Location Dependency：Delta location from coordinate。

⑧Coordinate Reference：._my_truck_sus_hanger_front_leaf_MNF. ground. hpr_leaf_front。

⑨Location：0，0，0。

⑩Location in：local。

⑪Closest Node：8114。

⑫Orientation Dependency：User-entered values。

⑬Orient using：Euler Angles。

⑭Euler Angles：0，90，0。

⑮单击 Apply，完成．_my_truck_sus_hanger_front_leaf_MNF. josrev_leaf_front_r 约束副的创建。

(13)部件 leaf_left 与 shackle 之间 revolute 约束：

①Joint Name：._my_truck_sus_hanger_front_leaf_MNF. josrev_leaf_rear_l。

②I Part：._my_truck_sus_hanger_front_leaf_MNF. fbs_leaf_left。

③J Part：._my_truck_sus_hanger_front_leaf_MNF. gel_shackle。

④Type：single。

⑤Joint Type：revolute。

⑥Active：always。

⑦Location Dependency：Delta location from coordinate。

⑧Coordinate Reference：._my_truck_sus_hanger_front_leaf_MNF. ground. cfl_leaf_rear。

⑨Location：0，0，0。

⑩Location in：local。

⑪Closest Node：8115。

⑫Orientation Dependency：User-entered values。

⑬Orient using：Euler Angles。

⑭Euler Angles：0，90，0。

⑮单击 Apply，完成．_my_truck_sus_hanger_front_leaf_MNF. josrev_leaf_rear_l 约束副的创建。

(14)部件 leaf_right 与 shackle 之间 revolute 约束：

①Joint Name：._my_truck_sus_hanger_front_leaf_MNF. josrev_leaf_rear_r。

②I Part：._my_truck_sus_hanger_front_leaf_MNF. fbs_leaf_right。

③J Part：._my_truck_sus_hanger_front_leaf_MNF. gel_shackle。

④Type：single。

⑤Joint Type：revolute。

⑥Active：always。

⑦Location Dependency：Delta location from coordinate。

⑧Coordinate Reference：._my_truck_sus_hanger_front_leaf_MNF. ground. cfr_leaf_rear。

⑨Location：0，0，0。

⑩Location in：local。

⑪Closest Node：8115。

⑫Orientation Dependency：User-entered values。

⑬Orient using：Euler Angles。

⑭Euler Angles：0，90，0。

⑮单击 OK,完成 ._my_truck_sus_hanger_front_leaf_MNF. josrev_leaf_rear_r 约束副
的创建。

5.7　板簧式非独立悬架柔性约束

单击 Build＞Attachments＞Bushing＞New 命令,弹出创建衬套对话框,如图 5-17
所示。

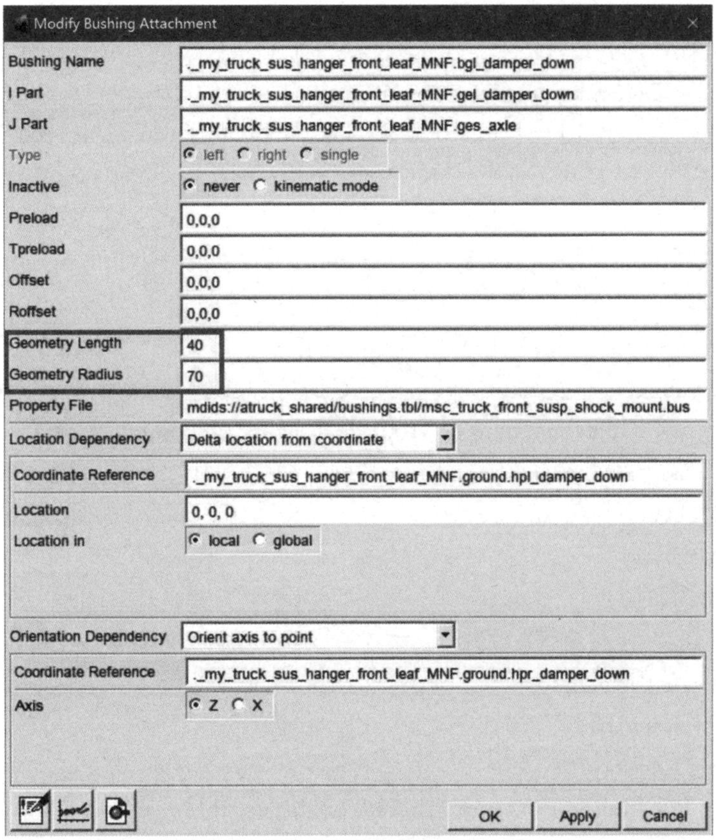

图 5-17　衬套约束

(1)部件 damper_down 与 axle 之间 bushing 约束:

①Bushing Name:._my_truck_sus_hanger_front_leaf_MNF. bgl_damper_down。

②I Part:._my_truck_sus_hanger_front_leaf_MNF. gel_damper_down。

③J Part:._my_truck_sus_hanger_front_leaf_MNF. ges_axle。

④Inactive:never。

⑤Preload:0,0,0。

⑥Tpreload:0,0,0。

⑦Offset:0,0,0。

⑧Roffset:0,0,0。

⑨Geometry Length:40。

⑩Geometry Radius:70。

⑪Property File:mdids://atruck_shared/bushings. tbl/msc_truck_front_susp_shock_ mount. bus。

⑫Location Dependency:Delta location from coordinate。

⑬Coordinate Reference:. _ my _ truck _ sus _ hanger _ front _ leaf _ MNF. ground. hpl_ damper_down。

⑭Location:0,0,0。

⑮Location in:local。

⑯Orientation Dependency:Orient axis to point。

⑰Coordinate Reference:. _ my _ truck _ sus _ hanger _ front _ leaf _ MNF. ground. hpr_ damper_down。

⑱Axis:Z。

⑲单击 Apply,完成 . _my_truck_sus_hanger_front_leaf_MNF. bgl_damper_down 轴套 的创建。

(2)部件 damper_up 与 axle 之间 bushing 约束:

①Bushing Name:. _my_truck_sus_hanger_front_leaf_MNF. ground. hpr_damper_up。

②I Part:. _my_truck_sus_hanger_front_leaf_MNF. gel_damper_up。

③J Part:. _my_truck_sus_hanger_front_leaf_MNF. mtl_shock_to_frame。

④Inactive:never。

⑤Preload:0,0,0。

⑥Tpreload:0,0,0。

⑦Offset:0,0,0。

⑧Roffset:0,0,0。

⑨Geometry Length:40。

⑩Geometry Radius:70。

⑪Property File:mdids://atruck_shared/bushings. tbl/msc_truck_front_susp_shock_ mount. bus。

⑫Location Dependency:Delta location from coordinate。

⑬Coordinate Reference:. _ my _ truck _ sus _ hanger _ front _ leaf _ MNF. ground. hpl_ damper_up。

⑭Location:0,0,0。

⑮Location in:local。

⑯Orientation Dependency:Orient axis to point。

⑰Coordinate Reference:. _ my _ truck _ sus _ hanger _ front _ leaf _ MNF. ground. hpr_ damper_down。

⑱Axis:Z。

⑲单击 Apply,完成 . _my_truck_sus_hanger_front_leaf_MNF. ground. hpr_damper_up

轴套的创建。

（3）部件 shackle 与 axle 之间 bushing 约束：

①Bushing Name：._my_truck_sus_hanger_front_leaf_MNF. bkl_equaliser。

②I Part：._my_truck_sus_hanger_front_leaf_MNF. gel_shackle。

③J Part：._my_truck_sus_hanger_front_leaf_MNF. gel_equaliser。

④Inactive：kinematic mode。

⑤Preload：0，0，0。

⑥Tpreload：0，0，0。

⑦Offset：0，0，0。

⑧Roffset：0，0，0。

⑨Geometry Length：40。

⑩Geometry Radius：70。

⑪Property File：mdids://atruck_shared/bushings. tbl/msc_truck_leaf_shackle_to_frame. bus。

⑫Location Dependency：Delta location from coordinate。

⑬Coordinate Reference：._my_truck_sus_hanger_front_leaf_MNF. ground. hpl_equaliser_left。

⑭Location：0，0，0。

⑮Location in：local。

⑯Orientation Dependency：Orient axis to point。

⑰Coordinate Reference：._my_truck_sus_hanger_front_leaf_MNF. ground. cfl_equaliser_left。

⑱Axis：Z。

⑲单击 Apply，完成 ._my_truck_sus_hanger_front_leaf_MNF. bkl_equaliser 轴套的创建。

（4）部件 trailing_arm 与 axle 之间 bushing 约束：

①Bushing Name：._my_truck_sus_hanger_front_leaf_MNF. bgl_trailing_arm_to_axle。

②I Part：._my_truck_sus_hanger_front_leaf_MNF. gel_trailing_arm。

③J Part：._my_truck_sus_hanger_front_leaf_MNF. ges_axle。

④Inactive：kinematic mode。

⑤Preload：0，0，0。

⑥Tpreload：0，0，0。

⑦Offset：0，0，0。

⑧Roffset：0，0，0。

⑨Geometry Length：40。

⑩Geometry Radius：70。

⑪Property File：mdids://atruck_shared/bushings. tbl/msc_truck_trailer_arm_to_ axle. bus。

⑫Location Dependency：Delta location from coordinate。

⑬Coordinate Reference：. _ my _ truck _ sus _ hanger _ front _ leaf _ MNF. ground. hpl_trailing_arm_rear。

⑭Location：0，0，0。

⑮Location in：local。

⑯Orientation Dependency：Orient axis to point。

⑰Coordinate Reference：. _ my _ truck _ sus _ hanger _ front _ leaf _ MNF. ground. hpr_trailing_arm_rear。

⑱Axis：Z。

⑲单击 Apply，完成 . _my_truck_sus_hanger_front_leaf_MNF. bgl_trailing_arm_to_axle 轴套的创建。

(5)部件 trailing_arm 与 trailing_arm_to_body 之间 bushing 约束：

①Bushing Name：. _ my _ truck _ sus _ hanger _ front _ leaf _ MNF. bgl _ trailing _ arm _ to_body。

②I Part：._my_truck_sus_hanger_front_leaf_MNF. gel_trailing_arm。

③J Part：._my_truck_sus_hanger_front_leaf_MNF. mtl_trailing_arm_to_body。

④Inactive：never。

⑤Preload：0，0，0。

⑥Tpreload：0，0，0。

⑦Offset：0，0，0。

⑧Roffset：0，0，0。

⑨Geometry Length：40。

⑩Geometry Radius：70。

⑪Property File：mdids://atruck_shared/bushings. tbl/msc_truck_trailer_arm_to_axle. bus。

⑫Location Dependency：Delta location from coordinate。

⑬Coordinate Reference：. _ my _ truck _ sus _ hanger _ front _ leaf _ MNF. ground. hpl_trailing_arm_front。

⑭Location：0，0，0。

⑮Location in：local。

⑯Orientation Dependency：Orient axis to point。

⑰Coordinate Reference：. _ my _ truck _ sus _ hanger _ front _ leaf _ MNF. ground. hpr_trailing_arm_front。

⑱Axis：Z。

⑲单击 Apply，完成 . _my_truck_sus_hanger_front_leaf_MNF. bgl_trailing_arm_to_body 轴套的创建。

(6)部件 panhard_rod 与 axle 之间 bushing 约束：

①Bushing Name：._my_truck_sus_hanger_front_leaf_MNF. bgs_panhard_to_axle。

②I Part：._my_truck_sus_hanger_front_leaf_MNF. ges_panhard_rod。

③J Part：._my_truck_sus_hanger_front_leaf_MNF. ges_axle。

④Inactive：never。

⑤Preload：0,0,0。

⑥Tpreload：0,0,0。

⑦Offset：0,0,0。

⑧Roffset：0,0,0。

⑨Geometry Length：40。

⑩Geometry Radius：70。

⑪Property File：mdids://atruck_shared/bushings. tbl/msc_truck_panhard_rod_to_axle. bus。

⑫Location Dependency：Delta location from coordinate。

⑬Coordinate Reference：._my_truck_sus_hanger_front_leaf_MNF. ground. cfs_panhard_rod_axle。

⑭Location：0,0,0。

⑮Location in：local。

⑯Orientation Dependency：User-entered values。

⑰Orient using：Euler Angles。

⑱Euler Angles：0,90,0。

⑲单击 Apply,完成 ._my_truck_sus_hanger_front_leaf_MNF. bgs_panhard_to_axle 轴套的创建。

(7)部件 panhard_rod 与 panhard_to_body 之间 bushing 约束：

①Bushing Name：._my_truck_sus_hanger_front_leaf_MNF. bgs_panhard_to_body。

②I Part：._my_truck_sus_hanger_front_leaf_MNF. ges_panhard_rod。

③J Part：._my_truck_sus_hanger_front_leaf_MNF. mts_panhard_to_body。

④Inactive：never。

⑤Preload：0,0,0。

⑥Tpreload：0,0,0。

⑦Offset：0,0,0。

⑧Roffset：0,0,0。

⑨Geometry Length：40。

⑩Geometry Radius：70。

⑪Property File：mdids://atruck_shared/bushings. tbl/msc_truck_panhard_rod_to_axle. bus。

⑫Location Dependency：Delta location from coordinate。

⑬Coordinate Reference：._my_truck_sus_hanger_front_leaf_MNF. ground. cfs_panhard_rod_to_body。

⑭Location：0,0,0。

⑮Location in：local。

⑯Orientation Dependency：User-entered values。

⑰Orient using：Euler Angles。

⑱Euler Angles：0,90,0。

⑲单击 OK，完成 ._my_truck_sus_hanger_front_leaf_MNF.bgs_panhard_to_body 轴套的创建。

（8）保存模型部件 my_truck_sus_hanger_front_leaf_MNF：

①单击 File＞Save As 命令，弹出保存模型对话框，如图 5-18 所示。

②Major Role：suspension。

③File Format：Binary。

④Target：Datebase/my_truck。

⑤单击 OK，完成 my_truck_sus_hanger_front_leaf_MNF 悬架模型的保存。

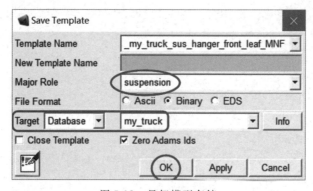

图 5-18　悬架模型存储

5.8　第二转向桥非独立悬架模型

（1）启动 ADAMS/Car，选择专家模块（Template）进入建模界面。

（2）单击 File＞Open 命令，弹出如图 5-19 所示对话框。

（3）Template Name：mdids：//my_truck/templates.tbl/_my_truck_sus_front_leaf_MNF.tpl。

（4）单击 OK。

图 5-19　打开非独立悬架模型

5.8.1　删除部件

删除以下部件,与部件相关的几何体、约束会同时删除:

(1). gel_shackle。

(2). ger_shackle。

(3)gel_equaliser。

(4)ger_equaliser。

(5)gel_hanger。

(6)ger_hanger。

部件删除完成后模型另存为 my_truck_sus_hanger_rear_leaf_MNF。

5.8.2　新建硬点

(1)单击 Build＞Hardpoint＞New 命令,弹出创建硬点参数对话框,如图 5-20 所示。

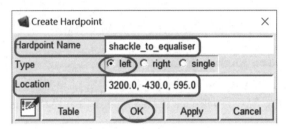

图 5-20　硬点 shackle_to_equaliser

(2)Hardpoint Name:shackle_to_equaliser。

(3)Type:left。

(4)Location:3200.0,−430.0,595.0。

(5)单击 OK,完成 ._my_truck_sus_hanger_rear_leaf_MNF. ground. hpl_shackle_to_equaliser 硬点的创建。

5.8.3　结构框 shackle_to_equaliser

(1)单击 Build＞Construction Frame＞New 命令,弹出创建结构框对话框,如图 5-21 所示。

(2)Construction Frame:._my_truck_sus_hanger_rear_leaf_MNF. ground. cfl_shackle_to_equaliser。

(3)Location Dependency:Delta location from coordinate。

(4)Coordinate Reference:._my_truck_sus_hanger_rear_leaf_MNF. ground. hpl_shackle_to_equaliser。

(5)Location:0,0,0。

(6)Location in:local。

(7)Orientation Dependency:User-entered values。

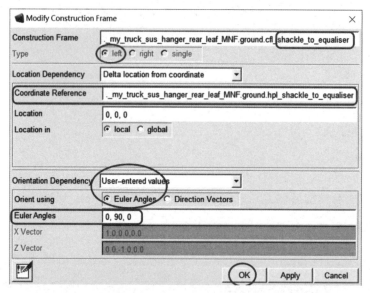

图 5-21　结构框 shackle_to_equaliser

(8)Orient using：Euler Angles。

(9)Euler Angles：0,90,0。

(10)单击 OK,完成 ._my_truck_sus_hanger_rear_leaf_MNF. ground. cfl_shackle_to_equaliser 结构框的创建。

5.8.4　吊耳部件 shackle

(1)单击 Build＞Part＞General Part＞New 命令,弹出创建部件对话框,可参考图 5-5。

(2)General Part：._my_truck_sus_hanger_rear_leaf_MNF. gel_shackle。

(3)Location Dependency：Centered between coordinates。

(4)Centered between：Two Coordinates。

(5)Coordinate Reference ♯1：._my_truck_sus_hanger_rear_leaf_MNF. ground. hpl_leaf_front。

(6)Coordinate Reference ♯2：._my_truck_sus_hanger_rear_leaf_MNF. ground. hpl_shackle_to_equaliser。

(7)Location：0,0,0。

(8)Location in：local。

(9)Orientation Dependency：User-entered values。

(10)Orient using：Euler Angles。

(11)Euler Angles：0,0,0。

(12)Mass：1。

(13)Ixx：1。

(14)Iyy：1。

(15)Izz：1。

（16）Density：Material。

（17）Material Type：. materials. steel。

（18）单击 OK，完成 ._my_truck_sus_hanger_rear_leaf_MNF. gel_shackle 部件的创建。

5.8.5　吊耳几何体 shackle

（1）单击 Build＞Geometry＞Link＞New 命令，弹出建立连杆几何体对话框，可参考图 5-6。

（2）Link Name：._my_truck_sus_hanger_rear_leaf_MNF. gel_shackle. gralin_shackle。

（3）General Part：._my_truck_sus_hanger_rear_leaf_MNF. gel_shackle。

（4）Coordinate Reference ＃1：._my_truck_sus_hanger_rear_leaf_MNF. ground. hpl_leaf_front。

（5）Coordinate Reference ＃2：._my_truck_sus_hanger_rear_leaf_MNF. ground. hpl_shackle_to_equaliser。

（6）Radius：20. 0。

（7）Color：yellow。

（8）选择 Calculate Mass Properties of General Part 复选框。

（9）Density：Material。

（10）Material Type：steel。

（11）单击 OK，完成 . _my_truck_sus_hanger_rear_leaf_MNF. gel_shackle. gralin_shackle 几何体的创建。

5.8.6　安装部件

（1）单击 Build＞Part＞Mount＞New 命令，弹出创建安装部件对话框，可参考图 5-12。

（2）Mount Name：._my_truck_sus_hanger_rear_leaf_MNF. mtl_equaliser_to_aft_shackle。

（3）Coordinate Reference：._my_truck_sus_hanger_rear_leaf_MNF. ground. hpl_shackle_to_equaliser。

（4）From Minor Role：inherit。

（5）单击 OK，完成 ._my_truck_sus_hanger_rear_leaf_MNF. mtl_equaliser_to_aft_shackle 安装部件的创建。

5.8.7　各类约束

单击 Build＞Attachments＞Joint＞New 命令，弹出创建约束对话框，如图 5-22 所示。

（1）部件 leaf_left 与 leafspring_to_body 之间 revolute 约束：

①Joint Name：._my_truck_sus_hanger_rear_leaf_MNF. josrev_leaf_rear_l。

②I Part：._my_truck_sus_hanger_rear_leaf_MNF. fbs_leaf_left。

③J Part：._my_truck_sus_hanger_rear_leaf_MNF. mts_leafspring_to_body。

④Type：single。

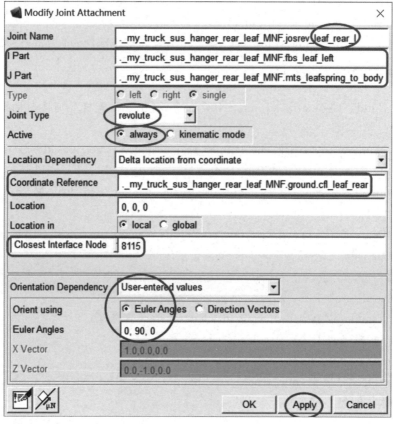

图 5-22　约束副 revolute

⑤Joint Type：revolute。

⑥Active：always。

⑦Location Dependency：Delta location from coordinate。

⑧Coordinate Reference：._my_truck_sus_hanger_rear_leaf_MNF. ground. cfl_leaf_ rear。

⑨Location：0，0，0。

⑩Location in：local。

⑪Closest Node：8115。

⑫Orientation Dependency：User-entered values。

⑬Orient using：Euler Angles。

⑭Euler Angles：0，90，0。

⑮单击 Apply，完成 ._my_truck_sus_hanger_rear_leaf_MNF. josrev_leaf_rear_l 约束 副的创建。

（2）部件 leaf_right 与 leafspring_to_body 之间 revolute 约束：

①Joint Name：._my_truck_sus_hanger_rear_leaf_MNF. josrev_leaf_rear_r。

②I Part：._my_truck_sus_hanger_rear_leaf_MNF. fbs_leaf_right。

③J Part：. _my_truck_sus_hanger_rear_leaf_MNF. mts_leafspring_to_body。

④Type：single。

⑤Joint Type：revolute。

⑥Active：always。

⑦Location Dependency：Delta location from coordinate。

⑧Coordinate Reference：. _my_truck_sus_hanger_rear_leaf_MNF. ground. cfr_leaf_rear。

⑨Location：0，0，0。

⑩Location in：local。

⑪Closest Node：8115。

⑫Orientation Dependency：User-entered values。

⑬Orient using：Euler Angles。

⑭Euler Angles：0，90，0。

⑮单击 Apply，完成 . _my_truck_sus_hanger_rear_leaf_MNF. josrev_leaf_rear_r 约束副的创建。

（3）部件 leaf_left 与 shackle 之间 revolute 约束：

①Joint Name：. _my_truck_sus_hanger_rear_leaf_MNF. josrev_leaf_front_l。

②I Part：. _my_truck_sus_hanger_rear_leaf_MNF. fbs_leaf_left。

③J Part：. _my_truck_sus_hanger_rear_leaf_MNF. gel_shackle。

④Type：single。

⑤Joint Type：revolute。

⑥Active：always。

⑦Location Dependency：Delta location from coordinate。

⑧Coordinate Reference：. _my_truck_sus_hanger_rear_leaf_MNF. ground. hpl_leaf_front。

⑨Location：0，0，0。

⑩Location in：local。

⑪Closest Node：8114。

⑫Orientation Dependency：User-entered values。

⑬Orient using：Euler Angles。

⑭Euler Angles：0，90，0。

⑮单击 Apply，完成 . _my_truck_sus_hanger_rear_leaf_MNF. josrev_leaf_front_l 约束副的创建。

（4）部件 leaf_right 与 shackle 之间 revolute 约束：

①Joint Name：. _my_truck_sus_hanger_rear_leaf_MNF. josrev_leaf_front_r。

②I Part：. _my_truck_sus_hanger_rear_leaf_MNF. fbs_leaf_right。

③J Part：. _my_truck_sus_hanger_rear_leaf_MNF. ger_shackle。

④Type：single。

⑤Joint Type：revolute。

⑥Active：always。

⑦Location Dependency：Delta location from coordinate。

⑧Coordinate Reference：._my_truck_sus_hanger_rear_leaf_MNF. ground. hpr_leaf_front。

⑨Location：0,0,0。

⑩Location in：local。

⑪Closest Node：8114。

⑫Orientation Dependency：User-entered values。

⑬Orient using：Euler Angles。

⑭Euler Angles：0,90,0。

⑮单击 Apply,完成 ._my_truck_sus_hanger_rear_leaf_MNF. josrev_leaf_front_r 约束副的创建。

(5)部件 shackle 与 equaliser_to_aft_shackle 之间 revolute 约束：

①Joint Name：._my_truck_sus_hanger_rear_leaf_MNF. jklrev_shackle_to_equaliser。

②I Part：._my_truck_sus_hanger_rear_leaf_MNF. gel_shackle。

③J Part：._my_truck_sus_hanger_rear_leaf_MNF. mtl_equaliser_to_aft_shackle。

④Type：single。

⑤Joint Type：revolute。

⑥Active：kinematic mode。

⑦Location Dependency：Delta location from coordinate。

⑧Coordinate Reference：._my_truck_sus_hanger_rear_leaf_MNF. ground. hpl_shackle_to_equaliser。

⑨Location：0,0,0。

⑩Location in：local。

⑪Orientation Dependency：Delta orientation from coordinate。

⑫Coordinate Frame：._my_truck_sus_hanger_rear_leaf_MNF. ground. cfl_shackle_to_equaliser。

⑬Orientation：0,0,0。

⑭单击 Apply,完成 ._my_truck_sus_hanger_rear_leaf_MNF. jklrev_shackle_to_equaliser 约束副的创建。

(6)部件 shackle 与 equaliser_to_aft_shackle 之间 revolute 约束：

①Joint Name：._my_truck_sus_hanger_rear_leaf_MNF. jkrrev_shackle_to_equaliser。

②I Part：._my_truck_sus_hanger_rear_leaf_MNF. ger_shackle。

③J Part：._my_truck_sus_hanger_rear_leaf_MNF. mtr_equaliser_to_aft_shackle。

④Type：single。

⑤Joint Type：revolute。

⑥Active：kinematic mode。

⑦Location Dependency：Delta location from coordinate。

⑧Coordinate Reference：._my_truck_sus_hanger_rear_leaf_MNF. ground. hpr_shackle_to_equaliser。

⑨Location：0,0,0。

⑩Location in：local。

⑪Orientation Dependency：Delta orientation from coordinate。

⑫Coordinate Frame：._my_truck_sus_hanger_rear_leaf_MNF. ground. cfr_shackle_to_equaliser。

⑬Orientation：0,0,0。

⑭单击 OK,完成 ._my_truck_sus_hanger_rear_leaf_MNF. jkrrev_shackle_to_equaliser 约束副的创建。

(7)部件 shackle 与 equaliser_to_aft_shackle 之间 bushing 约束：

①Bushing Name：._my_truck_sus_hanger_rear_leaf_MNF. bkl_shackle_to_equaliser。

②I Part：._my_truck_sus_hanger_rear_leaf_MNF. gel_shackle。

③J Part：._my_truck_sus_hanger_rear_leaf_MNF. mtl_equaliser_to_aft_shackle。

④Inactive：kinematic。

⑤Preload：0,0,0。

⑥Tpreload：0,0,0。

⑦Offset：0,0,0。

⑧Roffset：0,0,0。

⑨Geometry Length：40。

⑩Geometry Radius：70。

⑪Property File：mdids://atruck_shared/bushings. tbl/msc_truck_leaf_shackle_to_frame. bus。

⑫Location Dependency：Delta location from coordinate。

⑬Coordinate Reference：._my_truck_sus_hanger_rear_leaf_MNF. ground. hpl_shackle_to_equaliser。

⑭Location：0,0,0。

⑮Location in：local。

⑯Orientation Dependency：Delta orientation from coordinate。

⑰Coordinate Frame：._my_truck_sus_hanger_rear_leaf_MNF. ground. cfl_shackle_to_equaliser。

⑱Orientation：0,0,0。

⑲单击 OK,完成 ._my_truck_sus_hanger_rear_leaf_MNF. bkl_shackle_to_equaliser 轴套的创建。至此,第二转向桥非独立悬架模型建立完成,如图 5-23 所示。

图 5-23　第二转向桥非独立悬架模型

5.8.8　保存模型部件 my_truck_sus_hanger_front_leaf_MNF

（1）单击 File>Save As 命令。

（2）Major Role：suspension。

（3）File Format：Binary。

（4）Target：Datebase/my_truck

（5）单击 OK，完成 ._my_truck_sus_hanger_rear_leaf_MNF 悬架模型的保存。

第6章 驱动桥非独立悬架

驱动桥非独立悬架与转向桥非独立悬架稍有不同,相对于非独立转向桥悬架,驱动桥不需要考虑转向部件,但是需要考虑传动特性。驱动桥的传动部分建立有两种方法:一是采用实体传动半轴与通讯器,无论是独立还是非独立悬架,需考虑半轴的空间位置;二是虚拟传动与通讯器,即不建立实体传动轴,采用驱动函数替代实体半轴。在 ADAMS/Car 中,一般乘用车(主要指轿车)建立独立悬架与非独立悬架时,需要考虑传动半轴,传动半轴可以通过变量参数在整车中激活与抑制。在商用车插件 Adams Car Truck 中,整体式驱动桥传动轴用驱动函数替代,不需要建立实体半轴。需要说明的是,建模思路是"不拘一格"的,亦可采用考虑实体半轴的整体式驱动桥建立商用车的后单轴驱动桥、后双轴平衡驱动悬架等。同理,在 ADAMS 中,发动机、变速器可以有不同的建模方法,具体参考著作《车辆动力学建模与仿真》。建立好的单轴后驱动桥非独立悬架模型如图 6-1 所示,此悬架模型可用于商用车 $4×2$、$6×2$ 的后驱动桥。另外,可以在后单轴驱动桥基础上制作白单驱动桥模型、白双驱动桥模型。

图 6-1 单轴后驱动桥非独立悬架模型

6.1 驱动桥非独立悬架模型

(1)启动 ADAMS/Car,选择专家模块(Template)进入建模界面。

（2）单击 File＞New 命令。

（3）Template Name：Truck_rear_sus_axle。

（4）Major Role：suspension。

（5）单击 OK，完成悬架模板的设置，如图 6-2 所示。

（6）单击 Build＞Hardpoint＞New 命令，弹出创建硬点参数对话框，如图 6-3 所示。

（7）Hardpoint：hub_loc。

（8）Type：left。

（9）Location：0.0，−904.1，758.4。

（10）单击 Apply，完成 ._Truck_rear_sus_axle.ground.hpl_hub_loc 硬点的创建。

（11）重复上述步骤完成图 6-4 中硬点的创建，创建完成后单击 OK。

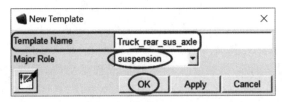

图 6-2　驱动桥悬架模板

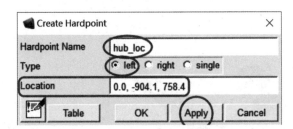

图 6-3　轮毂硬点参数

	loc_x	loc_y	loc_z
hpl_drive_axle_loc	0.0	-305.7	753.1
hpl_hub_loc	0.0	-904.1	758.4
hpl_hub_to_axle	0.0	-874.1	758.4
hpl_inside_whl_cntr	0.0	-693.4	758.4
hpl_leaf_front	-659.7	-430.0	925.6
hpl_leaf_mid	0.0	-430.0	801.2
hpl_leaf_rear	659.7	-430.0	925.6
hpl_outside_whl_cntr	0.0	-1040.2	758.4
hpl_shackle_down	700.0	-430.0	760.0
hpl_trailing_arm_front	-700.0	-500.0	600.0
hpl_trailing_arm_rear	0.0	-430.0	670.0
hps_center_of_drive_axles	0.0	0.0	758.4
hps_origin	0.0	0.0	0.0

图 6-4　驱动桥非独立悬架硬点

6.1.1　半驱动桥部件 drive_axle

6.1.1.1　结构框 origin、drive_axle_ori

（1）单击 Build＞Construction Frame＞New 命令，弹出创建结构框对话框，如图 6-5
所示。

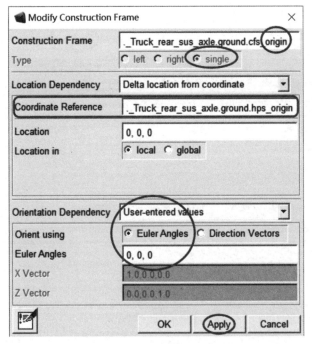

图 6-5　结构框

（2）Construction Frame：._Truck_rear_sus_axle. ground. cfs_origin。

（3）Location Dependency：Delta location from coordinate。

（4）Coordinate Reference：._Truck_rear_sus_axle. ground. hps_origin。

（5）Location：0,0,0。

（6）Location in：local。

（7）Orientation Dependency：User-entered values。

（8）Orient using：Euler Angles。

（9）Euler Angles：0,0,0。

（10）单击 Apply，完成 ._Truck_rear_sus_axle. ground. cfl_origin 结构框的创建。

（11）Construction Frame：._Truck_rear_sus_axle. ground. cfl_drive_axle_ori。

（12）Location Dependency：Delta location from coordinate。

（13）Coordinate Reference：._Truck_rear_sus_axle. ground. hpl_drive_axle_loc。

（14）Location：0,0,0。

（15）Location in：local。

（16）Orientation Dependency：User-entered values。

（17）Orient using：Euler Angles。

（18）Euler Angles：0,0,0。

（19）单击 OK，完成 ._Truck_rear_sus_axle.ground.cfl_drive_axle_ori 结构框的创建。

6.1.1.2 半驱动桥部件 drive_axle

（1）单击 Build＞Part＞General Part＞New 命令，弹出创建部件对话框，如图 6-6 所示。

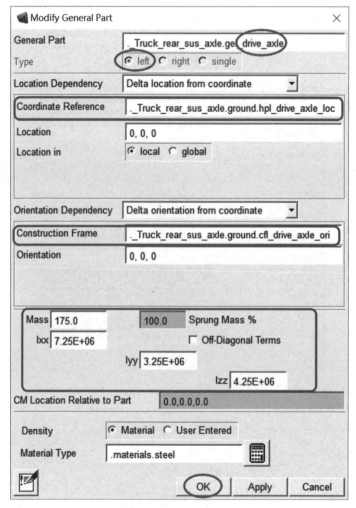

图 6-6　整体式车桥 axle

（2）General Part：._Truck_rear_sus_axle. gel_drive_axle。

（3）Location Dependency：Delta location from coordinate。

（4）Coordinate Reference：._Truck_rear_sus_axle. ground. hpl_drive_axle_loc。

（5）Location：0,0,0。

（6）Location in：local。

（7）Orientation Dependency：Delta orientation from coordinate。

（8）Construction Frame：._Truck_rear_sus_axle. ground. cfl_drive_axle_ori。

(9)Orientation:0,0,0。

(10)Mass:1。

(11)Ixx:1。

(12)Iyy:1。

(13)Izz:1。

(14)Density:Material。

(15)Material Type:. materials. steel。

(16)单击 OK,完成 . _Truck_rear_sus_axle. gel_drive_axle 部件的创建。

6.1.1.3 半驱动桥几何体 drive_axle

(1)单击 Build>Geometry>Link>New 命令,弹出建立整体桥式连杆几何体对话框,如图 6-7 所示。

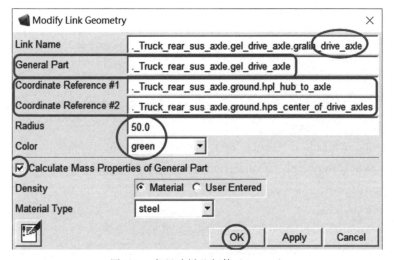

图 6-7 半驱动桥几何体 drive_axle

(2)Link Name:. _Truck_rear_sus_axle. gel_drive_axle. gralin_drive_axle。

(3)General Part:. _Truck_rear_sus_axle. gel_drive_axle。

(4)Coordinate Reference #1:. _Truck_rear_sus_axle. ground. hpl_hub_to_axle。

(5)Coordinate Reference #2:. _Truck_rear_sus_axle. ground. hps_center_of_drive_axles。

(6)Radius:50. 0。

(7)Color:green。

(8)选择 Calculate Mass Properties of General Part 复选框。

(9)Density:Material。

(10)Material Type:steel。

(11)单击 OK,完成 . _Truck_rear_sus_axle. gel_drive_axle. gralin_drive_axle 几何体的创建。

6.1.2 轮毂部件 hub

6.1.2.1 结构框 hub

(1)单击 Build＞Suspension Parameters＞Toe/Camber Values＞Set 命令,弹出创建悬架参数对话框,如图 6-8 所示。

(2)Toe Angles:0.0/0.0。

(3)Camber Angles:0.0/0.0。

(4)单击 OK,完成参数创建。与此同时,系统自动建立两个输出通讯器:col[r]_toe_angle、col[r]_camber_angle。

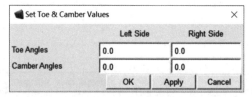

图 6-8　悬架参数

(5)单击 Build＞Construction Frame＞New 命令,弹出创建结构框对话框,可参考图 6-5。

(6)Construction Frame:._Truck_rear_sus_axle. ground. cfl_hub。

(7)Coordinate Reference:._Truck_rear_sus_axle. ground. hpl_hub_loc。

(8)Location:0,0,0。

(9)Location in:local。

(10)Orientation Dependency:User-entered values。

(11)Variable Type:Parameter Variable。

(12)Toe Parameter Variable:._Truck_rear_sus_axle. pvl_toe_angle。

(13)Camber Parameter Values:._Truck_rear_sus_axle. pvl_camber_angle。

(14)单击 OK,完成 ._Truck_rear_sus_axle. ground. cfl_hub 结构框的创建。

6.1.2.2 轮毂部件 drive_axle

(1)单击 Build＞Part＞General Part＞New 命令,弹出创建部件对话框,可参考图 6-6。

(2)General Part:._Truck_rear_sus_axle. gel_hub。

(3)Location Dependency:Delta location from coordinate。

(4)Coordinate Reference:._Truck_rear_sus_axle. ground. hpl_hub_loc。

(5)Location:0,0,0。

(6)Location in:local。

(7)Orientation Dependency:Delta orientation from coordinate。

(8)Construction Frame:._Truck_rear_sus_axle. ground. cfl_hub。

(9)Orientation:0,0,0。

(10)Mass:1。

(11)Ixx:1。

(12)Iyy:1。

(13)Izz:1。

(14)Density:Material。

(15)Material Type:. materials. steel。

(16)单击 OK,完成 . _Truck_rear_sus_axle. gel_hub 部件的创建。

6.1.2.3　轮毂几何体 hub

(1)单击 Build>Geometry>Cylinder>New 命令,弹出创建几何对话框,如图 6-9 所示。

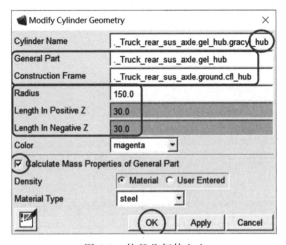

图 6-9　轮毂几何体 hub

(2)Cylinder Name:. _Truck_rear_sus_axle. gel_hub. gracyl_hub。

(3)General Part:. _Truck_rear_sus_axle. gel_hub。

(4)Construction Frame:. _Truck_rear_sus_axle. ground. cfl_hub。

(5)Radius:150. 0。

(6)Length In Positive Z:30. 0。

(7)Length In Negative Z:30. 0。

(8)Color:magenta。

(9)选择 Calculate Mass Properties of General Part 复选框。

(10)单击 OK,完成 . _Truck_rear_sus_axle. gel_hub. gracyl_hub 轮毂圆柱体几何体的创建。

6.1.3　纵向拉杆 trailing_arm

6.1.3.1　纵向拉杆部件 trailing_arm

(1)单击 Build>Part>General Part>New 命令,弹出创建部件对话框,可参考图 6-6。

(2)General Part:. _Truck_rear_sus_axle. gel_trailing_arm。

(3)Location Dependency:Centered between coordinates。

（4）Centered between：Two Coordinates。

（5）Coordinate Reference ♯1：._Truck_rear_sus_axle. ground. hpl_trailing_arm_rear。

（6）Coordinate Reference ♯2：._Truck_rear_sus_axle. ground. hpl_trailing_arm_front。

（7）Location：0,0,0。

（8）Location in：local。

（9）Orientation Dependency：User-entered values。

（10）Orient using：Euler Angles。

（11）Euler Angles：0,0,0。

（12）Mass：1。

（13）Ixx：1。

（14）Iyy：1。

（15）Izz：1。

（16）Density：Material。

（17）Material Type：. materials. steel。

（18）单击 OK,完成 ._Truck_rear_sus_axle. gel_trailing_arm 部件的创建。

6.1.3.2　纵向拉杆几何体 trailing_arm

（1）单击 Build＞Geometry＞Link＞New 命令,弹出建立连杆几何体对话框,可参考图 6-7。

（2）Link Name：._Truck_rear_sus_axle. gel_trailing_arm. gralin_trailing_arm。

（3）General Part：._Truck_rear_sus_axle. gel_trailing_arm。

（4）Coordinate Reference ♯1：._Truck_rear_sus_axle. ground. hpl_trailing_arm_rear。

（5）Coordinate Reference ♯2._Truck_rear_sus_axle. ground. hpl_trailing_arm_front。

（6）Radius：20. 0。

（7）Color：yellow。

（8）选择 Calculate Mass Properties of General Part 复选框。

（9）Density：Material。

（10）Material Type：steel。

（11）单击 OK,完成 ._Truck_rear_sus_axle. gel_trailing_arm. gralin_trailing_arm 几何体的创建。

6.1.4　潘哈德杆 panhard_rod

6.1.4.1　结构框 panhard_rod_axle、panhard_rod_to_body

（1）单击 Build＞Construction Frame＞New 命令,弹出创建结构框对话框,可参考图 6-5。

（2）Construction Frame：._Truck_rear_sus_axle. ground. cfs_panhard_rod_axle。

（3）Location Dependency：Delta location from coordinate。

（4）Coordinate Reference：._Truck_rear_sus_axle. ground. hpl_trailing_arm_rear。

(5)Location：0，100，0。

(6)Location in：local。

(7)Orientation Dependency：User-entered values。

(8)Orient using：Euler Angles。

(9)Euler Angles：0，0，0。

(10)单击 Apply，完成 . _Truck _rear _sus _axle. ground. cfs_panhard_rod_axle 结构框的创建。

(11)Construction Frame：. _Truck_rear_sus_axle. ground. cfs_panhard_rod_to_body。

(12)Location Dependency：Delta location from coordinate。

(13)Coordinate Reference：. _Truck_rear_sus_axle. ground. cfs_panhard_rod_axle。

(14)Location：200，650，0。

(15)Location in：local。

(16)Orientation Dependency：User-entered values。

(17)Orient using：Euler Angles。

(18)Euler Angles：0，0，0。

(19)单击 OK，完成 . _Truck_rear_sus_axle. ground. cfs_panhard_rod_to_body 结构框的创建。

6.1.4.2　潘哈德部件 panhard_rod

(1)单击 Build＞Part＞General Part＞New 命令，弹出创建部件对话框，可参考图 6-6。

(2)General Part：. _Truck_rear_sus_axle. ges_panhard_rod。

(3)Location Dependency：Centered between coordinates。

(4)Centered between：Two Coordinates。

(5)Coordinate Reference ♯1：. _Truck_rear_sus_axle. ground. cfs_panhard_rod_axle。

(6)Coordinate Reference ♯2：. _Truck_rear_sus_axle. ground. cfs_panhard_rod_to_body。

(7)Location：0，0，0。

(8)Location in：local。

(9)Orientation Dependency：User-entered values。

(10)Orient using：Euler Angles。

(11)Euler Angles：0，0，0。

(12)Mass：1。

(13)Ixx：1。

(14)Iyy：1。

(15)Izz：1。

(16)Density：Material。

(17)Material Type：. materials. steel。

(18)单击 OK，完成 . _Truck_rear_sus_axle. ges_panhard_rod 部件的创建。

6.1.4.3　潘哈德杆几何体 panhard_rod

(1)单击 Build＞Geometry＞Link＞New 命令,弹出建立连杆几何体对话框,可参考图6-7。

(2)Link Name:._Truck_rear_sus_axle. ges_panhard_rod. gralin_panhard_rod。

(3)General Part:._Truck_rear_sus_axle. ges_panhard_rod。

(4)Coordinate Reference ♯1:._Truck_rear_sus_axle. ground. cfs_panhard_rod_axle。

(5)Coordinate Reference ♯2:._Truck_rear_sus_axle. ground. cfs_panhard_rod_to_body。

(6)Radius:20.0。

(7)Color:red。

(8)选择 Calculate Mass Properties of General Part 复选框。

(9)Density:Material。

(10)Material Type:steel。

(11)单击 OK,完成 ._Truck_rear_sus_axle. ges_panhard_rod. gralin_panhard_rod 几何体的创建。

6.1.5　板簧柔性体部件

(1)单击 Build＞Part＞Flexible Body＞New 命令,弹出创建板簧柔性体部件对话框,如图 6-10 所示。

(2)General Part:._Truck_rear_sus_axle. fbs_leaf_left。

(3)Type:single。

(4)Location Dependency:User-entered location。

(5)Location:0.0,－470.0,900.0。

(6)Orientation Dependency:User-entered values。

(7)Orient using:Euler Angles。

(8)Euler Angles:180,90,180。

(9)MNF File:D:/ADAMS_MNF/sus_ph_leaf. mnf。

(10)Color:red。

(11)单击 Apply,完成 ._Truck_rear_sus_axle. fbs_leaf_left 板簧柔性体部件的创建。

(12)General Part:._Truck_rear_sus_axle. fbs_leaf_right。

(13)Type:single。

(14)Location Dependency:User-entered location。

(15)Location:0.0,390.0,900.0。

(16)Orientation Dependency:User-entered values。

(17)Orient using:Euler Angles。

(18)Euler Angles:180,90,180。

(19)MNF File:D:/ADAMS_MNF/sus_ph_leaf. mnf。

(20)Color:red。

（21）单击 OK，完成 . _Truck_rear_sus_axle. fbs_leaf_right 板簧柔性体部件的创建。

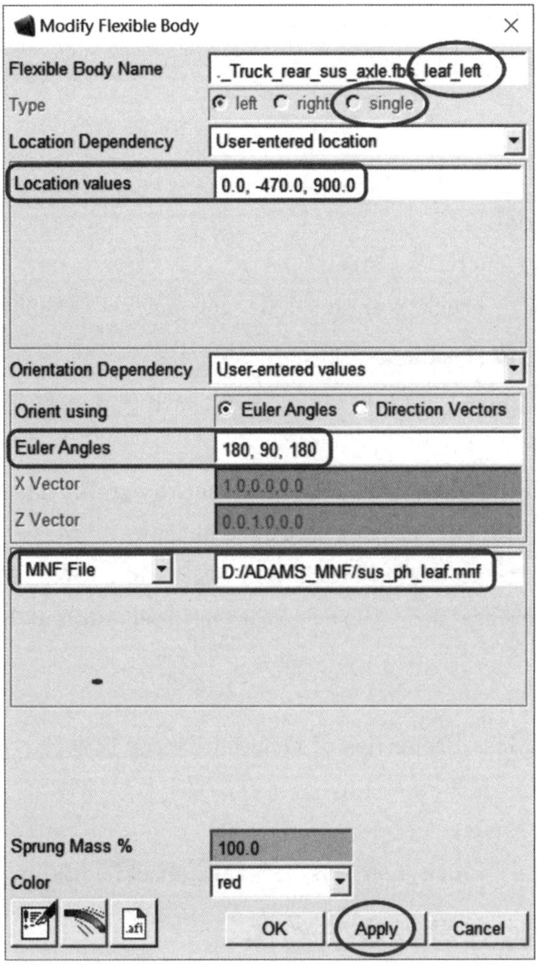

图 6-10　板簧柔性体 leaf_left

6. 1. 6　吊耳 shackle

6. 1. 6. 1　吊耳部件 shackle

（1）单击 Build＞Part＞General Part＞New 命令，弹出创建部件对话框，可参考图 6-6。

（2）General Part：. _Truck_rear_sus_axle. gel_shackle。

（3）Location Dependency：Centered between coordinates。

（4）Centered between：Two Coordinates。

（5）Coordinate Reference ♯1：. _Truck_rear_sus_axle. ground. hpl_leaf_rear。

（6）Coordinate Reference ♯2：. _Truck_rear_sus_axle. ground. hpl_shackle_down。

（7）Location：0，0，0。

（8）Location in：local。

（9）Orientation Dependency：User-entered values。

(10)Orient using：Euler Angles。

(11)Euler Angles：0，0，0。

(12)Mass：1。

(13)Ixx：1。

(14)Iyy：1。

(15)Izz：1。

(16)Density：Material。

(17)Material Type：. materials. steel。

(18)单击 OK，完成 . _Truck_rear_sus_axle. gel_shackle 部件的创建。

6. 1. 6. 2　吊耳几何体 shackle

(1)单击 Build＞Geometry＞Link＞New 命令，弹出建立连杆几何体对话框，可参考图 6-7。

(2)Link Name：. _Truck_rear_sus_axle. gel_shackle. gralin_shackle。

(3)General Part：. _Truck_rear_sus_axle. gel_shackle。

(4)Coordinate Reference ♯1：. _Truck_rear_sus_axle. ground. hpl_leaf_rear。

(5)Coordinate Reference ♯2：. _Truck_rear_sus_axle. ground. hpl_shackle_down。

(6)Radius：20. 0。

(7)Color：yellow。

(8)选择 Calculate Mass Properties of General Part 复选框。

(9)Density：yellow。

(10)Material Type：steel。

(11)单击 OK，完成 . _Truck_rear_sus_axle. gel_shackle. gralin_shackle 几何体的创建。

6. 1. 7　驱动桥非独立悬架安装部件

6. 1. 7. 1　结构框 axle_center、diff_torque_location

(1)单击 Build＞Construction Frame＞New 命令，弹出创建结构框对话框，可参考图 6-5。

(2)Construction Frame：. _Truck_rear_sus_axle. ground. cfs_axle_center。

(3)Location Dependency：Centered between coordinates。

(4)Centered between：Two Coordinates。

(5)Coordinate Reference ♯1：. _Truck_rear_sus_axle. ground. hpl_leaf_mid。

(6)Coordinate Reference ♯2：. _Truck_rear_sus_axle. ground. hpr_leaf_mid。

(7)Orientation Dependency：User-entered values。

(8)Orient using：Euler Angles。

(9)Euler Angles：0，0，0。

(10)单击 Apply，完成 . _Truck_rear_sus_axle. ground. cfs_axle_center 结构框的创建。

(11)Construction Frame：. _Truck_rear_sus_axle. ground. cfl_diff_torque_location。

(12)Location Dependency：Delta location from coordinate。

(13)Coordinate Reference：._Truck_rear_sus_axle. ground. hps_center_of_drive_axles。

(14)Location：0，－200，0。

(15)Location in：local。

(16)Orientation Dependency：Orient axis along line。

(17)Coordinate Reference ♯1：._Truck_rear_sus_axle. ground. hps_center_of_drive_axles。

(18)Coordinate Reference ♯2：._Truck_rear_sus_axle. ground. hpl_hub_to_axle。

(19)单击 OK，完成 ._Truck_rear_sus_axle. ground. cfl_diff_torque_location 结构框的创建。

6.1.7.2　安装部件

(1)单击 Build＞Part＞Mount＞New 命令，弹出创建安装部件对话框，如图 6-11 所示。

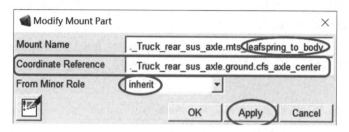

图 6-11　安装部件 leafspring_to_body

(2)Mount Name：._Truck_rear_sus_axle. mts_leafspring_to_body。

(3)Coordinate Reference：._Truck_rear_sus_axle. ground. cfs_axle_center。

(4)From Minor Role：inherit。

(5)单击 Apply，完成 ._Truck_rear_sus_axle. mts_leafspring_to_body 安装部件的创建。

(6)Mount Name：._Truck_rear_sus_axle. mtl_tripot_to_differential。

(7)Coordinate Reference：._Truck_rear_sus_axle. ground. cfl_diff_torque_location。

(8)From Minor Role：rear。

(9)单击 Apply，完成 ._Truck_rear_sus_axle. mtl_tripot_to_differential 安装部件的创建。

(10)Mount Name：._Truck_rear_sus_axle. mtl_trailing_arm_to_body。

(11)Coordinate Reference：._Truck_rear_sus_axle. ground. hpl_trailing_arm_front。

(12)From Minor Role：inherit。

(13)单击 Apply，完成 ._Truck_rear_sus_axle. mtl_trailing_arm_to_body 安装部件的创建。

(14)Mount Name：._Truck_rear_sus_axle. mts_panhard_to_body。

(15)Coordinate Reference：._Truck_rear_sus_axle. ground. cfs_panhard_rod_to_body。

(16)From Minor Role:inherit。

(17)单击 OK,完成 ._Truck_rear_sus_axle. mts_panhard_to_body 安装部件的创建。

6.2　驱动桥非独立悬架刚性约束

(1)部件 spindle 与 upright 之间 revolute 约束:

①单击 Build>Construction Frame>New 命令,弹出创建结构框对话框,可参考图 6-5。

②Construction Frame:._Truck_rear_sus_axle. ground. cfl_hub_to_axle。

③Location Dependency:Delta location from coordinate。

④Coordinate Reference:._Truck_rear_sus_axle. ground. hpl_hub_to_axle。

⑤Location:0,0,0。

⑥Location in:local。

⑦Orientation Dependency:User-entered values。

⑧Orient using:Euler Angles。

⑨Euler Angles:0,90,0。

⑩单击 OK,完成 ._Truck_rear_sus_axle. ground. cfl_hub_to_axle 结构框的创建。

⑪单击 Build>Attachments>Joint>New 命令,弹出创建铰接副约束对话框,如图 6-12 所示。

⑫Joint Name:._Truck_rear_sus_axle. jolrev_hub。

⑬I Part:._Truck_rear_sus_axle. gel_hub。

⑭J Part:._Truck_rear_sus_axle. gel_drive_axle。

⑮Type:left。

⑯Joint Type:revolute。

⑰Active:always。

⑱Location Dependency:Delta location from coordinate。

⑲Coordinate Reference:._Truck_rear_sus_axle. ground. hpl_hub_to_axle。

⑳Location:0,0,0。

㉑Location in:local。

㉒Orientation Dependency:Delta orientation from coordinate。

㉓Construction Frame:._Truck_rear_sus_axle. ground. cfl_hub_to_axle。

㉔Orientation:0,0,0。

㉕单击 Apply,完成 ._Truck_rear_sus_axle. jolrev_hub 约束副的创建。

(2)部件 drive_axle 之间 fixed 约束:

①Joint Name:._Truck_rear_sus_axle. josfix_axle。

②I Part:._Truck_rear_sus_axle. gel_drive_axle。

③J Part:._Truck_rear_sus_axle. gel_drive_axle。

④Joint Type:fixed。

⑤Active:always。

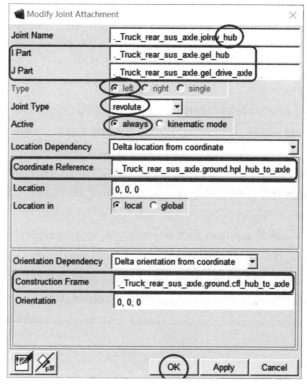

图 6-12　铰接副 hub

⑥Location Dependency：Delta location from coordinate。

⑦Coordinate Reference：. _Truck_rear_sus_axle. ground. cfs_axle_center。

⑧Location：0,0,0。

⑨Location in：local。

⑩单击 Apply，完成 . _Truck_rear_sus_axle. josfix_axle 约束副的创建。

（3）部件 leaf_left 与 leafspring_to_body 之间 revolute 约束：

①单击 Build＞Construction Frame＞New 命令，弹出创建结构框对话框，可参考图 6-5。

②Construction Frame：. _Truck_rear_sus_axle. ground. cfl_leaf_front。

③Location Dependency：Delta location from coordinate。

④Coordinate Reference：. _Truck_rear_sus_axle. ground. hpl_leaf_front。

⑤Location：0,0,0。

⑥Location in：local。

⑦Orientation Dependency：User-entered values。

⑧Orient using：Euler Angles。

⑨Euler Angles：0,90,0。

⑩单击 OK，完成 . _Truck_rear_sus_axle. ground. cfl_leaf_front 结构框的创建。

⑪单击 Build＞Attachments＞Joint＞New 命令，弹出创建铰接副约束对话框，可参考图 6-12。

⑫Joint Name：. _Truck_rear_sus_axle. jksrev_leaf_front_left。

⑬I Part：. _Truck_rear_sus_axle. fbs_leaf_left。

⑭J Part：. _Truck_rear_sus_axle. mts_leafspring_to_body。

⑮Type：left。

⑯Joint Type：revolute。

⑰Active：kinematic mode。

⑱Location Dependency：Delta location from coordinate。

⑲Coordinate Reference：. _Truck_rear_sus_axle. ground. hpl_leaf_front。

⑳Location：0,0,0。

㉑Location in：local。

㉒Closest Node：8114。

㉓Orientation Dependency：Delta orientation from coordinate。

㉔Construction Frame：. _Truck_rear_sus_axle. ground. cfl_leaf_front。

㉕Orientation：0,0,0。

㉖单击 Apply,完成 . _Truck_rear_sus_axle. jksrev_leaf_front_left 约束副的创建。

(4)部件 leaf_right 与 leafspring_to_body 之间 revolute 约束：

①Joint Name：. _Truck_rear_sus_axle. jksrev_leaf_front_right。

②I Part：. _Truck_rear_sus_axle. fbs_leaf_right。

③J Part：. _Truck_rear_sus_axle. mts_leafspring_to_body。

④Type：left。

⑤Joint Type：revolute。

⑥Active：kinematic mode。

⑦Location Dependency：Delta location from coordinate。

⑧Coordinate Reference：. _Truck_rear_sus_axle. ground. hpr_leaf_front。

⑨Location：0,0,0。

⑩Location in：local。

⑪Closest Node：8114。

⑫Orientation Dependency：Delta orientation from coordinate。

⑬Construction Frame：. _Truck_rear_sus_axle. ground. cfr_leaf_front。

⑭Orientation：0,0,0。

⑮单击 Apply,完成 . _Truck_rear_sus_axle. jksrev_leaf_front_right 约束副的创建。

(5)部件 leaf_left 与 drive_axle 之间 fixed 约束：

①Joint Name：. _Truck_rear_sus_axle. josfix_leaf_mid_left。

②I Part：. _Truck_rear_sus_axle. fbs_leaf_left。

③J Part：. _Truck_rear_sus_axle. gel_drive_axle。

④Joint Type：fixed。

⑤Active：always。

⑥Location Dependency：Delta location from coordinate。

⑦Coordinate Reference：. _Truck_rear_sus_axle. ground. hpl_leaf_mid。

⑧Location：0，0，0。

⑨Location in：local。

⑩Closest Node：8113。

⑪单击 Apply，完成 . _Truck_rear_sus_axle. josfix_leaf_mid_left 约束副的创建。

(6)部件 leaf_right 与 drive_axle 之间 fixed 约束：

①Joint Name：. _Truck_rear_sus_axle. josfix_leaf_mid_right。

②I Part：. _Truck_rear_sus_axle. fbs_leaf_right。

③J Part：. _Truck_rear_sus_axle. gel_drive_axle。

④Joint Type：fixed。

⑤Active：always。

⑥Location Dependency：Delta location from coordinate。

⑦Coordinate Reference：. _Truck_rear_sus_axle. ground. hpr_leaf_mid。

⑧Location：0，0，0。

⑨Location in：local。

⑩Closest Node：8113。

⑪单击 Apply，完成 . _Truck_rear_sus_axle. josfix_leaf_mid_right 约束副的创建。

(7)部件 leaf_left 与 shackle 之间 revolute 约束：

①单击 Build＞Construction Frame＞New 命令，弹出创建结构框对话框，可参考图 6-5。

②Construction Frame：. _Truck_rear_sus_axle. ground. cfl_leaf_rear。

③Location Dependency：Delta location from coordinate。

④Coordinate Reference：. _Truck_rear_sus_axle. ground. hpl_leaf_rear。

⑤Location：0，0，0。

⑥Location in：local。

⑦Orientation Dependency：User-entered values。

⑧Orient using：Euler Angles。

⑨Euler Angles：0，90，0。

⑩单击 OK，完成 . _Truck_rear_sus_axle. ground. cfl_leaf_rear 结构框的创建。

⑪单击 Build＞Attachments＞Joint＞new 命令，弹出创建铰接副约束对话框，可参考图 6-12。

⑫Joint Name：. _Truck_rear_sus_axle. jksrev_leaf_rear_left。

⑬I Part：. _Truck_rear_sus_axle. fbs_leaf_left。

⑭J Part：. _Truck_rear_sus_axle. gel_shackle。

⑮Type：left。

⑯Joint Type：revolute。

⑰Active：kinematic mode。

⑱Location Dependency：Delta location from coordinate。

⑲Coordinate Reference：. _Truck_rear_sus_axle. ground. hpl_leaf_rear。

⑳Location：0，0，0。

㉑Location in：local。

㉒Closest Node：8115。

㉓Orientation Dependency：Delta orientation from coordinate。

㉔Construction Frame：._Truck_rear_sus_axle. ground. cfl_leaf_rear。

㉕Orientation：0，0，0。

㉖单击 Apply，完成 ._Truck_rear_sus_axle. jksrev_leaf_rear_left 约束副的创建。

(8)部件 leaf_right 与 shackle 之间 revolute 约束：

①Joint Name：._Truck_rear_sus_axle. jksrev_leaf_rear_right。

②I Part：._Truck_rear_sus_axle. fbs_leaf_right。

③J Part：._Truck_rear_sus_axle. ger_shackle。

④Type：left。

⑤Joint Type：revolute。

⑥Active：kinematic mode。

⑦Location Dependency：Delta location from coordinate。

⑧Coordinate Reference：._Truck_rear_sus_axle. ground. hpr_leaf_rear。

⑨Location：0，0，0。

⑩Location in：local。

⑪Closest Node：8115。

⑫Orientation Dependency：Delta orientation from coordinate。

⑬Construction Frame：._Truck_rear_sus_axle. ground. cfr_leaf_rear。

⑭Orientation：0，0，0。

⑮单击 Apply，完成 ._Truck_rear_sus_axle. jksrev_leaf_rear_right 约束副的创建。

(9)部件 shackle 与 leafspring_to_body 之间 revolute 约束：

①单击 Build＞Construction Frame＞New 命令，弹出创建结构框对话框，可参考图 6-5。

②Construction Frame：._Truck_rear_sus_axle. ground. cfl_shackle_down。

③Location Dependency：Delta location from coordinate。

④Coordinate Reference：._Truck_rear_sus_axle. ground. hpl_shackle_down。

⑤Location：0，0，0。

⑥Location in：local。

⑦Orientation Dependency：User-entered values。

⑧Orient using：Euler Angles。

⑨Euler Angles：0，90，0。

⑩单击 OK，完成 ._Truck_rear_sus_axle. ground. cfl_shackle_down 结构框的创建。

⑪单击 Build＞Attachments＞Joint＞New 命令，弹出创建铰接副约束对话框，可参考图 6-12。

⑫Joint Name：._Truck_rear_sus_axle. jklrev_shackle_down。

⑬I Part：._Truck_rear_sus_axle. gel_shackle。

⑭J Part：._Truck_rear_sus_axle. mts_leafspring_to_body。

⑮Type：left。

⑯Joint Type：revolute。

⑰Active：kinematic mode。

⑱Location Dependency：Delta location from coordinate。

⑲Coordinate Reference：. _Truck_rear_sus_axle. ground. hpl_shackle_down。

⑳Location：0,0,0。

㉑Location in：local。

㉒Closest Node：8115。

㉓Orientation Dependency：Delta orientation from coordinate。

㉔Construction Frame：. _Truck_rear_sus_axle. ground. cfl_shackle_down。

㉕Orientation：0,0,0。

㉖单击 Apply，完成 . _Truck_rear_sus_axle. jklrev_shackle_down 约束副的创建。

(10)部件 tripot_to_differential 与 hub 之间 perpendicular 约束：

①单击 Build＞Construction Frame＞New 命令，弹出创建结构框对话框，可参考图 6-5。

②Construction Frame：. _Truck_rear_sus_axle. ground. cfl_jprim_ori_1。

③Location Dependency：Delta location from coordinate。

④Coordinate Reference：. _Truck_rear_sus_axle. ground. cfl_diff_torque_location。

⑤Location：0,0,25。

⑥Location in：local。

⑦Orientation Dependency：User-entered values。

⑧Orient using：Euler Angles。

⑨Euler Angles：0,0,0。

⑩单击 OK，完成 . _Truck_rear_sus_axle. ground. cfl_jprim_ori_1 结构框的创建。

⑪单击 Build＞Attachments＞Joint＞New 命令，弹出创建铰接副约束对话框，可参考图 6-12。

⑫Joint Name：. _Truck_rear_sus_axle. jolper_tripot_to_hub。

⑬I Part：. _Truck_rear_sus_axle. mtl_tripot_to_differential。

⑭J Part：. _Truck_rear_sus_axle. gel_hub。

⑮Type：single。

⑯Joint Type：perpendicular。

⑰Active：always。

⑱Location Dependency：Delta location from coordinate。

⑲Coordinate Reference：. _Truck_rear_sus_axle. ground. cfl_diff_torque_location。

⑳Location：0,0,0。

㉑Location in：local。

㉒I-Part Axis：. _Truck_rear_sus_axle. ground. cfl_jprim_ori_1。

㉓J-Part Axis：. _Truck_rear_sus_axle. ground. cfs_axle_center。

㉔单击 OK，完成 . _Truck_rear_sus_axle. jolper_tripot_to_hub 约束副的创建。

6.3　驱动桥非独立悬架柔性衬套约束

(1)单击 Build＞Attachments＞Bushing＞New 命令,弹出创建衬套对话框,如图 6-13 所示。

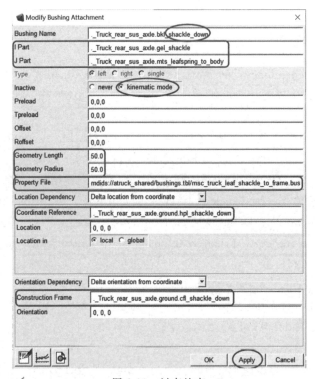

图 6-13　衬套约束

(2)部件 shackle 与 leafspring_to_body 之间 bushing 约束:

①Bushing Name:._Truck_rear_sus_axle. bkl_shackle_down。

②I Part:._Truck_rear_sus_axle. gel_shackle。

③J Part:._Truck_rear_sus_axle. mts_leafspring_to_body。

④Inactive:kinematic mode。

⑤Preload:0,0,0。

⑥Tpreload:0,0,0。

⑦Offset:0,0,0。

⑧Roffset:0,0,0。

⑨Geometry Length:50.0。

⑩Geometry Radius:50.0。

⑪Property File:mdids://atruck_shared/bushings. tbl/msc_truck_leaf_shackle_to_frame. bus。

⑫Location Dependency:Delta location from coordinate。

⑬Coordinate Reference：. _Truck_rear_sus_axle. ground. hpl_shackle_down。

⑭Location：0,0,0。

⑮Location in：local。

⑯Orientation Dependency：Delta orientation from coordinate。

⑰Construction Frame：. _Truck_rear_sus_axle. ground. cfl_shackle_down。

⑱Orientation：0,0,0。

⑲单击 Apply,完成 . _Truck_rear_sus_axle. bkl_shackle_down 轴套的创建。

(3)部件 trailing_arm 与 trailing_arm_to_body 之间 bushing 约束：

①Bushing Name：. _Truck_rear_sus_axle. bgl_trailing_arm_to_body。

②I Part：. _Truck_rear_sus_axle. gel_trailing_arm。

③J Part：. _Truck_rear_sus_axle. mtl_trailing_arm_to_body。

④Inactive：never。

⑤Preload：0,0,0。

⑥Tpreload：0,0,0。

⑦Offset：0,0,0。

⑧Roffset：0,0,0。

⑨Geometry Length：50. 0。

⑩Geometry Radius：50. 0。

⑪Property File：mdids://atruck_shared/bushings. tbl/msc_truck_trailing_arm_to_ frame. bus。

⑫Location Dependency：Delta location from coordinate。

⑬Coordinate Reference：. _Truck_rear_sus_axle. ground. hpl_trailing_arm_front。

⑭Location：0,0,0。

⑮Location in：local。

⑯Orientation Dependency：Orient axis to point。

⑰Coordinate Reference：. _Truck_rear_sus_axle. ground. hpr_trailing_arm_front。

⑱Orientation：0,0,0。

⑲单击 Apply,完成 . _Truck_rear_sus_axle. bgl_trailing_arm_to_body 轴套的创建。

(4)部件 trailing_arm 与 drive_axle 之间 bushing 约束：

①Bushing Name：. _Truck_rear_sus_axle. bgl_trailing_arm_to_axle。

②I Part：. _Truck_rear_sus_axle. gel_trailing_arm。

③J Part：. _Truck_rear_sus_axle. gel_drive_axle。

④Inactive：never。

⑤Preload：0,0,0。

⑥Tpreload：0,0,0。

⑦Offset：0,0,0。

⑧Roffset：0,0,0。

⑨Geometry Length：50. 0。

⑩Geometry Radius：50.0。

⑪Property File：mdids：//atruck_shared/bushings. tbl/msc_truck_trailing_arm_to_frame. bus。

⑫Location Dependency：Delta location from coordinate。

⑬Coordinate Reference：._Truck_rear_sus_axle. ground. hpl_trailing_arm_rear。

⑭Location：0,0,0。

⑮Location in：local。

⑯Orientation Dependency：Orient axis to point。

⑰Coordinate Reference：._Truck_rear_sus_axle. ground. hpr_trailing_arm_rear。

⑱Orientation：0,0,0。

⑲单击 Apply，完成 ._Truck_rear_sus_axle. bgl_trailing_arm_to_axle 轴套的创建。

（5）部件 panhard_rod 与 drive_axle 之间 bushing 约束：

①Bushing Name：._Truck_rear_sus_axle. bgs_panhard_to_axle。

②I Part：._Truck_rear_sus_axle. ges_panhard_rod。

③J Part：._Truck_rear_sus_axle. gel_drive_axle。

④Inactive：never。

⑤Preload：0,0,0。

⑥Tpreload：0,0,0。

⑦Offset：0,0,0。

⑧Roffset：0,0,0。

⑨Geometry Length：50.0。

⑩Geometry Radius：50.0。

⑪Property File：mdids：//atruck_shared/bushings. tbl/msc_truck_panhard_rod_to_axle. bus。

⑫Location Dependency：Delta location from coordinate。

⑬Coordinate Reference：._Truck_rear_sus_axle. ground. cfs_panhard_rod_axle。

⑭Location：0,0,0。

⑮Location in：local。

⑯Orientation Dependency：User-entered values。

⑰Orient using：Euler Angles。

⑱Euler Angles：0,90,0。

⑲单击 Apply，完成 ._Truck_rear_sus_axle. bgs_panhard_to_axle 轴套的创建。

（6）部件 panhard_rod 与 panhard_to_body 之间 bushing 约束：

①Bushing Name：._Truck_rear_sus_axle. bgs_panhard_to_body。

②I Part：._Truck_rear_sus_axle. ges_panhard_rod。

③J Part：._Truck_rear_sus_axle. mts_panhard_to_body。

④Inactive：never。

⑤Preload：0,0,0。

⑥Tpreload:0,0,0。

⑦Offset:0,0,0。

⑧Roffset:0,0,0。

⑨Geometry Length:50.0。

⑩Geometry Radius:50.0。

⑪Property File:mdids://atruck_shared/bushings.tbl/msc_truck_panhard_rod_to_axle.bus。

⑫Location Dependency:Delta location from coordinate。

⑬Coordinate Reference:._Truck_rear_sus_axle.ground.cfs_panhard_rod_to_body。

⑭Location:0,0,0。

⑮Location in:local。

⑯Orientation Dependency:User-entered values。

⑰Orient using:Euler Angles。

⑱Euler Angles:0,90,0。

⑲单击 Apply,完成._Truck_rear_sus_axle.bgs_panhard_to_body 轴套的创建。

(7)部件 leaf_left 与 leafspring_to_body 之间 bushing 约束:

①Bushing Name:._Truck_rear_sus_axle.bks_leaf_front_left。

②I Part:._Truck_rear_sus_axle.fbs_leaf_left。

③J Part:._Truck_rear_sus_axle.mts_leafspring_to_body。

④Inactive:kinematic mode。

⑤Preload:0,0,0。

⑥Tpreload:0,0,0。

⑦Offset:0,0,0。

⑧Roffset:0,0,0。

⑨Geometry Length:50.0。

⑩Geometry Radius:50.0。

⑪Property File:mdids://atruck_shared/bushings.tbl/msc_truck_leaf_front_to_frame.bus。

⑫Location Dependency:Delta location from coordinate。

⑬Coordinate Reference:._Truck_rear_sus_axle.ground.hpl_leaf_front。

⑭Location:0,0,0。

⑮Location in:local。

⑯Closest Node:8114。

⑰Orientation Dependency:Delta orientation from coordinate。

⑱Construction Frame:._Truck_rear_sus_axle.ground.hpr_trailing_arm_rear。

⑲Orientation:0,0,0。

⑳单击 Apply,完成._Truck_rear_sus_axle.bks_leaf_front_left 轴套的创建。

(8)部件 leaf_right 与 leafspring_to_body 之间 bushing 约束:

①Bushing Name：. _Truck_rear_sus_axle. bks_leaf_front_right。

②I Part：. _Truck_rear_sus_axle. fbs_leaf_right。

③J Part：. _Truck_rear_sus_axle. mts_leafspring_to_body。

④Inactive：kinematic mode。

⑤Preload：0，0，0。

⑥Tpreload：0，0，0。

⑦Offset：0，0，0。

⑧Roffset：0，0，0。

⑨Geometry Length：50. 0。

⑩Geometry Radius：50. 0。

⑪Property File：mdids://atruck_shared/bushings. tbl/msc_truck_leaf_front_to_frame. bus。

⑫Location Dependency：Delta location from coordinate。

⑬Coordinate Reference：. _Truck_rear_sus_axle. ground. hpr_leaf_front。

⑭Location：0，0，0。

⑮Location in：local。

⑯Closest Node：8114。

⑰Orientation Dependency：Delta orientation from coordinate。

⑱Construction Frame：. _Truck_rear_sus_axle. ground. cfr_leaf_front。

⑲Orientation：0，0，0。

⑳单击 Apply，完成 . _Truck_rear_sus_axle. bks_leaf_front_right 轴套的创建。

(9)部件 leaf_left 与 shackle 之间 bushing 约束：

①Bushing Name：. _Truck_rear_sus_axle. bks_leaf_rear_left。

②I Part：. _Truck_rear_sus_axle. fbs_leaf_left。

③J Part：. _Truck_rear_sus_axle. gel_shackle。

④Inactive：kinematic mode。

⑤Preload：0，0，0。

⑥Tpreload：0，0，0。

⑦Offset：0，0，0。

⑧Roffset：0，0，0。

⑨Geometry Length：50. 0。

⑩Geometry Radius：50. 0。

⑪Property File：mdids://atruck_shared/bushings. tbl/msc_truck_leaf_rear_to_shackle. bus。

⑫Location Dependency：Delta location from coordinate。

⑬Coordinate Reference：. _Truck_rear_sus_axle. ground. hpl_leaf_rear。

⑭Location：0，0，0。

⑮Location in：local。

⑯Closest Node：8115。

⑰Orientation Dependency：Delta orientation from coordinate。

⑱Construction Frame：._Truck_rear_sus_axle. ground. cfl_leaf_rear。

⑲Orientation：0，0，0。

⑳单击 Apply，完成 ._Truck_rear_sus_axle. bks_leaf_rear_left 轴套的创建。

（10）部件 leaf_right 与 shackle 之间 bushing 约束：

①Bushing Name：._Truck_rear_sus_axle. bks_leaf_rear_right。

②I Part：._Truck_rear_sus_axle. fbs_leaf_right。

③J Part：._Truck_rear_sus_axle. gel_shackle。

④Inactive：kinematic mode。

⑤Preload：0，0，0。

⑥Tpreload：0，0，0。

⑦Offset：0，0，0。

⑧Roffset：0，0，0。

⑨Geometry Length：50.0。

⑩Geometry Radius：50.0。

⑪Property File：mdids://atruck_shared/bushings. tbl/msc_truck_leaf_rear_to_shackle. bus。

⑫Location Dependency：Delta location from coordinate。

⑬Coordinate Reference：._Truck_rear_sus_axle. ground. hpr_leaf_rear。

⑭Location：0，0，0。

⑮Location in：local。

⑯Closest Node：8115。

⑰Orientation Dependency：Delta orientation from coordinate。

⑱Construction Frame：._Truck_rear_sus_axle. ground. cfr_leaf_rear。

⑲Orientation：0，0，0。

⑳单击 OK，完成 ._Truck_rear_sus_axle. bks_leaf_rear_right 轴套的创建。

6.4　驱动桥非独立悬架系统单元（System Element）

系统单元创建微分方程、代数方程、传递函数及线性状态方程用以建立 ADAMS 软件难以建立的系统部件模型，如单元控制系统、电子机械系统、液压系统及机电液联合仿真系统，通过建立状态变量来实现传递力和差速的作用。单轴系驱动桥限滑差速器状态变量方程包括以下几类。

单击 Build＞General Date Element＞Spline＞New 命令，弹出创建状态变量对话框，如图 6-14 所示。

（1）创建状态变量 halfshaft_omega_left：

①Name：._Truck_rear_sus_axle. halfshaft_omega_left。

②Definition：User written subroutine。

③F(time, …)=f(1004. 0,(. _Truck _rear_sus_axle. gel_hub. jxl_joint_i_3. adams_id),(. _Truck_rear_sus_axle. gel_drive_axle. jxl_joint_j_3. adams_id),(. _Truck _rear_sus_axle. gel_drive_axle. jxl_joint_j_3. adams_id),(. _Truck_rear_sus_axle. cil_tire_force_adams_id))。

④单击 Apply,完成 . _Truck_rear_sus_axle. halfshaft_omega_left 状态变量的创建。

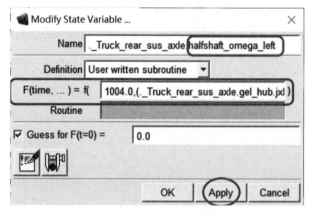

图 6-14　状态变量

(2)创建状态变量 halfshaft_omega_right：

①Name：. _Truck_rear_sus_axle. halfshaft_omega_right。

②Definition：User written subroutine。

③F(time, …)=f(1004. 0,(. _Truck_rear_sus_axle. ger_hub. jxr_joint_i_3. adams_id),(. _Truck_rear_sus_axle. ger_drive_axle. jxr_joint_j_3. adams_id),(. _Truck_rear_sus_axle. ger_drive_axle. jxr_joint_j_3. adams_id),(. _Truck _rear_sus_axle. cir_tire_force_adams_id))。

④单击 Apply,完成 . _Truck_rear_sus_axle. halfshaft_omega_right 状态变量的创建。

(3)创建状态变量 delta_halfshaft_omega：

①Name：. _Truck_rear_sus_axle. delta_halfshaft_omega。

②Definition：Run-Time Expression。

③F(time, …)=f((varval(. _Truck_rear_sus_axle. halfshaft_omega_left)-varval(. _Truck_rear_sus_axle. halfshaft_omega_right)) * 9. 5493)。

④单击 Apply,完成 . _Truck_rear_sus_axle. delta_halfshaft_omega 状态变量的创建。

(4)创建状态变量 differential_torque：

①Name：. _Truck_rear_sus_axle. differential_torque。

②Definition：Run-Time Expression。

③F(time, …)=f(sign(AKISPL(ABS(varval(. _Truck_rear_sus_axle. delta_halfshaft_omega)),0,. _Truck_rear_sus_axle. gss_differential), varval(. _Truck _rear_sus_axle. delta_halfshaft_omega)))。

④单击 OK,完成 . _Truck_rear_sus_axle. differential_torque 状态变量的创建。

6.5 驱动桥非独立悬架通用数据单元(General Date Element)

通用数据单元基于属性文件建立,属性文件可以被多个子系统应用。修改属性文件有两种方法:①编辑属性文件中的相关数据;②直接更换相应的属性文件。通用数据单元包括通用样条、通用参数变量、通用变量,相关数据建立后其结果在子系统有体现,可以提高建模效率。

(1)单击 Build>General Date Element>Spline>New 命令,弹出创建通用数据单元对话框,如图 6-15 所示。

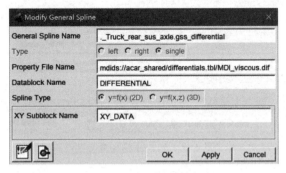

图 6-15 通用数据单元

(2)General Spline Name:._Truck_rear_sus_axle. gss_differential。

(3)Type:single。

(4)Property File Name:mdids://acar_shared/differentials. tbl/MDI_viscous. dif。通过属性文件定义驱动桥左右两侧车轮不同的转速输出到轮毂的转矩,两侧车轮的转速差值作为判断是否使用限滑输入变量,判断是否采用限滑是根据设置的限滑差速器样条曲线进行 AKISPL 插值实现的,即状态变量函数 differential_torque。

(5)Datablock Name:DIFFERENTIAL。

(6)Spline Type:y=f(x)(2D)。2D 指属性文件中为二维数据块。

(7)XY Subblock Name:XY_DATA。

(8)单击 OK,完成通用曲线名称 differential 的创建。

6.6 驱动桥非独立悬架变量参数

(1)单击 Build>Construction Frame>New 命令,弹出创建结构框对话框,可参考图 6-5。

(2)Construction Frame:._Truck_rear_sus_axle. ground. cfl_hub_up。

(3)Location Dependency:Delta location from coordinate。

(4)Coordinate Reference:._Truck_rear_sus_axle. ground. cfl_hub。

(5)Location:0,−200,0。

（6）Location in：local。

（7）Orientation Dependency：User-entered values。

（8）Orient using：Euler Angles。

（9）Euler Angles：0，0，0。

（10）单击 OK，完成 ._Truck_rear_sus_axle. ground. cfl_hub_up 结构框的创建。

（11）单击 Build＞Suspension Parameters＞Characteristics Array＞Set 命令，弹出悬架的转向主销设置对话框，如图 6-16 所示。

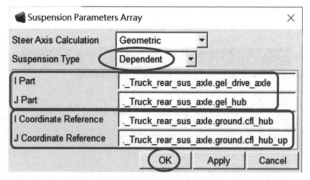

图 6-16　转向主销变量参数

（12）Steer Axis Calculation：Geometric。

（13）Suspension Type：Dependent，即为非独立悬架。

（14）I Part：._Truck_rear_sus_axle. gel_drive_axle。

（15）J Part：._Truck_rear_sus_axle. gel_hub。

（16）I Coordinate Reference：._Truck_rear_sus_axle. ground. cfl_hub。

（17）J Coordinate Reference：._Truck_rear_sus_axle. ground. cfl_hub_up。

（18）单击 OK，完成转向主销设置。

（19）单击 Build＞Parameter Variable＞New 命令，弹出参数变量对话框，如图 6-17 所示。

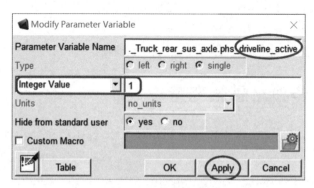

图 6-17　参数变量

（20）Parameter Variable Name：._Truck_rear_sus_axle. phs_driveline_active。

（21）Type：single。

（22）Integer Value：1。

（23）Units：no_units。

（24）Hide from standard user：yes。

（25）单击 Apply，完成．_Truck_rear_sus_axle.phs_driveline_active 变量的创建。

（26）Parameter Variable Name：．_Truck_rear_sus_axle. pvs_final_drive。

（27）Type：single。

（28）Real Value：7。

（29）Units：no_units。

（30）Hide from standard user：no。

（31）单击 OK，完成．_Truck_rear_sus_axle. pvs_final_drive 变量的创建。

6.7　驱动桥非独立悬架通讯器

6.7.1　输入通讯器

（1）单击 Build＞Communicator＞Input＞New 命令，弹出输入通讯器对话框，如图 6-18 所示。

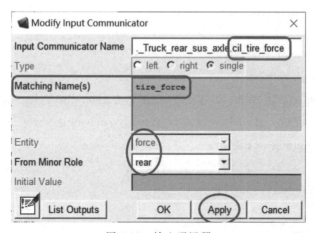

图 6-18　输入通讯器

（2）Input Communicator Name：．_Truck_rear_sus_axle. cil_tire_force。

（3）Type：single。

（4）Matching Name(s)：tire_force。

（5）Entity：force。

（6）From Minor Role：rear。

（7）单击 OK，完成．_Truck_rear_sus_axle. cil_tire_force 输入通讯器的创建。

6.7.2　输出通讯器

（1）单击 Build＞Communicator＞Output＞New 命令，弹出输出通讯器对话框，如图 6-19 所示。

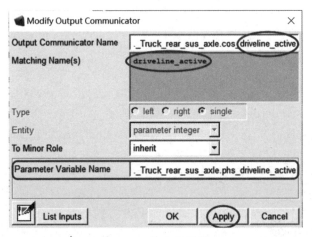

图 6-19　输出通讯器

（2）Output Communicator Name：._Truck_rear_sus_axle. cos_driveline_active。

（3）Matching Name(s)：driveline_active。

（4）Type：single。

（5）Entity：parameter integer。

（6）To Minor Role：inherit。

（7）Parameter Variable Name：._Truck_rear_sus_axle. phs_driveline_active。

（8）单击 Apply，完成 ._Truck_rear_sus_axle. cos_driveline_active 输出通讯器的创建。

（9）Output Communicator Name：._Truck_rear_sus_axle. col_lddrv_outside_whl_mount。

（10）Matching Name(s)：outside_whl_mnt。

（11）Type：left。

（12）Entity：mount。

（13）To Minor Role：rear。

（14）Part Name：._Truck_rear_sus_axle. gel_hub。

（15）单击 Apply，完成 ._Truck_rear_sus_axle. col_lddrv_outside_whl_mount 输出通讯器的创建。

（16）Output Communicator Name：._Truck_rear_sus_axle. col_lddrv_suspension_mount。

（17）Matching Name(s)：suspension_mount。

（18）Type：left。

(19)Entity：mount。

(20)To Minor Role：rear。

(21)Part Name：. _Truck_rear_sus_axle. gel_hub。

(22)单击 Apply,完成 . _Truck_rear_sus_axle. col_lddrv_suspension_mount 输出通讯器的创建。

(23)Output Communicator Name：. _Truck_rear_sus_axle. col_lddrv_suspension_upright。

(24)Matching Name(s)：suspension_upright。

(25)Type：left。

(26)Entity：mount。

(27)To Minor Role：rear。

(28)Part Name：. _Truck_rear_sus_axle. gel_drive_axle。

(29)单击 Apply,完成 . _Truck_rear_sus_axle. col_lddrv_suspension_upright 输出通讯器的创建。

(30)Output Communicator Name：. _Truck_rear_sus_axle. col_outside_wheel_center。

(31)Matching Name(s)：outside_wheel_center。

(32)Type：left。

(33)Entity：location。

(34)To Minor Role：rear。

(35)Coordinate Reference Name：. _Truck_rear_sus_axle. ground. hpl_outside_whl_cntr。

(36)单击 Apply,完成 . _Truck_rear_sus_axle. col_outside_wheel_center 输出通讯器的创建。

(37)Output Communicator Name：. _Truck_rear_sus_axle. col_wheel_center。

(38)Matching Name(s)：wheel_center。

(39)Type：left。

(40)Entity：location。

(41)To Minor Role：rear。

(42)Coordinate Reference Name：. _Truck_rear_sus_axle. ground. hpl_inside_whl_cntr。

(43)单击 Apply,完成 . _Truck_rear_sus_axle. col_wheel_center 输出通讯器的创建。

(44)Output Communicator Name：. _Truck_rear_sus_axle. cos_halfshaft_omega_left。

(45)Matching Name(s)：halfshaft_omega_left。

(46)Type：singe。

(47)Entity：solver variable。

(48)To Minor Role：rear。

(49)Solver Variable Name：. _Truck_rear_sus_axle. halfshaft_omega_left。

(50)单击 Apply,完成 . _Truck_rear_sus_axle. cos_halfshaft_omega_left 输出通讯器的创建。

(51)Output Communicator Name：. _Truck_rear_sus_axle. cos_halfshaft_omega_right。

(52)Matching Name(s)：halfshaft_omega_right。

(53)Type：singe。

(54)Entity：solver variable。

(55)To Minor Role：rear。

(56)Solver Variable Name：. _Truck_rear_sus_axle. halfshaft_omega_right。

(57)单击 Apply,完成 . _Truck_rear_sus_axle. cos_halfshaft_omega_right 输出通讯器的创建。

(58)Output Communicator Name：. _Truck_rear_sus_axle. col_diff_tripot。

(59)Matching Name(s)：diff_tripot、tripot_to_differential。

(60)Type：left。

(61)Entity：location。

(62)To Minor Role：rear。

(63)Coordinate Reference Name：. _Truck_rear_sus_axle. ground. cfl_diff_torque_location。

(64)单击 Apply,完成 . _Truck_rear_sus_axle. col_diff_tripot 输出通讯器的创建。

(65)Output Communicator Name：. _Truck_rear_sus_axle. cos_axle_diff_mount。

(66)Matching Name(s)：axle_diff_mount。

(67)Type：single。

(68)Entity：mount。

(69)To Minor Role：rear。

(70)Part Name：. _Truck_rear_sus_axle. gel_drive_axle。

(71)单击 OK,完成 . _Truck_rear_sus_axle. cos_axle_diff_mount 输出通讯器的创建。

至此,单轴系驱动桥模型建立完成,如图 6-1 所示。模板是子系统及装配体的基础。相似性的模型可以通过改变硬点位置实现。相关性的属性文件、参数变量等也可以通过调节实现。

(1)单击 File＞Save As 命令。

(2)Major Role：suspension。

(3)File Format：Binary。

(4)Database：my_truck。

(5)单击 OK,完成_Truck_rear_sus_axle 驱动桥模型的创建并保存。

6.8　白单驱动桥模型

　　白单驱动桥模型的主要特征是模型包含悬架参数（前束、外倾、主销），ADAMS/Car 专家界面只能够建立单轴系悬架系统参数，通过模型合并功能可以建立任意轴系悬架集成参数。白驱动桥模型可以通过自建立模型获取，具体可参考《车辆系统动力学仿真》著作对应章节。白驱动桥模型通过公版模型_msc_truck_drive_axle. tpl 获取，通过专家界面打开模型，删除除驱动桥和轮毂部件以外的其他所有部件、安装部件、关联的硬点、结构框及所有约束（单轴约束其实可以不删除，如需考虑多轴合并，建议先删除约束，合并完成后再建立对应的约束）。通过 Shift Template 命令把驱动桥向前移动 7405. 9 mm，保证驱动桥质心在原点位置。此时把模型另存为 my_truck_axle_white。删除其他所有部件后，转向主销参数也会被删除，原因在于公版模型的主销参数在部件. _msc_truck_drive_axle. mtl_spring_to_frame 与. _msc_truck_drive_axle. gel_trailing_arm 之间通过几何关系建立。重新构建转向主销参数方法如下所述。

6.8.1　建立结构框 hub_up

　　（1）单击 Build＞Construction Frame＞New 命令，弹出创建结构框对话框，如图 6-20 所示。

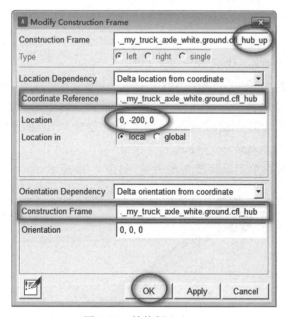

图 6-20　结构框 hub_up

　　（2）Construction Frame：. _my_truck_axle_white. ground. cfl_hub_up。
　　（3）Coordinate Reference：. _my_truck_axle_white. ground. cfl_hub。
　　（4）Location：0，－200，0。

(5)Orientation Dependency：Delta orientation from coordinate。

(6)Construction Frame：._my_truck_axle_white. ground. cfl_hub。

(7)Orientation：0，0，0。

(8)单击 OK，完成 ._my_truck_axle_white. ground. cfl_hub_up 结构框的创建。

6.8.2　建立主销参数

(1)单击 Build＞Suspension Parameters＞Characteristics Array＞Set 命令，弹出悬架参数设置对话框，如图 6-21 所示。

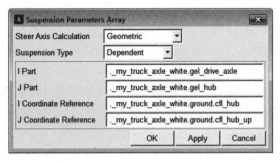

图 6-21　转向主销参数设置

(2)Steer Axis Calculation：Geometric。

(3)Suspension Type：Dependent。

(4)I Part：._my_truck_axle_white. gel_drive_axle。

(5)J Part：._my_truck_axle_white. gel_hub。

(6)I Coordinate Reference：._my_truck_axle_white. ground. cfl_hub。

(7)J Coordinate Reference：._my_truck_axle_white. ground. cfl_hub_up。

(8)单击 OK，完成转向主销轴线的创建。同时创建输出通讯器 ._my_truck_axle_white. cos_suspension_parameters_ARRAY。

(9)保存模型，完成白单驱动桥模型的创建，如图 6-22 所示。

图 6-22　白单驱动桥模型

6.9　白双驱动桥模型

（1）白驱动桥模型 ._my_truck_axle_white 另存为 Q1，修改输入输出通讯器特征全部为 rear。

（2）白驱动桥模型 ._my_truck_axle_white 另存为 Q2，修改输入输出通讯器特征全部为 rear_2。

（3）通过 Shift Template 命令，把模型 Q2 后移动 1300 mm。

（4）单击 Tools＞Adams/View Interface 命令，切换到 View 通用界面。

（5）单击 Tools＞Merge Two Models 命令，弹出合并模型界面，如图 6-23 所示。

（6）Base Model Name：._Q1。

（7）Model to be merged：._Q2。

（8）Translate：0.0，0.0，0.0。

（9）Rotation：0.0，0.0，0.0。

（10）选择 Rename。

（11）勾选 Merge ground parts。

（12）单击 OK，模型合并完成，模型 ._Q1 此时变成双轴系模型。

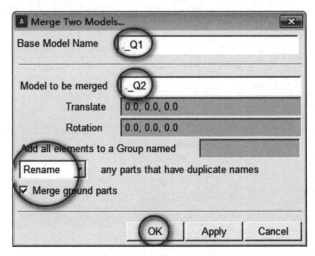

图 6-23　模型合并设置

（13）单击 Tools＞Select Mode＞Switch To A/Car Template Builder 命令，切换到 ADAMS/Car 专家界面。

（14）单击 File＞Save As 命令，另存为文件 my_truck_axle_two_white。合并完成后的白双轴驱动模型如图 6-24 所示。

白双驱动桥模型建立完成后，悬架集成参数整合完成，具体信息如下：

图 6-24　白双驱动桥模型

Listing of input communicators in '_my_truck_axle_two_white'

Communicator Name:	Entity Class:	From Minor Role:	Matching Name:
ci[lr]_tire_force	force	rear	tire_force
ci[lr]_tire_force_2	force	rear_2	tire_force
ci[lr]_tripot_to_differential	mount	rear	tripot_to_differential
ci[lr]_tripot_to_differential_2	mount	rear_2	tripot_to_differential

8 input communicators were found in '_my_truck_axle_two_white'

Listing of output communicators in '_my_truck_axle_two_white'

Communicator Name:	Entity Class:	To Minor Role:	Matching Name:
co[lr]_camber_angle	parameter_real	rear	camber_angle
co[lr]_camber_angle_2	parameter_real	rear_2	camber_angle
co[lr]_diff_tripot	location	rear	diff_tripot
co[lr]_diff_tripot_2	location	rear_2	diff_tripot
co[lr]_lddrv_outside_whl_mount	mount	rear	outside_whl_mnt
co[lr]_lddrv_outside_whl_mount_2	mount	rear_2	outside_whl_mnt
co[lr]_lddrv_suspension_mount	mount	rear	suspension_mount
co[lr]_lddrv_suspension_mount_2	mount	rear_2	suspension_mount
co[lr]_lddrv_suspension_upright	mount	rear	suspension_upright
co[lr]_lddrv_suspension_upright_2	mount	rear_2	suspension_upright
co[lr]_outside_wheel_center	location	rear	outside_wheel_center

```
co[lr]_outside_wheel_center_2 locationrear_2 outside_wheel_center
co[lr]_toe_angleparameter_realreartoe_angle
co[lr]_toe_angle_2 parameter_realrear_2 toe_angle
co[lr]_wheel_centerlocationrearwheel_center
co[lr]_wheel_center_2 locationrear_2 wheel_center
cos_axle_diff_mountmountrearaxle_diff_mount
cos_axle_diff_mount_2 mountrear_2 axle_diff_mount
cos_driveline_activeparameter_integerreardriveline_active
cos_driveline_active_2 parameter_integerrear_2 driveline_active
cos_halfshaft_omega_leftsolver_variablerearhalfshaft_omega_left
cos_halfshaft_omega_left_2 solver_variablerear_2 halfshaft_omega_left
cos_halfshaft_omega_rightsolver_variablerearhalfshaft_omega_right
cos_halfshaft_omega_right_2 solver_variablerear_2 halfshaft_omega_right
cos_suspension_parameters_ARRAYarrayrear                suspension_parameters_array
cos_suspension_parameters_ARRAY_2 arrayrear_2           suspension_parameters_array
..................................................................................
42 output communicators were found in '_my_truck_axle_two_white'
..................................................................................
```

白单、双驱动桥模型为 2019 年出版《车辆系统动力学仿真》著作中的 6×4 章节部分。国内商用车模型依然较少,很多文献通过不同的简化(如板簧简化成螺旋弹簧)最终直接用公版数据库中的模型,而公版数据库中的车辆是美国标准车辆,结构等与中国商用车标准完全不同。因此,学者应该谨慎处理模型。商用车模型难度确实较大,商用车相对于乘用车复杂很多,虽然可以把模型简单理解为不同部件的约束关系,但是对于系统建模来说难度在于调试。

第7章　非独立式平衡悬架

采用板簧支撑的双轴平衡悬架在国内牵引车中应用极多,早些年板簧采用多片簧,厚度高,质量大,占用安装空间多,且多片簧由于簧片间的摩擦与滑动容易导致簧片断裂失效;近些年板簧多采用少片簧装配(3~4片),簧片之间不存在接触,且大大减小了质量,占用空间少,性能提升明显。平衡悬架导向杆亦有纵向推杆与V形杆多种布置方式,推杆的布置方式及推杆角度对整车的稳定性影响较大,具体参考文献《平衡悬架精准建模与推杆特性研究》。平衡悬架的建模难点如下:①双驱动桥建模难度较大,ADAMS/Car中是不支持双轴模型建立的,需要通过建立单轴系悬架,然后通过ADAMS/View中的合并功能把单轴系合并为双轴系,然后在双轴系驱动桥的基础上搭建平衡悬架,这是思路难点;②钢板弹簧模型的建立,板簧模型建立目前有板簧工具箱、Beam梁和有限元方法,每种方法建模均有难度,侧重点亦不相同;③部件之间的约束关系及建模完成后悬架的调试极为复杂,耗时耗力。目前文献对平衡悬架的处理大多是采用公版数据库中的串联式拖拽臂悬架替代,但公版数据库中的悬架为美国卡车标准,与国内商用车标准完全不同,平衡悬架的结构亦完全不同,因此对模型的处理应保持谨慎。建立好的板簧式非独立式平衡悬架如图7-1所示。

图 7-1　板簧式非独立平衡悬架(导向杆纵置式)

7.1　纵向推杆式非独立平衡悬架 I

7.1.1　白双驱动桥导入

（1）单击 File＞Open＞Template 命令，弹出白双驱动桥导入对话框，如图 7-2 所示。

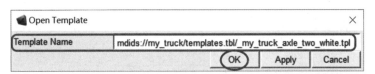

图 7-2　白双驱动桥导入

（2）Template Name：mdids://my _ truck/templates. tbl/_ my _ truck _ axle _ two _ white. tpl。

（3）单击 OK，白双驱动桥导入完成，如图 7-3 所示。

（4）模型另存为 Truck_rear_sus_double_axle_ok。

图 7-3　白双驱动桥

7.1.2　板簧柔性体部件

（1）单击 Build＞Part＞Flexible Body＞New 命令，弹出创建板簧柔性体部件对话框，如图 7-4 所示。需要说明的是，模态中性文件 sus_ph_leaf. mnf 需要提前制作好并存放到对应的数据库 flex_body 文件夹中，此处直接通过路径调出柔性部件模型。

（2）Flexible Body Name：. _Truck_rear_sus_double_axle_ok. fbs_leaf_left。

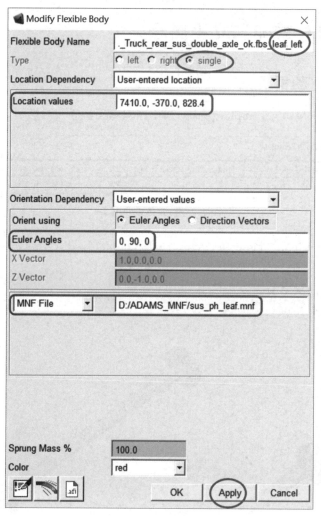

图 7-4　板簧柔性体部件

（3）Type：single。

（4）Location Dependency：User-entered location。

（5）Location values：7410.0，-370.0，828.4。

（6）Orientation Dependency：User-entered values。

（7）Orient using：Euler Angles。

（8）Euler Angles：0，90，0。

（9）MNF File：D：/ADAMS_MNF/sus_ph_leaf. mnf。

（10）Color：red。

（11）单击 Apply，完成 . _Truck_rear_sus_double_axle_ok. fbs_leaf_left 板簧柔性体部件的创建。

（12）General Part：. _Truck_rear_sus_double_axle_ok. fbs_leaf_right。

（13）Type：single。

(14)Location Dependency：User-entered location。

(15)Location values：7410.0,450.0,828.4。

(16)Location in：local。

(17)Orientation Dependency：User-entered values。

(18)Orient using：Euler Angles。

(19)Euler Angles：0,90,0。

(20)MNF File：D：/ADAMS_MNF/sus_ph_leaf.mnf。

(21)Color：red。

(22)单击 OK,完成 ._Truck_rear_sus_double_axle_ok.fbs_leaf_right 板簧柔性体部件的创建。

7.1.3　悬架中部轴 axle_mid

7.1.3.1　硬点参数

(1)单击 Build＞Hardpoint＞New 命令,弹出创建硬点参数对话框,如图 7-5 所示。

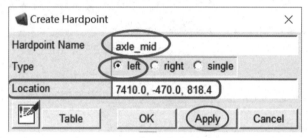

图 7-5　硬点建立

(2)Hardpoint Name：axle_mid。

(3)Type：left。

(4)Location：7410.0, −470.0,818.4。

(5)单击 Apply,完成 axle_mid 硬点的创建。

重复上述步骤,完成以下硬点参数建立,需注意硬点参数的对称及不对称信息：

(1)hpl_axle_mid_down_front：7260.0,−415.0,693.4。

(2)hpr_axle_mid_down_front：7260.0,415.0,693.4。

(3)hpl_axle_mid_down_rear：7560.0,−415.0,693.4。

(4)hpr_axle_mid_down_rear：7560.0,415.0,693.4。

(5)hps_axle_mid_up_front：7260.0,−200.0,993.4。

(6)hps_axle_mid_up_rear：7560.0,200.0,993.4。

(7)hpl_axle_mid_in：7410.0,−415.0,818.4。

(8)hpr_axle_mid_in：7410.0,415.0,818.4。

(9)hpl_axle_mid_in_2：7410.0,−200.0,818.4。

(10)hpr_axle_mid_in_2：7410.0,200.0,818.4。

7.1.3.2　悬架中部轴部件 axle_mid

(1)单击 Build＞Part＞General Part＞New 命令,弹出创建部件对话框,如图 7-6 所示。

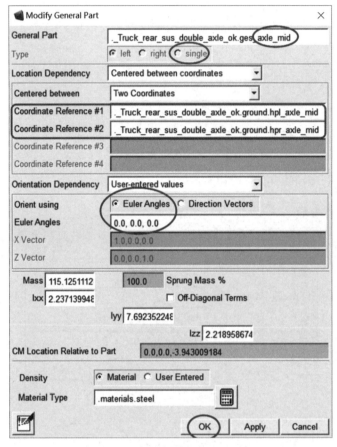

图 7-6　悬架中部轴部件 axle_mid

(2)General Part:._Truck_rear_sus_double_axle_ok. ges_axle_mid。

(3)Location Dependency:Centered between coordinates。

(4)Centered between:Two Coordinates。

(5)Coordinate Reference ♯1:._Truck_rear_sus_double_axle_ok. ground. hpl_axle_mid。

(6)Coordinate Reference ♯2:._Truck_rear_sus_double_axle_ok. ground. hpr_axle_mid。

(7)Location:0,0,0。

(8)Location in:local。

(9)Orientation Dependency:User-entered values。

(10)Orient using:Euler Angles。

(11)Euler Angles:0.0,0.0,0.0。

(12)Mass:1。

(13)Ixx:1。

(14)Iyy:1。

(15)Izz：1。

(16)Density：Material。

(17)Material Type：. materials. steel。

(18)单击 OK，完成 . _Truck_rear_sus_double_axle_ok. ges_axle_mid 部件的创建。

7.1.3.3　中部轴几何体 axle_mid

(1)单击 Build＞Geometry＞Link＞New 命令，弹出创建几何体对话框，如图 7-7 所示。

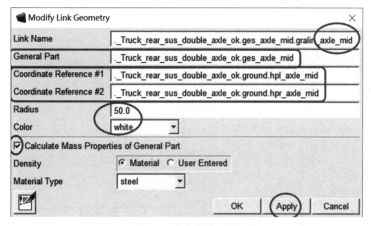

图 7-7　中部轴几何体

(2)Link Name：. _Truck_rear_sus_double_axle_ok. ges_axle_mid. gralin_axle_mid。

(3)General Part：. _Truck_rear_sus_double_axle_ok. ges_axle_mid。

(4)Coordinate Reference ♯1：. _Truck_rear_sus_double_axle_ok. ground. hpl_axle_mid。

(5)Coordinate Reference ♯2：. _Truck_rear_sus_double_axle_ok. ground. hpr_axle_mid。

(6)Radius：50. 0。

(7)Color：white。

(8)选择 Calculate Mass Properties of General Part 复选框。当几何关系建立好之后会更新对应部件的质量和惯量参数，更新后的部件质量与惯量参数如图 7-6 所示。

(9)Density：Material。

(10)Material Type：steel。

(11)单击 Apply，完成 . _Truck_rear_sus_double_axle_ok. ges_axle_mid. gralin_axle_mid 几何体的创建。

(12)Link Name：. _Truck_rear_sus_double_axle_ok. ges_axle_mid. gralin_axle_mid_down_left_front。

(13)General Part：. _Truck_rear_sus_double_axle_ok. ges_axle_mid。

(14)Coordinate Reference ♯1：. _Truck_rear_sus_double_axle_ok. ground. hpl_axle_mid_in。

(15)Coordinate Reference ♯2：. _Truck_rear_sus_double_axle_ok. ground. hpl_axle_mid_down_front。

（16）Radius：30.0。

（17）Color：white。

（18）选择 Calculate Mass Properties of General Part 复选框。

（19）Density：Material。

（20）Material Type：steel。

（21）单击 Apply，完成 ._Truck_rear_sus_double_axle_ok.ges_axle_mid.gralin_axle_mid_down_left_front 几何体的创建。

（22）Link Name：._Truck_rear_sus_double_axle_ok.ges_axle_mid.gralin_axle_mid_down_left_rear。

（23）General Part：._Truck_rear_sus_double_axle_ok.ges_axle_mid。

（24）Coordinate Reference ♯1：._Truck_rear_sus_double_axle_ok.ground.hpl_axle_mid_in。

（25）Coordinate Reference ♯2：._Truck_rear_sus_double_axle_ok.ground.hpl_axle_mid_down_rear。

（26）Radius：30.0。

（27）Color：white。

（28）选择 Calculate Mass Properties of General Part 复选框。

（29）Density：Material。

（30）Material Type：steel。

（31）单击 Apply，完成 ._Truck_rear_sus_double_axle_ok.ges_axle_mid.gralin_axle_mid_down_left_rear 几何体的创建。

（32）Link Name：._Truck_rear_sus_double_axle_ok.ges_axle_mid.gralin_axle_mid_up_left。

（33）General Part：._Truck_rear_sus_double_axle_ok.ges_axle_mid。

（34）Coordinate Reference ♯1：._Truck_rear_sus_double_axle_ok.ground.hpl_axle_mid_in_2。

（35）Coordinate Reference ♯2：._Truck_rear_sus_double_axle_ok.ground.hps_axle_mid_up_front。

（36）Radius：30.0。

（37）Color：white。

（38）选择 Calculate Mass Properties of General Part 复选框。

（39）Density：Material。

（40）Material Type：steel。

（41）单击 Apply，完成 ._Truck_rear_sus_double_axle_ok.ges_axle_mid.gralin_axle_mid_up_left 几何体的创建。

（42）Link Name：._Truck_rear_sus_double_axle_ok.ges_axle_mid.gralin_axle_mid_up_right。

（43）General Part：._Truck_rear_sus_double_axle_ok.ges_axle_mid。

（44）Coordinate Reference ♯1：._Truck_rear_sus_double_axle_ok.ground.hpr_axle_ mid_in_2。

(45)Coordinate Reference ♯2：._Truck_rear_sus_double_axle_ok. ground. hps_axle_mid_up_rear。

(46)Radius：30. 0。

(47)Color：white。

(48)选择 Calculate Mass Properties of General Part 复选框。

(49)Density：Material。

(50)Material Type：steel。

(51)单击 OK,完成._Truck_rear_sus_double_axle_ok. ges_axle_mid. gralin_axle_mid_up_right 几何体的创建。

7. 1. 4　悬架底部前推杆 axle_front_down_DX

7. 1. 4. 1　硬点参数

参考图 7-5,完成以下硬点参数建立：

(1)hpl_axle_front_down：6760. 0,−415. 0,633. 4。

(2)hpr_axle_front_down：6760. 0,415. 0,633. 4。

(3)hpl_axle_front_in：6760. 0,−415. 0,758. 4。

(4)hpr_axle_front_in：6760. 0,415. 0,758. 4。

7. 1. 4. 2　悬架底部前推杆部件 axle_front_down_DX

(1)单击 Build＞Part＞General Part＞New 命令,弹出创建部件对话框,可参考图 7-6。

(2)General Part：._Truck_rear_sus_double_axle_ok. gel_axle_front_down_DX。

(3)Location Dependency：Centered between coordinates。

(4)Centered between：Two Coordinates。

(5)Coordinate Reference ♯1：._Truck_rear_sus_double_axle_ok. ground. hpl_axle_front_down。

(6)Coordinate Reference ♯2：._Truck_rear_sus_double_axle_ok. ground. hpl_axle_mid_down_front。

(7)Location：0,0,0。

(8)Location in：local。

(9)Orientation Dependency：User-entered values。

(10)Orient using：Euler Angles。

(11)Euler Angles：0. 0,0. 0,0. 0。

(12)Mass：1。

(13)Ixx：1。

(14)Iyy：1。

(15)Izz：1。

(16)Density：Material。

(17)Material Type：. materials. steel。

(18)单击 OK,完成 . _Truck_rear_sus_double_axle_ok. gel_axle_front_down_DX 部件的创建。

7.1.4.3　悬架底部前推杆几何体 axle_front_down

(1)单击 Build＞Geometry＞Link＞New 命令,弹出创建中部轴几何体对话框,可参考图 7-7。

(2)Link Name：._Truck_rear_sus_double_axle_ok. gel_axle_front_down_DX. gralin_axle_front_down。

(3)General Part：._Truck_rear_sus_double_axle_ok. gel_axle_front_down_DX。

(4)Coordinate Reference #1：._Truck_rear_sus_double_axle_ok. ground. hpl_axle_front_down。

(5)Coordinate Reference #2：._Truck_rear_sus_double_axle_ok. ground. hpl_axle_mid_down_front。

(6)Radius：20. 0。

(7)Color：yellow。

(8)选择 Calculate Mass Properties of General Part 复选框。

(9)Density：Material。

(10)Material Type：steel。

(11)单击 Apply,完成 . _Truck_rear_sus_double_axle_ok. gel_axle_front_down_DX. gralin_axle_front_down 几何体的创建。

(12)Link Name：._Truck_rear_sus_double_axle_ok. gel_drive_axle. gralin_drive_axle_down。

(13)General Part：._Truck_rear_sus_double_axle_ok. gel_drive_axle。

(14)Coordinate Reference #1：._Truck_rear_sus_double_axle_ok. ground. hpl_axle_front_in。

(15)Coordinate Reference #2：._Truck_rear_sus_double_axle_ok. ground. hpl_axle_front_down。

(16)Radius：30. 0。

(17)Color：green。

(18)选择 Calculate Mass Properties of General Part 复选框。

(19)Density：Material。

(20)Material Type：steel。

(21)单击 OK,完成 . _Truck_rear_sus_double_axle_ok. gel_drive_axle. gralin_drive_axle_down 几何体的创建。

7.1.5　悬架底部后推杆 axle_rear_down_DX

7.1.5.1　硬点参数

参考图 7-5,完成以下硬点参数建立：

(1)hpl_axle_rear_down:8060.0,−415.0,633.4。

(2)hpr_axle_rear_down:8060.0,415.0,633.4。

(3)hpl_axle_rear_in:8060.0, −415.0,758.4。

(4)hpr_axle_rear_in:8060.0,415.0,758.4。

7.1.5.2　悬架底部后推杆部件 axle_rear_down_DX

(1)单击 Build＞Part＞General Part＞New 命令,弹出创建部件对话框,可参考图 7-6。

(2)General Part:._Truck_rear_sus_double_axle_ok.gel_axle_rear_down_DX。

(3)Location Dependency:Centered between coordinates。

(4)Centered between:Two Coordinates。

(5)Coordinate Reference ♯1:._Truck_rear_sus_double_axle_ok.ground.hpl_axle_rear_down。

(6)Coordinate Reference ♯2:._Truck_rear_sus_double_axle_ok.ground.hpl_axle_mid_down_rear。

(7)Location:0,0,0。

(8)Location in:local。

(9)Orientation Dependency:User-entered values。

(10)Orient using:Euler Angles。

(11)Euler Angles:0.0,0.0,0.0。

(12)Mass:1。

(13)Ixx:1。

(14)Iyy:1。

(15)Izz:1。

(16)Density:Material。

(17)Material Type:.materials.steel。

(18)单击 OK,完成._Truck_rear_sus_double_axle_ok.gel_axle_rear_down_DX 部件的创建。

7.1.5.3　悬架底部后推杆几何体 axle_rear_down

(1)单击 Build＞Geometry＞Link＞New 命令,弹出中部轴几何体对话框,可参考图 7-7。

(2)Link Name:._Truck_rear_sus_double_axle_ok.gel_axle_rear_down_DX.gralin_axle_rear_down。

(3)General Part:._Truck_rear_sus_double_axle_ok.gel_axle_rear_down_DX。

(4)Coordinate Reference ♯1:._Truck_rear_sus_double_axle_ok.ground.hpl_axle_rear_down。

(5)Coordinate Reference ♯2:._Truck_rear_sus_double_axle_ok.ground.hpl_axle_mid_down_rear。

(6)Radius:20.0。

（7）Color：yellow。

（8）选择 Calculate Mass Properties of General Part 复选框。

（9）Density：Material。

（10）Material Type：steel。

（11）单击 Apply，完成 .＿Truck＿rear＿sus＿double＿axle＿ok. gel＿axle＿rear＿down＿DX. gralin＿axle＿rear＿down 几何体的创建。

（12）Link Name：.＿Truck＿rear＿sus＿double＿axle＿ok. gel＿drive＿axle＿2. gralin＿drive＿axle＿2＿down。

（13）General Part：.＿Truck＿rear＿sus＿double＿axle＿ok. gel＿drive＿axle＿2。

（14）Coordinate Reference ♯1：.＿Truck＿rear＿sus＿double＿axle＿ok. ground. hpl＿axle＿rear＿down。

（15）Coordinate Reference ♯2：.＿Truck＿rear＿sus＿double＿axle＿ok. ground. hpl＿axle＿rear＿in。

（16）Radius：30.0。

（17）Color：green。

（18）选择 Calculate Mass Properties of General Part 复选框。

（19）Density：Material。

（20）Material Type：steel。

（21）单击 OK，完成 .＿Truck＿rear＿sus＿double＿axle＿ok. gel＿drive＿axle＿2. gralin＿drive＿axle＿2＿down 几何体的创建。

7.1.6　悬架顶部左前推杆 axle_front_up_DX

7.1.6.1　硬点参数

参考图 7-5，完成以下硬点参数建立：

（1）hps＿axle＿front＿up：6760.0，－200.0，933.4。

（2）hps＿axle＿front＿in＿2：6760.0，－200.0，758.4。

7.1.6.2　悬架顶部左前推杆部件 axle_front_up_DX

（1）单击 Build＞Part＞General Part＞New 命令，弹出创建部件对话框，可参考图 7-6。

（2）General Part：＿Truck＿rear＿sus＿double＿axle＿ok. ges＿axle＿front＿up＿DX。

（3）Location Dependency：Centered between coordinates。

（4）Centered between：Two Coordinates。

（5）Coordinate Reference ♯1：.＿Truck＿rear＿sus＿double＿axle＿ok. ground. hps＿axle＿front＿up。

（6）Coordinate Reference ♯2：.＿Truck＿rear＿sus＿double＿axle＿ok. ground. hps＿axle＿mid＿up＿front。

（7）Location：0，0，0。

（8）Location in：local。

(9)Orientation Dependency：User-entered values。

(10)Orient using：Euler Angles。

(11)Euler Angles：0.0,0.0,0.0。

(12)Mass：1。

(13)Ixx：1。

(14)Iyy：1。

(15)Izz：1。

(16)Density：Material。

(17)Material Type：. materials. steel。

(18)单击 OK,完成 ._Truck_rear_sus_double_axle_ok. ges_axle_front_up_DX 部件的创建。

7.1.6.3　悬架顶部左前推杆几何体 axle_front_up

(1)单击 Build＞Geometry＞Link＞New 命令,弹出创建几何体对话框,可参考图 7-7。

(2)Link Name：. _Truck _rear_ sus_ double_ axle_ ok. ges_axle_front_up_DX. gralin_axle_front_up。

(3)General Part：. _Truck_rear_sus_double_axle_ok. ges_axle_front_up_DX。

(4)Coordinate Reference ♯1：. _Truck_rear_sus_double_axle_ok. ground. hps_axle_front_up。

(5)Coordinate Reference ♯2：. _Truck_rear_sus_double_axle_ok. ground. hps_axle_mid_up_front。

(6)Radius：20.0。

(7)Color：yellow。

(8)选择 Calculate Mass Properties of General Part 复选框。

(9)Density：Material。

(10)Material Type：steel。

(11)单击 Apply,完成 ._Truck_ rear_ sus_ double_ axle_ ok. ges_ axle_ front_ up_ DX. gralin_axle_front_up 几何体的创建。

(12)Link Name：. _Truck_rear_sus_double_axle_ok. gel_drive_axle. gralin_drive_axle_up。

(13)General Part：. _Truck_rear_sus_double_axle_ok. gel_drive_axle。

(14)Coordinate Reference ♯1：. _Truck_rear_sus_double_axle_ok. ground. hps_axle_front_up。

(15)Coordinate Reference ♯2：. _Truck_rear_sus_double_axle_ok. ground. hps_axle_front_in_2。

(16)Radius：30.0。

(17)Color：green。

(18)选择 Calculate Mass Properties of General Part 复选框。

(19)Density：Material。

(20)Material Type：steel。

（21）单击 OK，完成 . _Truck_rear_sus_double_axle_ok. gel_drive_axle. gralin_drive_axle_up 几何体的创建。

7.1.7　悬架顶部右后推杆 axle_rear_up_DX

7.1.7.1　硬点参数

参考图 7-5，完成以下硬点参数建立：

（1）hps_axle_rear_up：8060. 0，200. 0，933. 4。

（2）hps_axle_rear_in_2：8060. 0，200. 0，758. 4。

7.1.7.2　悬架顶部右后推杆部件 axle_rear_up_DX

（1）单击 Build＞Part＞General Part＞New 命令，弹出创建部件对话框，可参考图 7-6。

（2）General Part：. _Truck_rear_sus_double_axle_ok. ges_axle_rear_up_DX。

（3）Location Dependency：Centered between coordinates。

（4）Centered between：Two Coordinates。

（5）Coordinate Reference ＃1：. _Truck_rear_sus_double_axle_ok. ground. hps_axle_rear_up。

（6）Coordinate Reference ＃2：. _Truck_rear_sus_double_axle_ok. ground. hps_axle_mid_up_rear。

（7）Location：0，0，0。

（8）Location in：local。

（9）Orientation Dependency：User-entered values。

（10）Orient using：Euler Angles。

（11）Euler Angles：0. 0，0. 0，0. 0。

（12）Mass：1。

（13）Ixx：1。

（14）Iyy：1。

（15）Izz：1。

（16）Density：Material。

（17）Material Type：. materials. steel。

（18）单击 OK，完成 . _Truck_rear_sus_double_axle_ok. ges_axle_rear_up_DX 部件的创建。

7.1.7.3　悬架顶部右后推杆几何体 axle_rear_up

（1）单击 Build＞Geometry＞Link＞New 命令，弹出创建几何体对话框，可参考图 7-7。

（2）Link Name：. _Truck_rear_sus_double_axle_ok. ges_axle_rear_up_DX. gralin_axle_rear_up。

（3）General Part：. _Truck_rear_sus_double_axle_ok. ges_axle_rear_up_DX。

（4）Coordinate Reference ＃1：. _Truck_rear_sus_double_axle_ok. ground. hps_axle_rear_up。

(5)Coordinate Reference ♯2:. _Truck_rear_sus_double_axle_ok. ground. hps_axle_
mid_up_rear。

(6)Radius:20.0。

(7)Color:yellow。

(8)选择 Calculate Mass Properties of General Part 复选框。

(9)Density:Material。

(10)Material Type:steel。

(11)单击 Apply,完成 . _Truck _rear_sus_double_axle_ok. ges_axle_rear_up_DX. gralin_
axle_rear_up 几何体的创建。

(12)Link Name:. _Truck_rear_sus_double_axle_ok. gel_drive_axle_2. gralin_drive_
axle_2_up。

(13)General Part:. _Truck_rear_sus_double_axle_ok. gel_drive_axle_2。

(14)Coordinate Reference ♯1:. _Truck_rear_sus_double_axle_ok. ground. hps_axle_
rear_in_2。

(15)Coordinate Reference ♯2:. _Truck_rear_sus_double_axle_ok. ground. hps_axle_
rear_up。

(16)Radius:30.0。

(17)Color:green。

(18)选择 Calculate Mass Properties of General Part 复选框。

(19)Density:Material。

(20)Material Type:steel。

(21)单击 OK,完成 . _Truck_rear_sus_double_axle_ok. gel_drive_axle_2. gralin_drive_
axle_2_up 几何体的创建。

7.1.8　安装部件

7.1.8.1　结构框 axle_mid_center

(1)单击 Build>Construction Frame>New 命令。

(2)Construction Frame:. _Truck_rear_sus_double_axle_ok. ground. cfs_axle_mid_
center。

(3)Location Dependency:Centered between coordinates。

(4)Centered between:Two Coordinates。

(5)Coordinate Reference ♯1:. _Truck_rear_sus_double_axle_ok. ground. hpl_axle_mid。

(6)Coordinate Reference ♯2:. _Truck_rear_sus_double_axle_ok. ground. hpr_axle_mid。

(7)Orientation Dependency:User-entered values。

(8)Orient using:Euler Angles。

(9)Euler Angles:0,0,0。

(10)单击 OK,完成 . _Truck_rear_sus_double_axle_ok. ground. cfs_axle_mid_center 结
构框的创建。

7.1.8.2 安装部件 subframe_to_body

(1)单击 Build＞Part＞Mount＞New 命令。

(2)Mount Name：._Truck_rear_sus_double_axle_ok.mts_subframe_to_body。

(3)Coordinate Reference：._Truck_rear_sus_double_axle_ok.ground.cfs_axle_mid_center。

(4)From Minor Role：inherit。

(5)单击 OK,完成 ._Truck_rear_sus_double_axle_ok.mts_subframe_to_body 安装部件的创建。

7.1.9 刚性约束

(1)单击 Build＞Attachments＞Joint＞New 命令,弹出创建铰接副约束对话框,如图 7-8 所示。

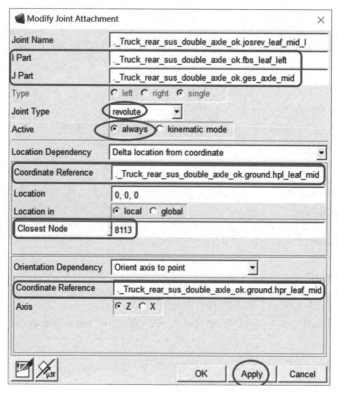

图 7-8 铰接副约束

(2)部件 leaf_left 与 axle_mid 之间 revolute 约束：

①Joint Name：._Truck_rear_sus_double_axle_ok.josrev_leaf_mid_l。

②I Part：._Truck_rear_sus_double_axle_ok.fbs_leaf_left。

③J Part：._Truck_rear_sus_double_axle_ok.ges_axle_mid。

④Type：single。

⑤Joint Type：revolute。

⑥Active：always。

⑦Location Dependency：Delta location from coordinate。

⑧Coordinate Reference：._Truck_rear_sus_double_axle_ok. ground. hpl_leaf_mid。

⑨Location：0，0，0。

⑩Location in：local。

⑪Closest Node：8113。

⑫Orientation Dependency：Orient axis to point。

⑬Coordinate Reference：._Truck_rear_sus_double_axle_ok. ground. hpr_leaf_mid。

⑭Axis：Z。

⑮单击 Apply,完成 ._Truck_rear_sus_double_axle_ok. josrev_leaf_mid_l 约束副的创建。

（3）部件 leaf_right 与 axle_mid 之间 revolute 约束：

①Joint Name：._Truck_rear_sus_double_axle_ok. ground. hpl_leaf_mid_right。

②I Part：._Truck_rear_sus_double_axle_ok. fbs_leaf_right。

③J Part：._Truck_rear_sus_double_axle_ok. ges_axle_mid。

④Type：single。

⑤Joint Type：revolute。

⑥Active：always。

⑦Location Dependency：Delta location from coordinate。

⑧Coordinate Reference：._Truck_rear_sus_double_axle_ok. ground. hpr_leaf_mid。

⑨Location：0，0，0。

⑩Location in：local。

⑪Closest Node：8113。

⑫Orientation Dependency：Orient axis to point。

⑬Coordinate Reference：._Truck_rear_sus_double_axle_ok. ground. hpr_leaf_mid。

⑭Axis：Z。

⑮单击 Apply,完成 ._Truck_rear_sus_double_axle_ok. ground. hpl_leaf_mid_right 约束副的创建。

（4）部件 leaf_left 与 drive_axle 之间 translational 约束：

①单击 Build＞Construction Frame＞New 命令,弹出创建结构框对话框,如图 7-9 所示。

②Construction Frame：._Truck_rear_sus_double_axle_ok. ground. cfl_leaf_front_ref。

③Location Dependency：Delta location from coordinate。

④Coordinate Reference：._Truck_rear_sus_double_axle_ok. ground. hpl_leaf_front_ref。

⑤Location：−200,0,0。

⑥Location in：local。

⑦Orientation Dependency：User-entered values。

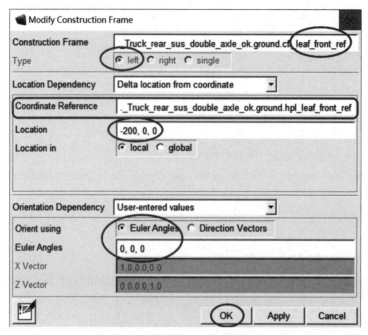

图 7-9　结构框 leaf_front_ref

⑧Orient using：Euler Angles。

⑨Euler Angles：0,0,0。

⑩单击 OK，完成 ._Truck_rear_sus_double_axle_ok. ground. cfl_leaf_front_ref 结构框的创建。

⑪Joint Name：._Truck_rear_sus_double_axle_ok. jostra_leaf_left_front。

⑫I Part：._Truck_rear_sus_double_axle_ok. fbs_leaf_left。

⑬J Part：._Truck_rear_sus_double_axle_ok. gel_drive_axle。

⑭Type：single。

⑮Joint Type：translational。

⑯Active：always。

⑰Location Dependency：Delta location from coordinate。

⑱Coordinate Reference：._Truck_rear_sus_double_axle_ok. ground. hpl_leaf_front_ref。

⑲Location：0,0,0。

⑳Location in：local。

㉑Closest Node：2719。

㉒Orientation Dependency：Orient axis to point。

㉓Coordinate Reference：._Truck_rear_sus_double_axle_ok. ground. cfl_leaf_front_ref。

㉔Axis：Z。

㉕单击 Apply，完成 ._Truck_rear_sus_double_axle_ok. jostra_leaf_left_front 约束副的创建。

（5）部件 leaf_right 与 drive_axle 之间 translational 约束：

①Joint Name：. _Truck_rear_sus_double_axle_ok. jostra_leaf_right_front。

②I Part：. _Truck_rear_sus_double_axle_ok. fbs_leaf_right。

③J Part：. _Truck_rear_sus_double_axle_ok. gel_drive_axle。

④Type：single。

⑤Joint Type：translational。

⑥Active：always。

⑦Location Dependency：Delta location from coordinate。

⑧Coordinate Reference：. _Truck_rear_sus_double_axle_ok. ground. hpr_leaf_front_ref。

⑨Location：0，0，0。

⑩Location in：local。

⑪Closest Node：2719。

⑫Orientation Dependency：Orient axis to point。

⑬Coordinate Reference：. _Truck_rear_sus_double_axle_ok. ground. cfr_leaf_front_ref。

⑭Axis：Z。

⑮单击 Apply，完成 . _Truck_rear_sus_double_axle_ok. jostra_leaf_right_front 约束副的创建。

(6)部件 leaf_left 与 drive_axle_2 之间 translational 约束：

①单击 Build＞Construction Frame＞New 命令，弹出创建结构框对话框，可参考图 7-9。

②Construction Frame：. _Truck_rear_sus_double_axle_ok. ground. cfl_leaf_rear_ref。

③Location Dependency：Delta location from coordinate。

④Coordinate Reference：. _Truck_rear_sus_double_axle_ok. ground. hpl_leaf_rear_ref。

⑤Location：200，0，0。

⑥Location in：local。

⑦Orientation Dependency：User-entered values。

⑧Orient using：Euler Angles。

⑨Euler Angles：0，0，0。

⑩单击 OK，完成 . _Truck_rear_sus_double_axle_ok. ground. cfl_leaf_rear_ref 结构框的创建。

⑪Joint Name：. _Truck_rear_sus_double_axle_ok. jostra_leaf_left_rear。

⑫I Part：. _Truck_rear_sus_double_axle_ok. fbs_leaf_left。

⑬J Part：. _Truck_rear_sus_double_axle_ok. gel_drive_axle_2。

⑭Type：single。

⑮Joint Type：translational。

⑯Active：always。

⑰Location Dependency：Delta location from coordinate。

⑱Coordinate Reference：. _Truck_rear_sus_double_axle_ok. ground. hpl_leaf_rear_ref。

⑲Location：0，0，0。

⑳Location in：local。

㉑Closest Node：707。

㉒Orientation Dependency：Orient axis to point。

㉓Coordinate Reference：._Truck_rear_sus_double_axle_ok. ground. cfl_leaf_rear_ref。

㉔Axis：Z。

㉕单击 Apply，完成 ._Truck_rear_sus_double_axle_ok. jostra_leaf_left_rear 约束副的创建。

(7)部件 leaf_right 与 drive_axle_2 之间 translational 约束：

①Joint Name：._Truck_rear_sus_double_axle_ok. jostra_leaf_right_rear。

②I Part：._Truck_rear_sus_double_axle_ok. fbs_leaf_right。

③J Part：._Truck_rear_sus_double_axle_ok. gel_drive_axle_2。

④Type：single。

⑤Joint Type：translational。

⑥Active：always。

⑦Location Dependency：Delta location from coordinate。

⑧Coordinate Reference：._Truck_rear_sus_double_axle_ok. ground. hpr_leaf_rear_ref。

⑨Location：0，0，0。

⑩Location in：local。

⑪Closest Node：707。

⑫Orientation Dependency：Orient axis to point。

⑬Coordinate Reference：._Truck_rear_sus_double_axle_ok. ground. cfr_leaf_rear_ref。

⑭Axis：Z。

⑮单击 OK，完成 ._Truck_rear_sus_double_axle_ok. jostra_leaf_right_rear 约束副的创建。

(8)部件 axle_mid 与 subframe_to_body 之间 fixed 约束：

①Joint Name：._Truck_rear_sus_double_axle_ok. josfix_axle_to_subframe。

②I Part：._Truck_rear_sus_double_axle_ok. ges_axle_mid。

③J Part：._Truck_rear_sus_double_axle_ok. mts_subframe_to_body。

④Type：single。

⑤Joint Type：fixed。

⑥Active：always。

⑦Location Dependency：Delta location from coordinate。

⑧Coordinate Reference：._Truck_rear_sus_double_axle_ok. ground. cfs_axle_mid_center。

⑨Location：0，0，0。

⑩Location in：local。

⑪单击 OK，完成 ._Truck_rear_sus_double_axle_ok. josfix_axle_to_subframe 约束副的创建。

7.1.10　柔性约束

(1)单击 Build＞Attachments＞Bushing＞New 命令，弹出创建衬套对话框，如图 7-10 所示。

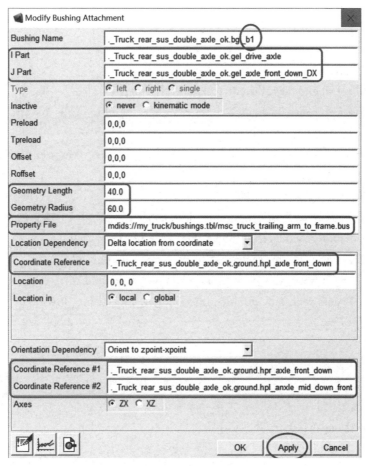

图 7-10　衬套约束 b1

(2)部件 drive_axle 与 axle_front_down_DX 之间 bushing 约束：

①Bushing Name：._Truck_rear_sus_double_axle_ok. bgl_b1。

②I Part：._Truck_rear_sus_double_axle_ok. gel_drive_axle。

③J Part：._Truck_rear_sus_double_axle_ok. gel_axle_front_down_DX。

④Inactive：never。

⑤Preload：0，0，0。

⑥Tpreload：0，0，0。

⑦Offset：0，0，0。

⑧Roffset：0，0，0。

⑨Geometry Length：40. 0。

⑩Geometry Radius:60.0。

⑪Property File:mdids://my_truck/bushings.tbl/msc_truck_trailing_arm_to_frame.bus。

⑫Location Dependency:Delta location from coordinate。

⑬Coordinate Reference:._Truck_rear_sus_double_axle_ok.ground.hpl_axle_front_down。

⑭Location:0,0,0。

⑮Location in:local。

⑯Orientation Dependency:Orient to zpoint-xpoint。

⑰Coordinate Reference #1:._Truck_rear_sus_double_axle_ok.ground.hpr_axle_front_down。

⑱Coordinate Reference #2:._Truck_rear_sus_double_axle_ok.ground.hpl_anxle_mid_down_front。

⑲Axes:ZX。

⑳单击 Apply,完成._Truck_rear_sus_double_axle_ok.bgl_b1 轴套的创建。

(3)部件 axle_mid 与 axle_front_down_DX 之间 bushing 约束:

①Bushing Name:._Truck_rear_sus_double_axle_ok.bgl_b2。

②I Part:._Truck_rear_sus_double_axle_ok.ges_axle_mid。

③J Part:._Truck_rear_sus_double_axle_ok.gel_axle_front_down_DX。

④Inactive:never。

⑤Preload:0,0,0。

⑥Tpreload:0,0,0。

⑦Offset:0,0,0。

⑧Roffset:0,0,0。

⑨Geometry Length:40.0。

⑩Geometry Radius:60.0。

⑪Property File:mdids://my_truck/bushings.tbl/msc_truck_trailing_arm_to_frame.bus。

⑫Location Dependency:Delta location from coordinate。

⑬Coordinate Reference:._Truck_rear_sus_double_axle_ok.ground.hpl_anxle_mid_down_front。

⑭Location:0,0,0。

⑮Location in:local。

⑯Orientation Dependency:Orient to zpoint-xpoint。

⑰Coordinate Reference #1:._Truck_rear_sus_double_axle_ok.ground.hpr_anxle_mid_down_front。

⑱Coordinate Reference #2:._Truck_rear_sus_double_axle_ok.ground.hpl_anxle_mid_down_rear。

⑲Axes：ZX。

⑳单击 Apply，完成 . _Truck_rear_sus_double_axle_ok. bgl_b2 轴套的创建。

(4)部件 axle_mid 与 axle_rear_down_DX 之间 bushing 约束：

①Bushing Name：. _Truck_rear_sus_double_axle_ok. bgl_b3。

②I Part：. _Truck_rear_sus_double_axle_ok. ges_axle_mid。

③J Part：. _Truck_rear_sus_double_axle_ok. gel_axle_rear_down_DX。

④Inactive：never。

⑤Preload：0，0，0。

⑥Tpreload：0，0，0。

⑦Offset：0，0，0。

⑧Roffset：0，0，0。

⑨Geometry Length：40. 0。

⑩Geometry Radius：60. 0。

⑪ Property File：mdids：//my _ truck/bushings. tbl/msc _ truck _ trailing _ arm _ to _ frame. bus。

⑫Location Dependency：Delta location from coordinate。

⑬Coordinate Reference：. _Truck_rear_sus_double_axle_ok. ground. hpl_anxle_mid_down_rear。

⑭Location：0，0，0。

⑮Location in：local。

⑯Orientation Dependency：Orient to zpoint-xpoint。

⑰Coordinate Reference ♯1：. _Truck _rear_sus_double_axle_ok. ground. hpr_anxle_mid_down_rear。

⑱Coordinate Reference ♯2：. _Truck _rear_sus_double_axle_ok. ground. hpl_axle_rear_down。

⑲Axes：ZX。

⑳单击 Apply，完成 . _Truck_rear_sus_double_axle_ok. bgl_b3 轴套的创建。

(5)部件 drive_axle_2 与 axle_rear_down_DX 之间 bushing 约束：

①Bushing Name：. _Truck_rear_sus_double_axle_ok. bgl_b4。

②I Part：. _Truck_rear_sus_double_axle_ok. gel_drive_axle_2。

③J Part：. _Truck_rear_sus_double_axle_ok. gel_axle_rear_down_DX。

④Inactive：never。

⑤Preload：0，0，0。

⑥Tpreload：0，0，0。

⑦Offset：0，0，0。

⑧Roffset：0，0，0。

⑨Geometry Length：40. 0。

⑩Geometry Radius：60. 0。

⑪ Property File：mdids://my_truck/bushings.tbl/msc_truck_trailing_arm_to_frame.bus。

⑫Location Dependency：Delta location from coordinate。

⑬Coordinate Reference：._Truck_rear_sus_double_axle_ok.ground.hpl_axle_rear_down。

⑭Location：0,0,0。

⑮Location in：local。

⑯Orientation Dependency：Orient to zpoint-xpoint。

⑰Coordinate Reference #1：._Truck_rear_sus_double_axle_ok.ground.hpr_axle_rear_down。

⑱Coordinate Reference #2：._Truck_rear_sus_double_axle_ok.ground.hpl_anxle_mid_down_rear。

⑲Axes：ZX。

⑳单击 Apply，完成 ._Truck_rear_sus_double_axle_ok.bgl_b4 轴套的创建。

(6)部件 drive_axle_2 与 axle_rear_up_DX 之间 bushing 约束：

①Bushing Name：._Truck_rear_sus_double_axle_ok.bgl_b5。

②I Part：._Truck_rear_sus_double_axle_ok.gel_drive_axle_2。

③J Part：._Truck_rear_sus_double_axle_ok.ges_axle_rear_up_DX。

④Inactive：never。

⑤Preload：0,0,0。

⑥Tpreload：0,0,0。

⑦Offset：0,0,0。

⑧Roffset：0,0,0。

⑨Geometry Length：40.0。

⑩Geometry Radius：60.0。

⑪ Property File：mdids://my_truck/bushings.tbl/msc_truck_trailing_arm_to_frame.bus。

⑫Location Dependency：Delta location from coordinate。

⑬Coordinate Reference：._Truck_rear_sus_double_axle_ok.ground.hps_axle_rear_up。

⑭Location：0,0,0。

⑮Location in：local。

⑯Orientation Dependency：User-entered values。

⑰Orient using：Euler Angles。

⑱Euler Angles：0,90,0。

⑲单击 Apply，完成 ._Truck_rear_sus_double_axle_ok.bgl_b5 轴套的创建。

(7)部件 axle_mid 与 axle_rear_up_DX 之间 bushing 约束：

①Bushing Name：._Truck_rear_sus_double_axle_ok.bgl_b6。

②I Part：._Truck_rear_sus_double_axle_ok.ges_axle_mid。

③J Part：._Truck_rear_sus_double_axle_ok. ges_axle_rear_up_DX。

④Inactive：never。

⑤Preload：0,0,0。

⑥Tpreload：0,0,0。

⑦Offset：0,0,0。

⑧Roffset：0,0,0。

⑨Geometry Length：40. 0。

⑩Geometry Radius：60. 0。

⑪Property File：mdids：//my _ truck/bushings. tbl/msc _ truck _ trailing _ arm _ to _ frame. bus。

⑫Location Dependency：Delta location from coordinate。

⑬Coordinate Reference：._Truck_rear_sus_double_axle_ok. ground. hps_axle_mid_up_rear。

⑭Location：0,0,0。

⑮Location in：local。

⑯Orientation Dependency：User-entered values。

⑰Orient using：Euler Angles。

⑱Euler Angles：0,90,0。

⑲单击 Apply,完成 ._Truck_rear_sus_double_axle_ok. bgl_b6 轴套的创建。

(8)部件 axle_mid 与 axle_front_up_DX 之间 bushing 约束：

①Bushing Name：._Truck_rear_sus_double_axle_ok. bgl_b7。

②I Part：._Truck_rear_sus_double_axle_ok. ges_axle_mid。

③J Part：._Truck_rear_sus_double_axle_ok. ges_axle_front_up_DX。

④Inactive：never。

⑤Preload：0,0,0。

⑥Tpreload：0,0,0。

⑦Offset：0,0,0。

⑧Roffset：0,0,0。

⑨Geometry Length：40. 0。

⑩Geometry Radius：60. 0。

⑪Property File：mdids：//my _ truck/bushings. tbl/msc _ truck _ trailing _ arm _ to _ frame. bus。

⑫Location Dependency：Delta location from coordinate。

⑬Coordinate Reference：._Truck _ rear_sus_double_axle_ok. ground. hps_axle_mid_up_front。

⑭Location：0,0,0。

⑮Location in：local。

⑯Orientation Dependency：User-entered values。

⑰Orient using：Euler Angles。

⑱Euler Angles:0,90,0。

⑲单击 Apply,完成 . _Truck_rear_sus_double_axle_ok. bgl_b7 轴套的创建。

(9)部件 drive_axle 与 axle_front_up_DX 之间 bushing 约束:

①Bushing Name:. _Truck_rear_sus_double_axle_ok. bgl_b8。

②I Part:. _Truck_rear_sus_double_axle_ok. gel_drive_axle。

③J Part:. _Truck_rear_sus_double_axle_ok. ges_axle_front_up_DX。

④Inactive:never。

⑤Preload:0,0,0。

⑥Tpreload:0,0,0。

⑦Offset:0,0,0。

⑧Roffset:0,0,0。

⑨Geometry Length:40. 0。

⑩Geometry Radius:60. 0。

⑪Property File:mdids://my _ truck/bushings. tbl/msc _ truck _ trailing _ arm _ to _ frame. bus。

⑫Location Dependency:Delta location from coordinate。

⑬Coordinate Reference:. _Truck_rear_sus_double_axle_ok. ground. hps_axle_front_up。

⑭Location:0,0,0。

⑮Location in:local。

⑯Orientation Dependency:User-entered values。

⑰Orient using:Euler Angles。

⑱Euler Angles:0,90,0。

⑲单击 OK,完成 . _Truck_rear_sus_double_axle_ok. bgl_b8 轴套的创建。

(10)保存模型:

①单击 File>Save As 命令。

②Major Role:suspension。

③File Format:Binary。

④Target:Datebase/my_truck。

⑤单击 OK,完成平衡悬架模型 Truck_rear_sus_double_axle_ok 的保存,如图 7-11 所示。

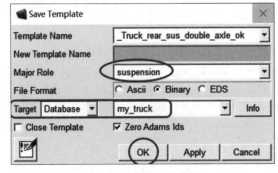

图 7-11　平衡悬架保存

7.2　纵向推杆式非独立平衡悬架 Ⅱ

为提升建模速度,笔者在此提供一个白平衡悬架模型_my_truck_sus_DX_white. tpl,如图 7-12 所示。通过合并功能把白导向杆式平衡悬架模型与白双驱动桥模型合并,合并后的模型添加刚性约束与柔性衬套约束,可以快速完成纵向推杆式平衡悬架模型的建立。刚性约束和柔性衬套约束与 7.1 对应的约束完全相同,建模过程不再重复。钢板弹簧在此处采用的是 Beam 梁。Beam 梁方法建立钢板弹簧工作量较大,每对接触的 Beam 梁块之间需要添加接触约束,同时为了保证在受力时 Beam 梁不分离,还需添加点面约束副模拟钢板弹簧对应的弹簧夹,建立好的平衡悬架 Truck_rear_sus_double_axle_1_ok. tpl 保存在章节文件中,如图 7-13 所示。

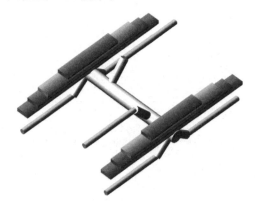 

图 7-12　白平衡悬架模型　　　　　　　　图 7-13　纵向推杆式平衡悬架模型(板簧为 Beam 梁)

7.3　V 形推杆式非独立平衡悬架

V 形推杆式非独立平衡悬架模型通过在纵向导杆式平衡悬架修改获取,二者之间除上部推杆不同外,其他部件和约束均完全相同。建模过程为删除上部纵向推杆与约束,重新建立 V 形推杆部件与约束。

(1)导入模型 Truck_rear_sus_double_axle_1_ok. tpl:

①单击 File>Open>Template 命令。

②Template Name:mdids://my_truck/templates. tbl/_Truck_rear_sus_double_axle_1_ok. tpl。

③单击 OK,平衡悬架模型导入完成,如图 7-14 所示。

图 7-14　纵向导杆式平衡悬架模型导入

（2）删除以下信息：

①._Truck_rear_sus_double_axle_1_ok. bgs_b8。

②._Truck_rear_sus_double_axle_1_ok. bgs_b7。

③._Truck_rear_sus_double_axle_1_ok. bgs_b6。

④._Truck_rear_sus_double_axle_1_ok. bgs_b5。

⑤._Truck_rear_sus_double_axle_1_ok. ges_axle_front_up_DX。

⑥._Truck_rear_sus_double_axle_1_ok. ges_axle_rear_up_DX。

对应的衬套约束与部件删除完成后，模型另存为 Truck_rear_sus_double_axle_2_ok。

（3）新建硬点：

①hps_axle_mid_up_front_right：7260.0，300.0，933.4。

②hps_axle_mid_up_rear_l：7560.0，－300.0，933.4。

（4）硬点位置修正：

①hps_axle_front_up：6760.0，0.0，933.4。

②hps_axle_front_in_2：6760.0，0.0，758.4。

③hps_axle_rear_up：8060.0，0.0，933.4。

④hps_axle_rear_in_2：8060.0，0.0，758.4。

（5）V形推杆部件 axle_front_up_DX：

①单击 Build＞Part＞General Part＞New 命令，弹出创建部件对话框，如图 7-15 所示。

②General Part：._Truck_rear_sus_double_axle_2_ok. ges_axle_front_up_DX。

③Location Dependency：Centered between coordinates。

④Centered between：Three Coordinates。

⑤Coordinate Reference ♯1：._Truck_rear_sus_double_axle_2_ok. ground. hps_axle_front_up。

⑥Coordinate Reference ♯2：._Truck_rear_sus_double_axle_2_ok. ground. hps_axle_mid_up_front_left。

⑦Coordinate Reference ♯3：._Truck_rear_sus_double_axle_2_ok. ground. hps_axle_mid_up_rear_r。

⑧Orientation Dependency：User-entered values。

⑨Orient using：Euler Angles。

⑩Euler Angles：0.0，0.0，0.0。

⑪Ixx：1。

⑫Iyy：1。

⑬Izz：1。

⑭Density：Material。

⑮Material Type：. materials. steel。

⑯单击 OK，完成 ._Truck_rear_sus_double_axle_2_ok. ges_axle_front_up_DX 部件的创建。

（6）V形前推杆几何体：

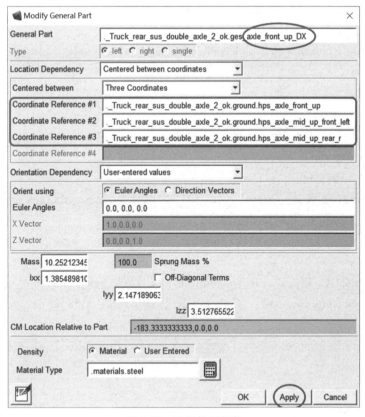

图 7-15　V 形推杆部件

①单击 Build＞Geometry＞Link＞New 命令，弹出建立连杆几何体对话框，如图 7-16 所示。

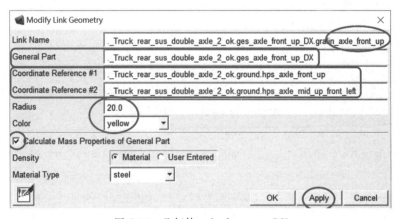

图 7-16　几何体 axle_front_up_DX

②Link Name：._Truck_rear_sus_double_axle_2_ok. ges_axle_front_up_DX. gralin_ axle_front_up。

③General Part：._Truck_rear_sus_double_axle_2_ok. ges_axle_front_up_DX。

④Coordinate Reference #1:._Truck_rear_sus_double_axle_2_ok. ground. hps_axle_front_up。

⑤Coordinate Reference #2:._Truck_rear_sus_double_axle_2_ok. ground. hps_axle_mid_up_front_left。

⑥Radius:20. 0。

⑦Color:yellow。

⑧选择 Calculate Mass Properties of General Part 复选框。

⑨Density:Material。

⑩Material Type:steel。

⑪单击 Apply,完成 ._Truck_rear_sus_double_axle_2_ok. ges_axle_front_up_DX. gralin_axle_front_up 几何体的创建。

⑫Link Name:._Truck_rear_sus_double_axle_2_ok. ges_axle_front_up_DX. gralin_axle_front_up_1。

⑬General Part:._Truck_rear_sus_double_axle_2_ok. ges_axle_front_up_DX。

⑭Coordinate Reference #1:._Truck_rear_sus_double_axle_2_ok. ground. hps_axle_front_up。

⑮Coordinate Reference #2:._Truck_rear_sus_double_axle_2_ok. ground. hps_axle_mid_up_front_right。

⑯Radius:20. 0。

⑰Color:yellow。

⑱选择 Calculate Mass Properties of General Part 复选框。

⑲Density:Material。

⑳Material Type:steel。

㉑单击 OK,完成 ._Truck_rear_sus_double_axle_2_ok. ges_axle_front_up_DX. gralin_axle_front_up_1 几何体的创建。

(7)V 形推杆部件 axle_rear_up_DX:

①单击 Build>Part>General Part>New 命令,弹出创建部件对话框,可参考图 7-15。

②General Part:._Truck_rear_sus_double_axle_2_ok. ges_axle_rear_up_DX。

③Location Dependency:Centered between coordinates。

④Centered between:Three Coordinates。

⑤Coordinate Reference #1:._Truck_rear_sus_double_axle_2_ok. ground. hps_axle_rear_up。

⑥Coordinate Reference #2:._Truck_rear_sus_double_axle_2_ok. ground. hps_axle_mid_up_rear_r。

⑦Coordinate Reference #3:._Truck_rear_sus_double_axle_2_ok. ground. hps_axle_mid_up_front_left。

⑧Orientation Dependency:User-entered values。

⑨Orient using:Euler Angles。

⑩Euler Angles：0. 0，0. 0，0. 0。

⑪Ixx：1。

⑫Iyy：1。

⑬Izz：1。

⑭Density：Material。

⑮Material Type：. materials. steel。

⑯单击 OK，完成 . _Truck_rear_sus_double_axle_2_ok. ges_axle_rear_up_DX 部件的创建。

（8）V 形后推杆几何体：

①单击 Build＞Geometry＞Link＞New 命令，弹出建立连杆几何体对话框，可参考图 7-16。

②Link Name：. _Truck _rear_sus_double_axle_2_ok. ges_axle_rear_up_DX. gralin_axle_rear_up。

③General Part：. _Truck_rear_sus_double_axle_2_ok. ges_axle_rear_up_DX。

④Coordinate Reference ＃1：. _Truck_rear_sus_double_axle_2_ok. ground. hps_axle_rear_up。

⑤Coordinate Reference ＃2：. _Truck_rear_sus_double_axle_2_ok. ground. hps_axle_mid_up_rear_r。

⑥Radius：20. 0。

⑦Color：red。

⑧选择 Calculate Mass Properties of General Part 复选框。

⑨Density：Material。

⑩Material Type：steel。

⑪单击 Apply，完成 . _Truck _rear_sus_double_axle_2_ok. ges_axle_rear_up_DX. gralin_axle_rear_up 几何体的创建。

⑫Link Name：. _Truck _rear_sus_double_axle_2_ok. ges_axle_rear_up_DX. gralin_axle_rear_up_1。

⑬General Part：. _Truck_rear_sus_double_axle_2_ok. ges_axle_rear_up_DX。

⑭Coordinate Reference ＃1：. _Truck_rear_sus_double_axle_2_ok. ground. hps_axle_rear_up。

⑮Coordinate Reference ＃2：. _Truck_rear_sus_double_axle_2_ok. ground. hps_axle_mid_up_rear_l。

⑯Radius：20. 0。

⑰Color：red。

⑱选择 Calculate Mass Properties of General Part 复选框。

⑲Density：Material。

⑳Material Type：steel。

㉑单击 OK，完成 . _Truck_rear_sus_double_axle_2_ok. ges_axle_rear_up_DX. gralin_ axle_rear_up_1 几何体的创建。

（9）部件 drive_axle_2 与 axle_rear_up_DX 之间 bushing 约束：

①单击 Build＞Attachments＞Bushing＞New 命令，弹出创建衬套对话框，如图 7-17 所示。

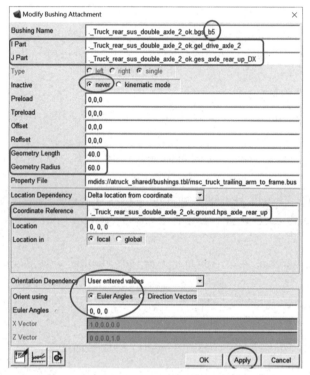

图 7-17　衬套约束 b5

②Bushing Name：._Truck_rear_sus_double_axle_2_ok. bgs_b5。

③I Part：._Truck_rear_sus_double_axle_2_ok. gel_drive_axle_2。

④J Part：._Truck_rear_sus_double_axle_2_ok. ges_axle_rear_up_DX。

⑤Inactive：never。

⑥Preload：0,0,0。

⑦Tpreload：0,0,0。

⑧Offset：0,0,0。

⑨Roffset：0,0,0。

⑩Geometry Length：40. 0。

⑪Geometry Radius：60. 0。

⑫Property File：mdids：//atruck_shared/bushings. tbl/msc_truck_trailing_arm_to_frame. bus。

⑬Location Dependency：Delta location from coordinate。

⑭Coordinate Reference：._Truck_rear_sus_double_axle_2_ok. ground. hps_axle_rear_up。

⑮Location：0，0，0。

⑯Location in：local。

⑰Orientation Dependency：User-entered values。

⑱Orient using：Euler Angles。

⑲Euler Angles：0，0，0。

⑳单击 Apply，完成 ._Truck_rear_sus_double_axle_2_ok. bgs_b5 轴套的创建。

（10）部件 axle_mid 与 axle_rear_up_DX 之间 bushing 约束：

①单击 Build＞Attachments＞Bushing＞New 命令，弹出创建衬套对话框，可参考图 7-17。

②Bushing Name：._Truck_rear_sus_double_axle_2_ok. bgs_b6。

③I Part：._Truck_rear_sus_double_axle_2_ok. ges_axle_mid。

④J Part：._Truck_rear_sus_double_axle_2_ok. ges_axle_rear_up_DX。

⑤Inactive：never。

⑥Preload：0，0，0。

⑦Tpreload：0，0，0。

⑧Offset：0，0，0。

⑨Roffset：0，0，0。

⑩Geometry Length：40. 0。

⑪Geometry Radius：60. 0。

⑫Property File：mdids：//atruck_shared/bushings. tbl/msc_truck_trailing_arm_to_frame. bus。

⑬Location Dependency：Delta location from coordinate。

⑭Coordinate Reference：._Truck_rear_sus_double_axle_2_ok. ground. hps_axle_mid_up_rear_r。

⑮Location：0，0，0。

⑯Location in：local。

⑰Orientation Dependency：User-entered values。

⑱Orient using：Euler Angles。

⑲Euler Angles：0，0，0。

⑳单击 Apply，完成 ._Truck_rear_sus_double_axle_2_ok. bgs_b6 轴套的创建。

㉑Bushing Name：._Truck_rear_sus_double_axle_2_ok. bgs_b7。

㉒I Part：._Truck_rear_sus_double_axle_2_ok. ges_axle_mid。

㉓J Part：._Truck_rear_sus_double_axle_2_ok. ges_axle_rear_up_DX。

㉔Inactive：never。

㉕Preload：0，0，0。

㉖Tpreload：0，0，0。

㉗Offset：0，0，0。

㉘Roffset：0，0，0。

㉙Geometry Length：40. 0。

㉚Geometry Radius:60. 0。

㉛Property File:mdids://atruck_shared/bushings. tbl/msc_truck_trailing_arm_to_frame. bus。

㉜Location Dependency:Delta location from coordinate。

㉝Coordinate Reference:._Truck_rear_sus_double_axle_2_ok. ground. hps_axle_mid_up_rear_l。

㉞Location:0,0,0。

㉟Location in:local。

㊱Orientation Dependency:User-entered values。

㊲Orient using:Euler Angles。

㊳Euler Angles:0,0,0。

㊴单击 Apply,完成 ._Truck_rear_sus_double_axle_2_ok. bgs_b7 轴套的创建。

(11)部件 drive_axle 与 axle_front_up_DX 之间 bushing 约束:

①单击 Build＞Attachments＞Bushing＞New 命令,弹出创建衬套对话框,可参考图 7-17。

②Bushing Name:._Truck_rear_sus_double_axle_2_ok. bgs_b8。

③I Part:._Truck_rear_sus_double_axle_2_ok. gel_drive_axle。

④J Part:._Truck_rear_sus_double_axle_2_ok. ges_axle_front_up_DX。

⑤Inactive:never。

⑥Preload:0,0,0。

⑦Tpreload:0,0,0。

⑧Offset:0,0,0。

⑨Roffset:0,0,0。

⑩Geometry Length:40. 0。

⑪Geometry Radius:60. 0。

⑫Property File:mdids://atruck_shared/bushings. tbl/msc_truck_trailing_arm_to_frame. bus。

⑬Location Dependency:Delta location from coordinate。

⑭Coordinate Reference:._Truck_rear_sus_double_axle_2_ok. ground. hps_axle_front_up。

⑮Location:0,0,0。

⑯Location in:local。

⑰Orientation Dependency:User-entered values。

⑱Orient using:Euler Angles。

⑲Euler Angles:0,0,0。

⑳单击 Apply,完成 ._Truck_rear_sus_double_axle_2_ok. bgs_b8 轴套的创建。

(12)部件 axle_mid 与 axle_front_up_DX 之间 bushing 约束:

①单击 Build＞Attachments＞Bushing＞New 命令,弹出创建衬套对话框,可参考图 7-17。

②Bushing Name:._Truck_rear_sus_double_axle_2_ok. bgs_b9。

③I Part：. _Truck_rear_sus_double_axle_2_ok. ges_axle_mid。

④J Part：. _Truck_rear_sus_double_axle_2_ok. ges_axle_front_up_DX。

⑤Inactive：never。

⑥Preload：0,0,0。

⑦Tpreload：0,0,0。

⑧Offset：0,0,0。

⑨Roffset：0,0,0。

⑩Geometry Length：40. 0。

⑪Geometry Radius：60. 0。

⑫Property File：mdids：//atruck_shared/bushings. tbl/msc_truck_trailing_arm_to_frame. bus。

⑬Location Dependency：Delta location from coordinate。

⑭Coordinate Reference：. _Truck_rear_sus_double_axle_2_ok. ground. hps_axle_mid_up_front_left。

⑮Location：0,0,0。

⑯Location in：local。

⑰Orientation Dependency：User-entered values。

⑱Orient using：Euler Angles。

⑲Euler Angles：0,0,0。

⑳单击 Apply,完成 . _Truck_rear_sus_double_axle_2_ok. bgs_b9 轴套的创建。

㉑Bushing Name：. _Truck_rear_sus_double_axle_2_ok. bgs_b10。

㉒I Part：. _Truck_rear_sus_double_axle_2_ok. ges_axle_mid。

㉓J Part：. _Truck_rear_sus_double_axle_2_ok. ges_axle_front_up_DX。

㉔Inactive：never。

㉕Preload：0,0,0。

㉖Tpreload：0,0,0。

㉗Offset：0,0,0。

㉘Roffset：0,0,0。

㉙Geometry Length：40. 0。

㉚Geometry Radius：60. 0。

㉛Property File：mdids：//atruck_shared/bushings. tbl/msc_truck_trailing_arm_to_frame. bus。

㉜Location Dependency：Delta location from coordinate。

㉝Coordinate Reference：. _Truck_rear_sus_double_axle_2_ok. ground. hps_axle_mid_up_front_left；

㉞Location：0,0,0。

㉟Location in：local。

㊱Orientation Dependency：User-entered values。

㊲Orient using：Euler Angles。

㊳Euler Angles:0,0,0。

㊴单击 OK,完成 . _Truck_rear_sus_double_axle_2_ok. bgs_b10 轴套的创建。

至此,V 形推杆式平衡悬架模型建立完成,如图 7-18 所示。与纵向推杆式非独立平衡悬架相比,安装 V 形推杆的商用车牵引车稳定性较好,且 V 形推杆间的夹角越大,稳定性就越好。

图 7-18　V 形推杆式非独立平衡悬架模型

第8章　商用牵引车整车模型

　　文献查询显示,目前商用车整车模型较少,而基于导向杆式平衡悬架或推杆式平衡悬架的整车模型更少。大多数整车模型都用公版数据库中的公版模型替代,虽然通过调整垂向刚度与实际车辆相同,但是其悬架物理结构、低高频率振动特性及系统匹配等都与实际整车仍存在较大的差异。国内商用车整车架构与公版模型差异较大,6×4牵引车后桥大都采用导向杆式平衡悬架,挂车采用推杆式平衡悬架。平衡悬架模型建立最大的难点有两方面:①钢板弹簧模型的建立;②双轴及多轴悬挂悬架参数的整合。专家模板只能满足单轴系悬架模型的建立,对于多轴系车辆悬架集成参数不能够整合(前束、外倾、转向主销)。通过在View通用模块中的模型合并功能能够很好地整合多轴系车辆悬架集成参数,从理论上可完成任意轴系模型的建立。车辆系统动力学仿真最大的难点是要保证模型与实际物理系统保持一致,因此从事车辆系统动力学仿真的学者都应保持严格谨慎的态度。本章节涉及4×2、6×2、6×4、8×4等多种整车模型,商用车4×2整车模型如图8-1所示。

图 8-1　商用车 4×2 整车模型

　　整车模型建立有两种方法:①直接装配建立整车模型;②通过公版模型替换自建系统逐步完成整车模型。推荐采用第二种方法建立整车模型,虽然过程较为复杂,但建模过程中可以发现自建模型本身存在问题并逐步解决问题。通过逐步替换子系统完成整车模型建立不失为初学者学习复杂模型建立的一种有效手段。如果熟悉模型及装配,则推荐采用第一种方法快速建立整车模型。总之建模手段"不拘一格",但前提条件是子系统和整车装配必须准确无误,不能像有些文献中出现的随意"替代"系统现象。整车模型中前后轮胎、制动系统及动力传动系统采用公版模型。

8.1　4×2 整车

（1）按 F9 切换到标准模板,单击 File＞Full-Vehicle Assembly 命令,弹出创建整车装配对话框,如图 8-2 所示。

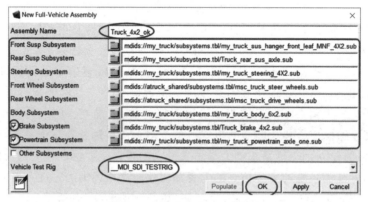

图 8-2　商用车整车 4×2 装配

（2）Assembly Name:Truck_4x2_ok。

（3）Front Susp Subsystem:mdids://my_truck/subsystems. tbl/my_truck_sus_hanger_ front_leaf_MNF_4X2. sub。

（4）Rear Susp Subsystem:mdids://my _ truck/subsystems. tbl/Truck _ rear _ sus _ axle. sub。

（5）Steering Subsystem:mdids://my_truck/subsystems. tbl/my_truck_steering_4X2. sub。

（6）Front Wheel Subsystem:mdids://atruck _ shared/subsystems. tbl/msc _ truck _ steer _ wheels. sub。

（7）Rear Wheel Subsystem:mdids://atruck_shared/subsystems. tbl/msc_truck_drive_ wheels. sub。

（8）Body Subsystem:mdids://my_truck/subsystems. tbl/my_truck_body_6x2. sub。

（9）勾选 Brake Subsystem:mdids://my_truck/subsystems. tbl/Truck_brake_4x2. sub。

（10）勾选 Powertrain Subsystem:mdids://my _ truck/subsystems. tbl/my _ truck _ powertrain_axle_one. sub。

（11）Vehicle Test Rig:_MDI_SDI_TESTRIG。

（12）单击 OK,完成 4×2 整车模型 Truck_4x2_ok 装配,装配好的模型如图 8-1 所示,整车包含 204 个自由度。一般情况下,装配完成后需要对各个子系统的位置进行调整,尤其是轴距、车身位置、发动机位置等。本模型中对应的子系统在装配前笔者已经调整合理的位置,装配完成后不需要再调整。

8.2　4×2 整车静平衡

　　整车模型建立完成之后首先需要进行静平衡分析,静平衡成功是模型能够正确运算的必要前提条件,否则模型在运算过程中会出现不收敛的现象。

　　(1)单击 Simulate＞Full-Vehicle Analysis＞Static and Quasi-Static Maneuvers＞Static Equilibrium 命令,弹出整车加速仿真对话框,如图 8-3 所示。

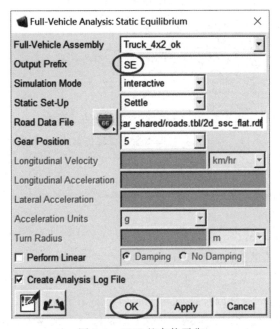

图 8-3　4×2 整车静平衡

　　(2)Output Prefix(输出别名):SE。

　　(3)其余参数保持默认设置,单击 OK,完成静平衡计算。

8.3　4×2 整车漂移仿真

　　(1)单击 Simulate＞Full-Vehicle Analysis＞Open-Loop Steering Events＞Drift 命令,弹出漂移仿真对话框,如图 8-4 所示。

　　(2)Full-Vehicle Assembly:Truck_4x2_ok。

　　(3)Output Prefix:Drift。

　　(4)End Time:15。

　　(5)Number of Steps:3000。

　　(6)Road Date File:mdids://acar_shared/roads. tbl/2d_flat. rdf。

　　(7)Simulation Mode:interactive。

　　(8)Initial Velocity:30,单位 km/hr。

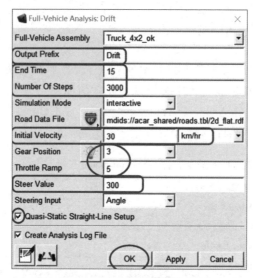

图 8-4　4×2 整车漂移仿真

（9）Gear Position：3。

（10）Throttle Ramp：5。

（11）Steer Value：300。

（12）Steering Input：Angle。

（13）勾选 Quasi-Static Straight-Line Setup。

（14）单击 OK，完成 Truck_4x2_ok 商用车漂移仿真设置并提交运算，运算完成后，整车运行轨迹如图 8-5 所示；车身侧向加速度与垂向加速度如图 8-6 和 8-7 所示。

（15）修改路面为 D 级路面：mdids：//FSAE/roads. tbl/2d_stochastic_uneven _D. rdf。

（16）其余参数设定保持不变，单击 Apply，完成 Truck_4x2_ok 商用车漂移仿真设置并提交运算，运算完成后；车身侧向加速度与垂向加速度如图 8-8 和图 8-9 所示。

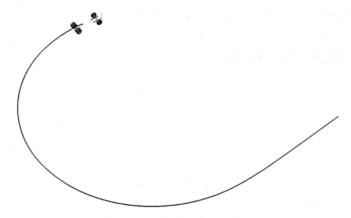

图 8-5　4×2 整车漂移运行轨迹

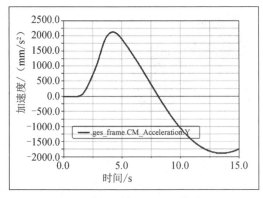

图 8-6　车身侧向加速度(平路面)

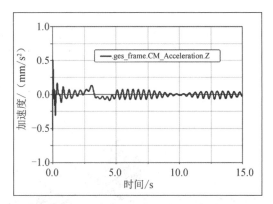

图 8-7　车身垂向加速度(平路面)

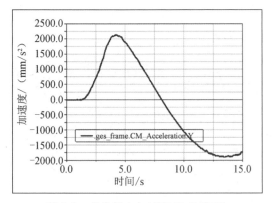

图 8-8　车身侧向加速度(D 级路面)

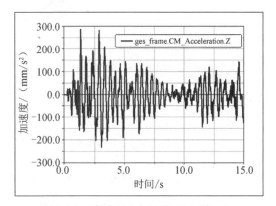

图 8-9　车身垂向加速度(D 级路面)

　　对比计算结果,当路面条件发生改变时,车身侧向加速度基本保持不变,车身垂向加速度变化较大。通过仿真参数的变化,仿真也可以间接验证整车模型的正确性及准确性。

　　采用空气弹簧替代钢板弹簧是商用车底盘未来发展的趋势。空气弹簧不仅可以保持车身的高度不变,同时可以提升整车行驶的平顺性,减少路面的振动传递到车身,提升车辆零部件的疲劳特性及耐久特性。建立好的空气弹簧子系统如图 8-10 所示。通过用空气弹簧替换后驱动桥模型得到新的商用车整车,如图 8-11 所示。替换方法如下:

图 8-10　4 气囊空气弹簧

图 8-11　4×2 整车(空气弹簧式)

(1)单击 File＞Manage Assemblies＞Replace Subsystem(s) 命令,弹出替换子系统对话框,如图 8-12 所示。

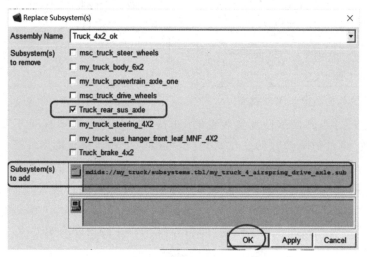

图 8-12　替换子系统

(2)Subsystem(s) to remove:Truck _rear_sus_axle。

(3)Subsystem(s) to add:mdids://my_truck/subsystems. tbl/my_truck_4_airspring_ drive_axle. sub。

(4)单击 OK,完成商用车后驱动桥悬架子系统的替换,此时整车如图 8-10 所示。

(5)整车模型另存为 Truck_4x2_2_ok。

(6)右击空气弹簧 . Truck_4x2_2_ok. my_truck_4_airspring_drive_axle. uel_airspring_ front,选择 Modify,弹出空气弹簧参数修改对话框,如图 8-13 所示。

(7)Preload Type:Automatic-Variable。

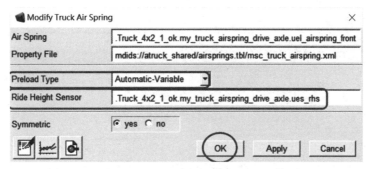

图 8-13　空气弹簧修正

（8）Ride Height Sensor：. Truck_4x2_1_ok. my_truck_airspring_drive_axle. ues_rhs。

（9）单击 OK，完成空气弹簧参数的设定。

（10）重复上述步骤，相同方式完成空气弹簧：. Truck_4x2_2_ok. my_truck_4_airspring_drive_axle. uel_airspring_rear 的参数设定。

再次重复整车漂移仿真，仿真参数保持不变，路面为 D 级路面，仿真完成后计算结果如图 8-14 和图 8-15 所示。从计算结果看，车身侧向及垂向加速度变化趋势相同，但幅值均有减小的趋势。

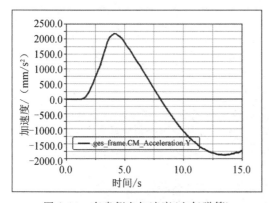

图 8-14　车身侧向加速度（空气弹簧）

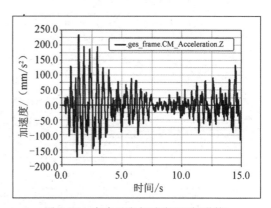

图 8-15　车身垂向加速度（空气弹簧）

8.4　6×2 整车

6×2 整车通过在 4×2 整车基础上添加第二转向桥子系统、轮胎的方式建立，整车建立完成后需要对制动系统（2 轴系制动子系统更换为 3 轴系子系统）和转向系统（单轴转向替换为双轴转向）进行替换，同时还需要对车身及发动机位置、整车轴距进行调试（每个主机厂的整车参数均不同），直到符合或接近真实的 6×2 整车模型。

（1）单击 File＞Manage Assemblies＞Add Subsystem 命令，弹出添加子系统对话框，如图 8-16 所示。

（2）Subsystem(s)：

①mdids://my_truck/subsystems. tbl/my_truck_sus_hanger_rear_leaf_MNF. sub。

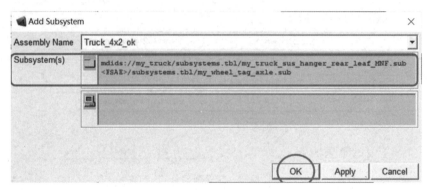

图 8-16　添加子系统

②＜FSAE＞/subsystems. tbl/my_wheel_tag_axle. sub。

(3)单击 OK,完成第二转向桥与轮胎子系统的添加。

(4)单击 File＞Manage Assemblies＞Replace Subsystem(s) 命令,弹出替换子系统窗口对话框,如图 8-17 所示。

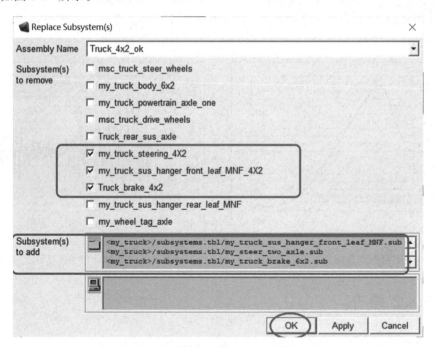

图 8-17　替换子系统(4×2 变 6×2)

(5)Subsystem(s) to remove:

①my_truck_steering_4X2。

②my_truck_sus_hanger_front_leaf_MNF_4X2。

③Truck_brake_4x2。

(6)Subsystem(s) to add:

①＜my_truck＞/subsystems. tbl/my_truck_sus_hanger_front_leaf_MNF. sub。

②＜my_truck＞/subsystems. tbl/my_steer_two_axle. sub。

③＜my_truck＞/subsystems. tbl/my_truck_brake_6x2. sub。

（7）单击 OK，完成商用车相关子系统的替换，整车模型另存为 Truck_6x2_ok。此时的
整车模型如图 8-18 所示。

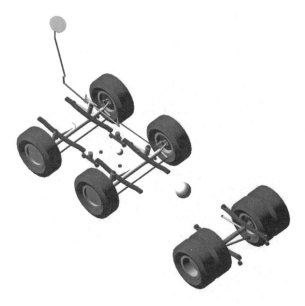

图 8-18　6×2 整车模型

8.5　6×2 整车脉冲转向仿真

（1）单击 Simulate＞Full-Vehicle Analysis＞Open-Loop Steering Events＞Impulse
Steer 命令，弹出脉冲仿真设置对话框，如图 8-19 所示。

（2）Output Prefix：IS。

（3）End Time：10。

（4）Number of Steps：2000。

（5）Simulation Mode：interactive。

（6）Road Date File：mdids://acar_shared/roads. tbl/2d_flat. rdf。

（7）Initial Velocity：50，单位 km/hr。

（8）Gear Position：5。

（9）Maximum Steer Value：300。

（10）Cycle Length：2，转向及回正时间长。

（11）Start Time：3。

（12）Steering Input：Angle。

（13）勾选 Quasi-Static Straight-Line Setup。

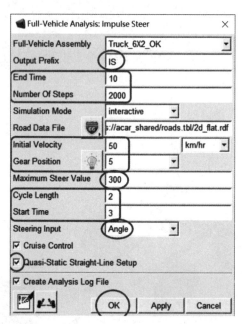

图 8-19　6×2 整车脉冲转向仿真参数设置

（14）单击 OK，完成脉冲转向仿真设置并提交运算，运算完成后，运行轨迹如图 8-20 所示。运行动画存储在章节文件中，计算相关参数如图 8-21 至图 8-24 所示，图 8-21 中方向盘转向曲线对应图 8-19 中的仿真参数。

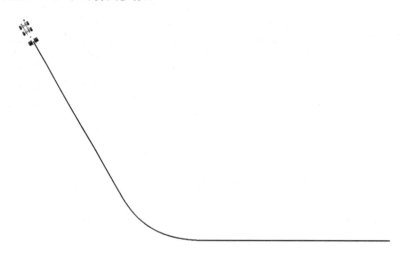

图 8-20　6×2 整车脉冲转向运行轨迹

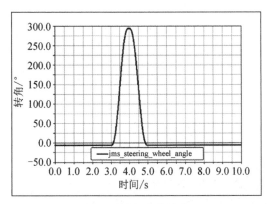

图 8-21　方向盘转角

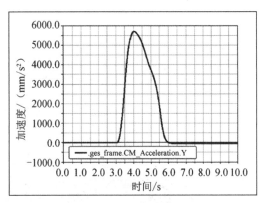

图 8-22　车辆侧向加速度

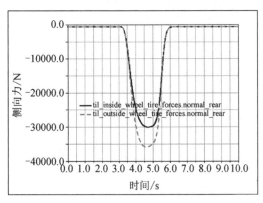

图 8-23　驱动桥左侧内外车轮侧向力 Y

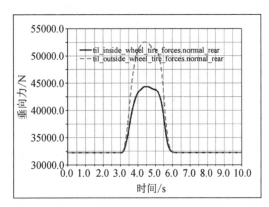

图 8-24　驱动桥左侧内外车轮垂向力 Z

8.6　6×4 整车

6×4 牵引车目前是应用最为广泛的商用车。6×4 整车通过在 4×2 整车基础上替换后单驱动桥为双轴平衡悬架,替换双轴系制动系统为三轴系制动系统,替换发动机传动系统,添加对应的轮胎方式建立。整车建立完成后还需要对车身及发动机位置、整车轴距进行调试(每个主机厂的整车参数均不同),直到符合或接近真实的 6×4 整车模型。

(1)单击 File＞Manage Assemblies＞Replace Subsystem(s) 命令,弹出替换子系统对话框,如图 8-25 所示。

(2)Subsystem(s) to remove：

①my_truck_powertrain_axle_one。

②Truck_rear_sus_axle。

③Truck_brake_4x2。

(3)Subsystem(s) to add：

①＜FSAE＞/subsystems. tbl/my_truck_powertrain. sub。

②＜FSAE＞/subsystems. tbl/my_truck_brake. sub。

③＜my_truck＞/subsystems. tbl/Truck_rear_sus_double_axle_ok. sub。

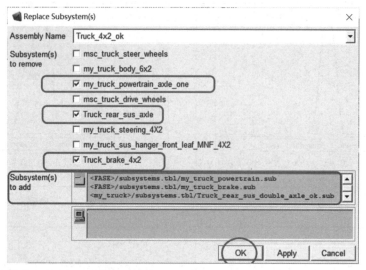

图 8-25　替换子系统(4×2 变 6×4)

（4）单击 OK，完成商用车相关子系统的替换。

（5）单击 File＞Manage Assemblies＞Add Subsystem 命令，弹出添加子系统对话框，如图 8-26 所示。

（6）Subsystem(s)：＜atruck_shared＞/subsystems. tbl/msc_truck_drive_wheels_2. sub。

（7）单击 OK，完成平衡悬架轮胎子系统的添加。调整车身位置，整车模型另存为 Truck_6x4_ok。调整完成后 6×4 整车模型如图 8-27 所示。

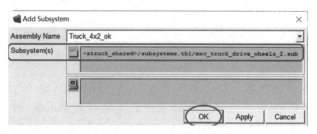

图 8-26　添加驱动轮胎

图 8-27　6×4 整车模型(纵向导杆式平衡悬架)

8.7　6×4 整车阶跃转向仿真

（1）单击 Simulate＞Full-Vehicle Analysis＞Open-Loop Steering Events＞Impulse Steer 命令，弹出脉冲仿真设置对话框，如图 8-28 所示。

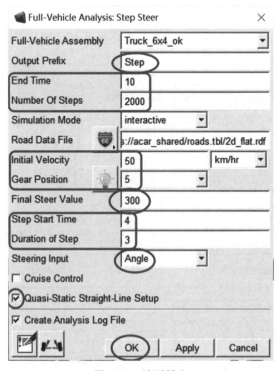

图 8-28　阶跃转向

（2）Output Prefix：Step。

（3）End Time：10。

（4）Number of Steps：2000。

（5）Simulation Mode：interactive。

（6）Road Date File：mdids://acar_shared/roads. tbl/2d_flat. rdf。

（7）Initial Velocity：50，单位 km/hr。

（8）Gear Position：5。

（9）First Steer Value：300。

（10）Step Start Time：4。

（11）Duration of Step：3。

（12）Steering Input：Angle。

（13）勾选 Quasi-Static Straight-Line Setup。

（14）单击 OK，完成阶跃转向仿真设置并提交运算，运算完成后，运行轨迹如图 8-29 所示。运行动画存储在章节文件中。计算相关参数如图 8-30 至图 8-34 所示。

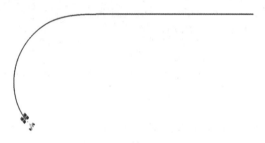

图 8-29　阶跃转向运行轨迹

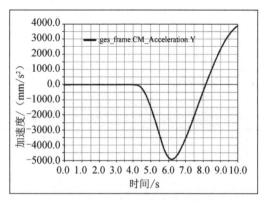

图 8-30　车身侧向加速度

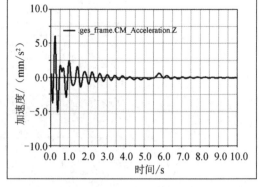

图 8-31　车身垂向加速度

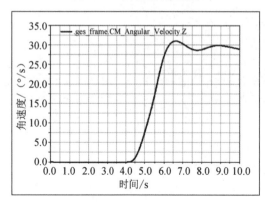

图 8-32　车身横摆角速度

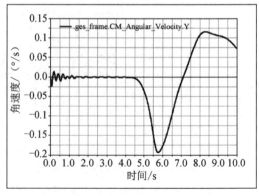

图 8-33　车身俯仰角速度

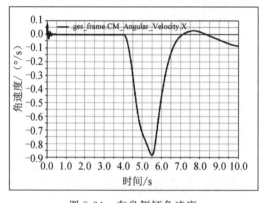

图 8-34　车身侧倾角速度

　　6×4 商用车平衡悬架结构有不同种类,此处展示的是一个采用 V 形推杆平衡悬架及对应的 6×4 整车模型。V 形推杆式平衡悬架如图 8-35 所示,通过替换方式得到新的 6×4 整车模型如图 8-36 所示。整车前后悬架钢板弹簧采用非线性梁建模,建模难度和复杂程度较高,建模过程具体查看“非独立式平衡悬架”章节。

图 8-35　V 形推杆式平衡悬架　　　　　图 8-36　6×4 整车模型(V 形推杆式平衡悬架)

　　重复阶跃转向仿真,仿真参数保持不变,此时整车计算速度较慢,原因在于整车前后悬架的钢板弹簧的簧片间均为接触特性,即非线性特性。计算结果如图 8-37 至图 8-39 所示。对比图 8-30 和图 8-32,整车稳定性能提升。当整车的底盘结构(此处主要是前后悬架)参数改变后,整车的性能也会产生变化。对比图 8-31,整车的垂向加速度增加,平顺性变差。对比底盘的调整,需要综合折中,而不能一味地强调单个指标性能。

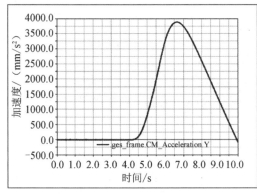
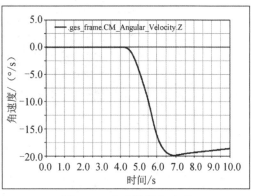

图 8-37　车身侧向加速度　　　　　　　　　　　图 8-38　车身横摆角速度

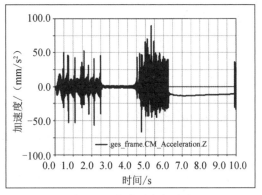

图 8-39　车身垂向加速度

8.8 8×4 整车

8×4 整车通过在 6×4 整车基础上替换前双轴转向桥、四轴系制动系统（通过添加两个两轴制动系统或者添加一个独立的四轴制动系统，ADAMS 中没有四轴制动系统，需要通过自建模或者两个两轴制动系统合并为一个四轴系统，本整车模型采用的是一个独立的四轴制动系统）、双轴转向系统，添加对应的轮胎方式建立。整车建立完成后还需要对车身及发动机位置、整车轴距进行调试（每个主机厂的整车参数均不同），直到符合或接近真实的 8×4 整车模型。

（1）单击 File＞Manage Assemblies＞Replace Subsystem(s) 命令，弹出替换子系统对话框，如图 8-40 所示。

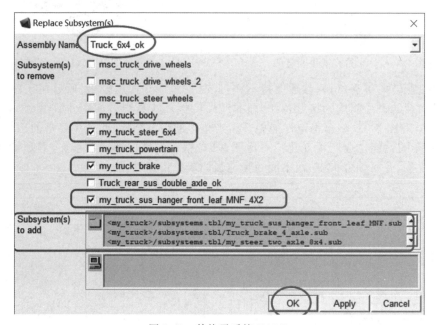

图 8-40 替换子系统(8×4)

（2）Subsystem(s) to remove：

①my_truck_steer_6x4。

②my_truck_brake。

③my_truck_sus_hanger_front_leaf_MNF_4X2。

（3）Subsystem(s) to add：

①＜my_truck＞/subsystems. tbl/my_truck_sus_hanger_front_leaf_MNF. sub。

②＜my_truck＞/subsystems. tbl/Truck_brake_4_axle. sub。

③＜my_truck＞/subsystems. tbl/my_steer_two_axle_8x4. sub。

（4）单击 File＞Manage Assemblies＞Add Subsystem 命令，弹出添加子系统对话框，如图 8-41 所示。

（5）Subsystem(s)：

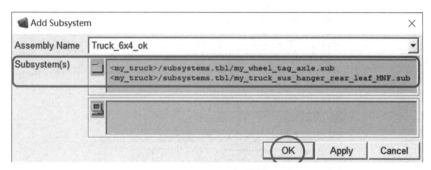

图 8-41　添加子系统(8×4)

①<my_truck>/subsystems. tbl/my_wheel_tag_axle. sub。

②<my_truck>/subsystems. tbl/my_truck_sus_hanger_rear_leaf_MNF. sub。

(6)单击 OK,完成第二转向桥子系统及对应轮胎子系统的添加。调整车身位置、车轮轴距,整车模型另存为 Truck_8x4_ok。调整完成后 8×4 整车模型如图 8-42 所示。

图 8-42　8×4 整车模型

8.9　8×4 整车谐波脉冲转向仿真

(1)单击 Simulate>Full-Vehicle Analysis>Open-Loop Steering Events>Ramp Steer命令,弹出谐波脉冲仿真对话框,如图 8-43 所示。

(2)Full-Vehicle Assembly:Truck_8x4_ok。

(3)Output Prefix:Ramp。

(4)End Time:15。

(5)Number of Steps:3000。

(6)Simulation Mode:interactive。

(7)Road Date File:mdids://acar_shared/roads. tbl/2d_flat. rdf。

(8)Initial Velocity:50,单位 km/hr。

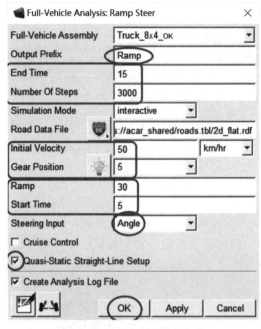

图 8-43　8×4 谐波转向仿真

（9）Gear Position：5。

（10）Ramp：30。单位：度，指方向盘转动的频率，每秒钟 30°。此处转向从 5 s 开始，15 s 结束，共转向 10 s，总共转向 300°。

（11）Start Time：5。

（12）Steering Input：Angle。

（13）勾选 Quasi-Static Straight-Line Setup。

（14）单击 OK，完成 Truck_8x4_ok 商用车谐波脉冲转向仿真设置并提交运算，运算完成后，整车运行轨迹如图 8-44 所示。计算相关参数如图 8-45 至图 8-50 所示。

（15）路面更换为 F 级路面，其他参数保持不变，重复谐波脉冲仿真如图 8-51 所示，计算记过如图 8-52 至图 8-56 所示。对比图 8-45 和图 8-52，车身侧向加速度变化趋势抑制，但在 F 级路面下整车的高频振动成分增加。

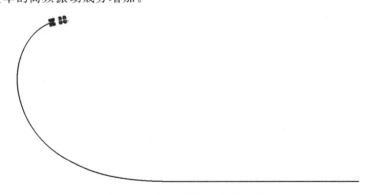

图 8-44　8×4 商用车运行轨迹

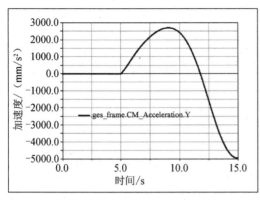

图 8-45　车身侧向加速度

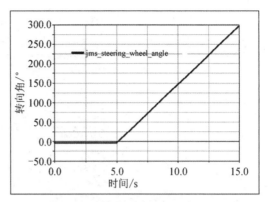

图 8-46　谐波脉冲转向角变化曲线

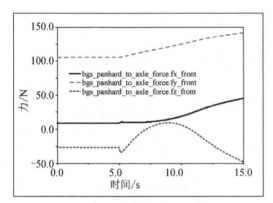

图 8-47　潘哈德杆 X、Y、Z 方向力
（与车轴连接处）

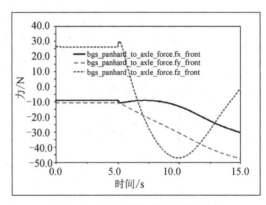

图 8-48　潘哈德杆 X、Y、Z 方向力
（与车架连接处）

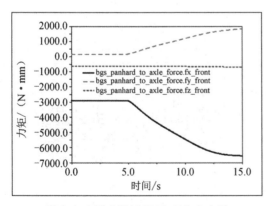

图 8-49　潘哈德杆 X、Y、Z 方向力矩
（与车轴连接处）

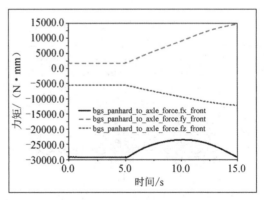

图 8-50　潘哈德杆 X、Y、Z 方向力矩
（与车架连接处）

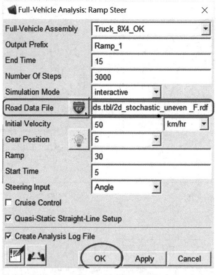

图 8-51　谐波转向仿真（F 路面）

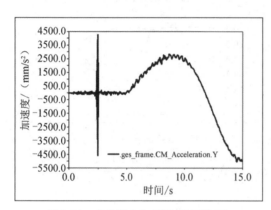

图 8-52　车身侧向加速度（F 级路面）

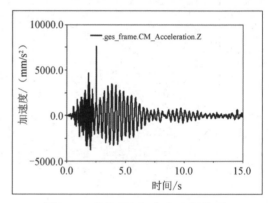

图 8-53　车身垂向加速度（F 级路面）

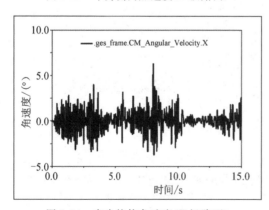

图 8-54　车身俯仰角速度（F 级路面）

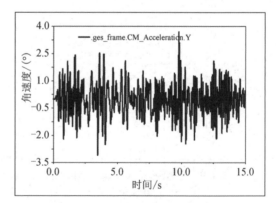

图 8-55　车身侧倾角速度（F 级路面）

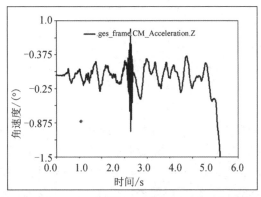

图 8-56　车身横摆角速度(F 级路面,放大显示前 5 s)

第 9 章　半挂车

半挂车是车轴置于车辆重心后面,并且装有可将水平和垂直力传递到牵引车的联结装置的挂车。半挂车一般是三轴半挂车。根据用途不同,半挂车可分为仓栅式半挂车、集装箱半挂车、罐式半挂车、厢式半挂车、自卸式半挂车等多种类型。与单体式汽车相比,半挂车更能够提高公路运输的综合经济效益,运输效率可提高 30%~50%,成本降低 30%~40%,油耗下降 20%~30%。更重要的是,半挂车的使用,还能对我国物流的组织形式起到一定程度的促进作用。ADAMS 中建立好的三轴半挂车模型如图 9-1 所示。

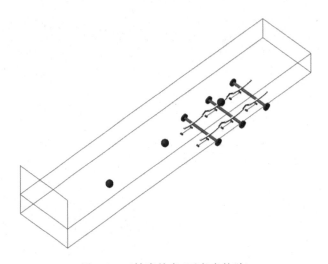

图 9-1　三轴半挂车(不考虑轮胎)

9.1　半挂车模型

半挂车结构如图 9-2 所示。三轴平衡悬架如图 9-3 所示。半挂车的建模难点是板簧式三轴平衡悬架。在平衡悬架中,板簧建模较为复杂,三轴平衡悬架共有 6 个板簧装配体,如果采用非线性梁建模,工作量极为复杂,同时后续计算收敛难度较大。为提升建模效率,所有板簧均采用模态中心文件制作。半挂车的建模思路如下所述。

9.1.1　半挂车建模思路 1

(1)采用 ABAQUS 软件制作板簧柔性体。

(2)建立单轴拖拽臂整体桥式板簧悬架模型。

(3)通过 ADAMS/View 中的合并功能,建立三轴拖拽臂式悬架模型。

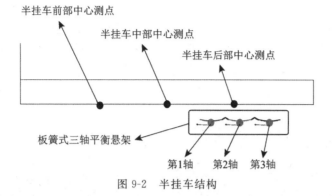

图 9-2　半挂车结构

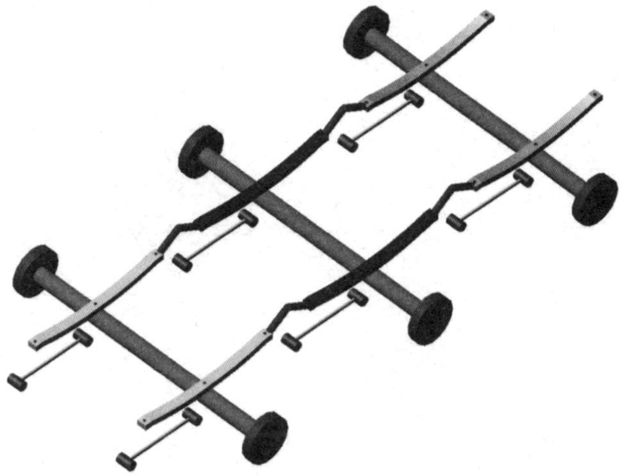

图 9-3　三轴平衡悬架

　　(4)在三轴拖拽臂式悬架模型中,第一轴与第二轴、第二轴与第三轴间建立连接摇臂部件。

　　(5)完善三轴拖拽臂式悬架模型间的约束(包括刚性约束与柔性衬套约束),使之变为三轴平衡悬架模型。

　　(6)建立半挂车轮廓线,使之视觉上像半挂车。

　　(7)考虑半挂车与牵引车之间的连接特性,通过输入输出通讯器对接。

9.1.2　半挂车建模思路 2

　　(1)采用 ABAQUS 软件制作板簧柔性体。

　　(2)建立第一轴拖拽臂整体桥式板簧悬架模型(考虑与第二轴连接的后部摇臂部件)。

　　(3)通过另存为方式,建立第二轴拖拽臂整体桥式板簧悬架模型(考虑与三轴连接的后部摇臂部件)。

　　(4)通过另存为方式,建立第三轴拖拽臂整体桥式板簧悬架模型(不考虑后端摇臂部件）。

（5）通过逐步添加子系统的装配方式，完成三轴平衡悬架的建立。

本章节不再重复拖拽臂式三轴平衡悬架的建模过程，模型文件 _guache_3_axle_leaf_ mnf. tpl（板簧为 MNF）和_guache_3_axle. tpl（板簧为非线性梁，建模极为复杂）存储在章节文件中，请读者自行调阅学习。本模型按整体式建模思路进行建模。

9.2　6×4 牵引车＋半挂车

通过在 6×4 牵引车的基础上添加拖拽臂式三轴平衡悬架、对应的轮胎模型，完成 6×4 牵引车＋半挂车整车模型如图 9-4 和图 9-5 所示。添加轮胎时需要注意轮胎的副特征，这样才可以正确匹配到三轴平衡悬架上。本模型中牵引车有添加三轴制动系统，半挂车没有添加三轴制动系统（添加时需要调整三轴制动系统对应的副特征），读者可练习添加。

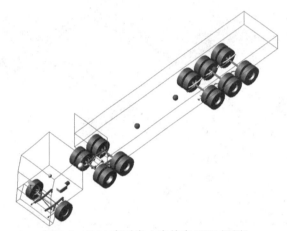

图 9-4　6×4 牵引车＋半挂车（ISO 视图）

图 9-5　6×4 牵引车＋半挂车（左视图）

9.3　6×2 牵引车＋半挂车

通过在 6×2 牵引车的基础上添加拖拽臂式三轴平衡悬架、对应的轮胎模型，完成 6×2 牵引车＋半挂车整车模型，如图 9-6 和图 9-7 所示。添加轮胎时需要注意轮胎的副特征，这样才可以正确匹配到三轴平衡悬架上。本模型中牵引车有添加三轴制动系统，半挂车没有添加三轴制动系统（添加时需要调整三轴制动系统对应的副特征），读者可练习添加。

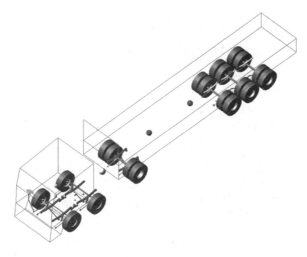

图 9-6　6×2 牵引车＋半挂车(ISO 视图)

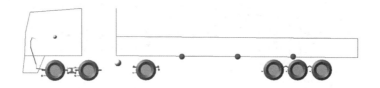

图 9-7　6×2 牵引车＋半挂车(左视图)

9.4　牵引车＋半挂车蛇形绕桩工况仿真

9.4.1　6×4 牵引车＋半挂车蛇形绕桩工况仿真

(1)单击 Simulate＞Full-Vehicle Analysis＞Open-Loop Steering Events＞Fish Hook 命令,弹出蛇形绕桩仿真对话框,如图 9-8 所示。

(2)Output Prefix:FISH_6x4。

(3)Output Step Size:1.0E－02。

(4)Simulation Mode:interactive。

(5)Road Date File:mdids://acar_shared/roads.tbl/2d_flat.rdf。在仿真过程中,由于路面场地过小,可能导致整车运行中驶出场地范围,但不影响仿真的正常运行,可以打开路面属性文件,对路面的长度与宽度参数进行修改,本路面长为 500000×400000,单位 mm。

(6)Initial Velocity:30,单位 km/hr。

(7)Gear Position:5。

(8)First Turn Direction:right。

(9)First Steer Angle:300。

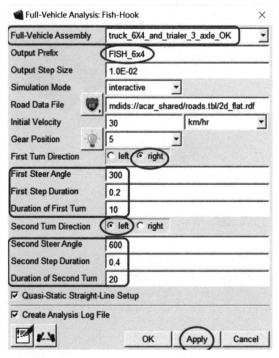

图 9-8　6×4 牵引车＋半挂车蛇形仿真

（10）Duration of First Turn：10。

（11）Second Turn Direction：left。

（12）Second Steer Angle：600。

（13）Duration of Second Turn：20。

（14）勾选 Quasi-Static Straight-Line Setup。

（15）单击 Apply，完成蛇形绕桩仿真设置并提交运算。仿真结束后，6×4 牵引车＋半挂车蛇形仿真整车的运行轨迹如图 9-9 所示。

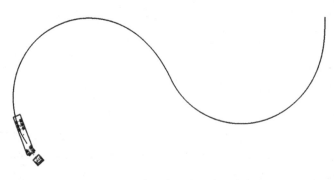

图 9-9　6×4 牵引车＋半挂车运行轨迹

9.4.2 6×2 牵引车＋半挂车蛇形绕桩工况仿真

（1）单击 Simulate＞Full-Vehicle Analysis＞Open-Loop Steeping Events＞Fish Hook 命令，弹出 6×2 牵引车＋半挂车蛇形绕桩仿真对话框，可参考图 9-8。

（2）Output Prefix：FISH_6x2。

（3）Output Step Size：1.0E－02。

（4）Simulation Mode：interactive。

（5）Road Date File：mdids：//acar_shared/roads. tbl/2d_flat. rdf。

（6）Initial Velocity：30，单位 km/hr。

（7）Gear Position：5。

（8）First Turn Direction：right。

（9）First Steer Angle：300。

（10）Duration of First Turn：10。

（11）Second Turn Direction：left。

（12）Second Steer Angle：600。

（13）Duration of Second Turn：20。

（14）勾选 Quasi-Static Straight-Line Setup。

（15）单击 OK，完成蛇形绕桩仿真设置并提交运算。仿真结束后，6×2 牵引车＋半挂车蛇形仿真整车的运行轨迹如图 9-10 所示。相关参数数据如图 9-11 至图 9-16 所示。

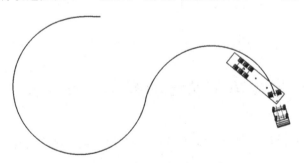

图 9-10 6×2 牵引车＋半挂车运行轨迹

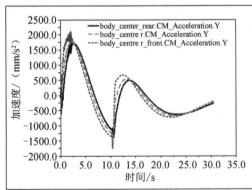

图 9-11 6×4 牵引车＋半挂车车身侧向加速度
（半挂车前、中、后 3 个测点）

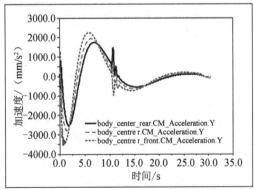

图 9-12 6×2 牵引车＋半挂车车身侧向加速度
（半挂车前、中、后 3 个测点）

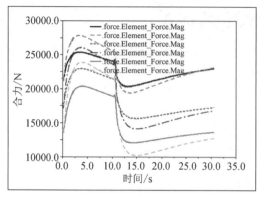

图 9-13　6×4 牵引车＋半挂车左侧内外车轮合力

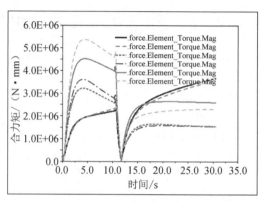

图9-14　6×4 牵引车＋半挂车左侧内外车轮合力矩

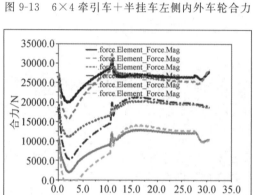

图 9-15　6×2 牵引车＋半挂车左侧内外车轮合力

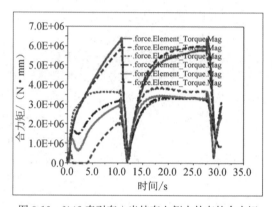

图9-16　6×2 牵引车＋半挂车左侧内外车轮合力矩

9.5　牵引车＋半挂车单线移动超车工况仿真

9.5.1　6×4 牵引车＋半挂车单线移动超车工况仿真

（1）单击 Simulate＞Full-Vehicle Analysis＞Open-loop Steering Events＞Single Lane Change 命令，弹出单线移动超车仿真对话框，如图 9-17 所示。

（2）Output Prefix：SLC_6×4。

（3）End Time：13。

（4）Number Of Steps：2000。

（5）Simulation Mode：interactive。

（6）Road Date File：mdids：//acar_shared/roads. tbl/2d_flat. rdf。

（7）Initial Velocity：60，单位 km/hr。

（8）Gear Position：6。

（9）First Turn Direction：right。

（10）Maximum Steer Value：400。

（11）Start Time：3。

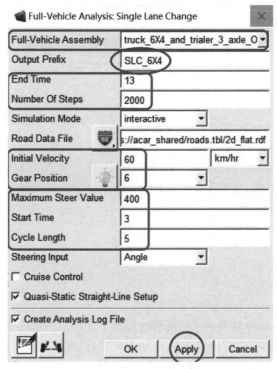

图 9-17　6×4 牵引车＋半挂车单线移动超车仿真

（12）Cycle Length：5。

（13）勾选 Quasi-Static Straight-Line Setup。

（14）单击 Apply，完成单线移动超车仿真设置并提交运算。仿真结束后，6×4 牵引车＋半挂车单线移动超车整车的运行轨迹如图 9-18 所示。

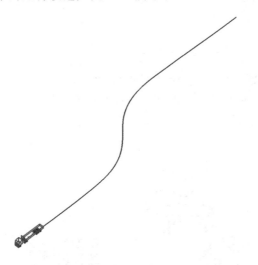

图 9-18　6×4 牵引车＋半挂车单线移动超车运行轨迹

9.5.2　6×2牵引车＋半挂车单线移动工况仿真

（1）单击 Simulate＞Full-Vehicle Analysis＞Open-Loop Steering Events＞Single Lane Change 命令，弹出单线移动超车仿真对话框，可参考图 9-17。

（2）Output Prefix：SLC_6×2。

（3）End Time：13。

（4）Number Of Steps：2000。

（5）Simulation Mode：interactive。

（6）Road Date File：mdids：//acar_shared/roads. tbl/2d_flat. rdf。

（7）Initial Velocity：60，单位 km/hr。

（8）Gear Position：6。

（9）First Turn Direction：right。

（10）Maximum Steer Value：400。

（11）Start Time：3。

（12）Cycle Length：5。

（13）勾选 Quasi-Static Straight-Line Setup。

（14）单击 OK，完成单线移动超车仿真设置并提交运算。仿真结束后，6×2牵引车＋半挂车单线移动超车整车的运行轨迹如图 9-19 所示。从运行轨迹可以看出，整车失去稳定性，6×2牵引车滑转，如图 9-20 所示。计算结果如图 9-21 至图 9-28 所示。6×2牵引车滑转的主要原因在于转向系统灵敏度过大，可修正为 40。另外，6×2牵引车整车质量设置为 20 t，合理范围应在 7～8 t。修正完成之后，6×2牵引车＋半挂车即可完成单线移动超车仿真。

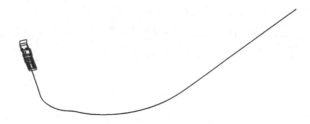

图 9-19　6×2牵引车＋半挂车单线移动超车运行轨迹

（整车失稳，牵引车原地滑转，6×2牵引车劣势明显）

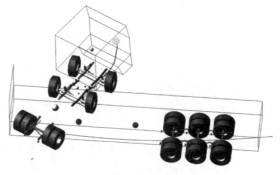

图 9-20　6×2牵引车＋半挂车单线移动超车

（失去稳定性，牵引车滑转）

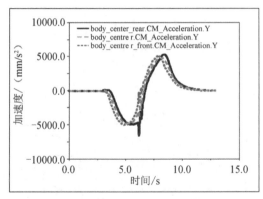

图 9-21　6×4 牵引车＋半挂车车身侧向加速度
（单线移工况，半挂车前、中、后 3 个测点）

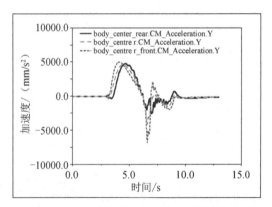

图 9-22　6×2 牵引车＋半挂车车身侧向加速度
（单线移工况，半挂车前、中、后 3 个测点）

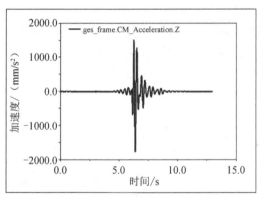

图 9-23　6×4 牵引车质心垂向加速度

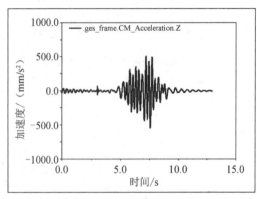

图 9-24　6×2 牵引车质心垂向加速度

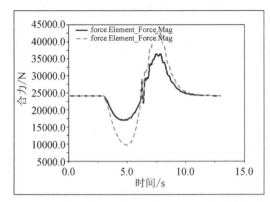

图 9-25　6×4 牵引车第一驱动桥左侧内外轮胎合力

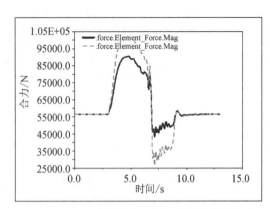

图 9-26　6×2 牵引车驱动桥左侧内外轮胎合力

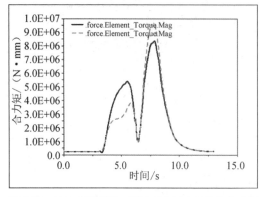

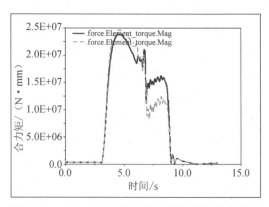

图 9-27　6×4牵引车第一驱动桥左侧内外轮胎合力矩　　　图 9-28　6×2牵引车驱动桥左侧内外轮胎合力矩

9.6　牵引车＋半挂车连续障碍路面匀速直线行驶工况仿真

9.6.1　6×4牵引车＋半挂车连续障碍路面匀速直线行驶工况仿真

（1）单击 Simulate＞Full-Vehicle Analysis＞Straight-Line Events＞Maintain 命令，弹出匀速直线仿真对话框，如图 9-29 所示。

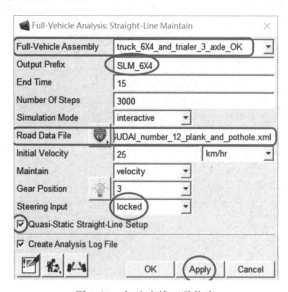

图 9-29　匀速直线工况仿真

（6×4牵引车＋半挂车，12 个连续路障，包括 6 条减速带和 6 条凹坑）

（2）Output Prefix：SLM_6X4。

（3）End Time：15。

（4）Number Of Steps：3000。

（5）Simulation Mode：interactive。

（6）Road Date File：mdids：//FSAE/roads. tbl/road_3d_sine_example_JIANSUDAI_ number_12_plank_and_pothole. xml。12 个连续路障，包括 6 条减速带和 6 条凹坑，如图 9-30 所示。

（7）Initial Velocity：25，单位 km/hr。

（8）Gear Position：3。

（9）Steering Input：locked。

（10）勾选 Quasi-Static Straight-Line Setup。

（11）单击 Apply，完成匀速直线行驶工况仿真设置并提交运算。

图 9-30　连续障碍路面（6×4 牵引车＋半挂车）

9.6.2　6×2牵引车＋半挂车连续障碍路面匀速直线行驶工况仿真

（1）单击 Simulate＞Full-Vehicle Analysis＞Straight-Line Events＞Maintain 命令，弹出匀速直线仿真对话框，可参考图 9-29。

（2）Output Prefix：SLM_6X2。

（3）End Time：15。

（4）Number Of Steps：3000。

（5）Simulation Mode：interactive。

（6）Road Date File：mdids：//FSAE/roads. tbl/road_3d_sine_example_JIANSUDAI_ number_12_plank_and_pothole. xml。12 个连续路障，包括 6 条减速带和 6 条凹坑，如图 9-31 所示。

（7）Initial Velocity：25，单位 km/hr。

（8）Gear Position：3。

（9）Steering Input：locked。

（10）勾选 Quasi-Static Straight-Line Setup。

（11）单击 OK，完成匀速直线行驶工况仿真设置并提交运算。计算结果如图 9-32 至图

9-35 所示。

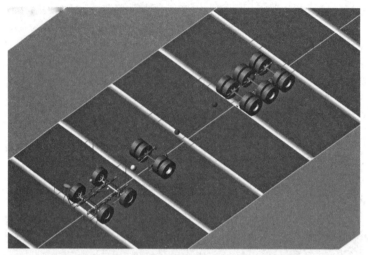

图 9-31　连续障碍路面(6×2 牵引车＋半挂车)

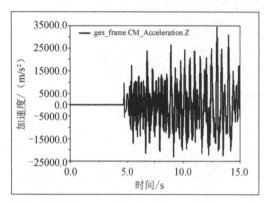

图 9-32　6×4 牵引车质心垂向加速度

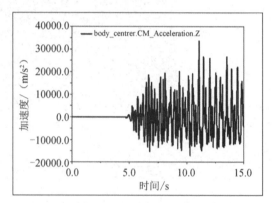

图 9-33　半挂车质心垂向加速度(6×4 牵引)

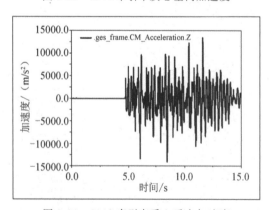

图 9-34　6×2 牵引车质心垂向加速度

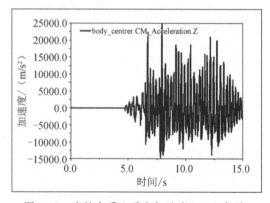

图 9-35　半挂车质心垂向加速度(6×2 牵引)

9.7　8×4牵引车＋半挂车

通过在8×4牵引车的基础上添加拖拽臂式三轴平衡悬架、对应的轮胎模型,完成8×4牵引车＋半挂车整车模型,如图9-36和图9-37所示。添加轮胎时需要注意轮胎的副特征,这样才可以正确匹配到三轴平衡悬架上。本模型中牵引车有添加三轴制动系统,半挂车没有添加三轴制动系统(添加时需要调整三轴制动系统对应的副特征),读者可练习添加。

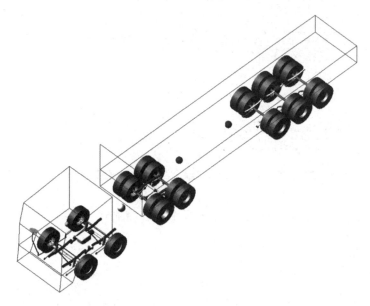

图 9-36　8×4牵引车＋半挂车(ISO 视图)

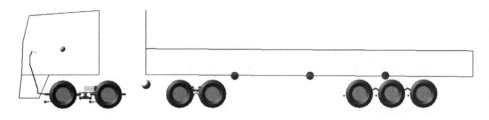

图 9-37　8×4牵引车＋半挂车(左视图)

9.8　连续减速带路面直线加速工况仿真

(1)单击 Simulate＞Full-Vehicle Analysis＞Straight-Line Events＞Acceleration 命令,弹出直线加速仿真设置对话框,如图9-38所示。

(2)Full-Vehicle Assembly:truck_8X4_and_trialer_3_axle_OK。

(3)Output Prefix:LINE_Acceleration_8X4。

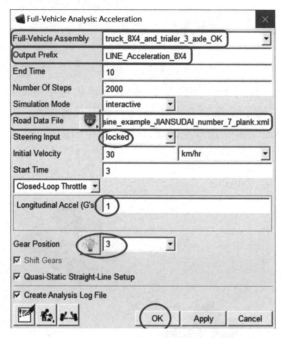

图 9-38　直线加速工况仿真

(8×4 牵引车＋半挂车,7 个连续减速带)

(4)End Time:10。

(5)Number Of Steps:2000。

(6)Simulation Mode:interactive。

(7)Road Date File:mdids://FSAE/roads.tbl/road_3d_sine_example_JIANSUDAI_number_7_plank.xml。

(8)Steering Input:locked。

(9)Initial Velocity:30,单位 km/hr。

(10)Start Time:3。

(11)Closed-Loop Throttle:工作模式选择闭环工作模式。

(12)Longitudinal Accel(G's):1。

(13)Gear Position:3。

(14)勾选 Quasi-Static Straight-Line Setup。

(15)单击 OK,完成 8×4 牵引车＋半挂车加速仿真设置并提交运算。8×4 牵引车＋半挂车在减速带路面运行如图 9-39 所示。计算结果如图 9-40 至图 9-43 所示。

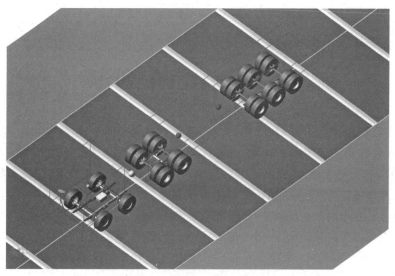

图 9-39　连续加速带路面（8×4 牵引车＋半挂车）

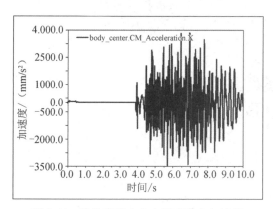

图 9-40　半挂车质心中心测点纵向加速度

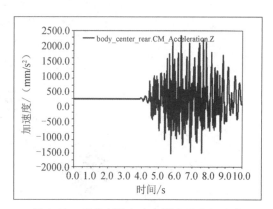

图 9-41　半挂车质心中心测点垂向加速度

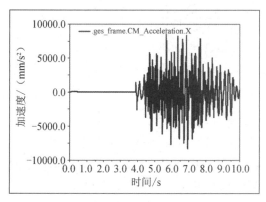

图 9-42　8×4 牵引车质心中心测点纵向加速度

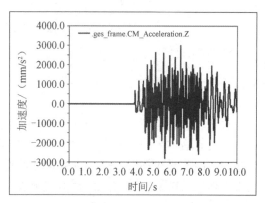

图 9-43　8×4 牵引车质心中心测点垂向加速度

第10章 汽车列车

汽车列车在国内极为少见,在欧洲、北美、澳大利亚及新西兰等国家和地区应用较为广泛。汽车列车是指由牵引车和一辆或一辆以上的挂车组成的车组。相对于整体式货车或半挂车,汽车列车具有明显的经济性:①拖挂运输可增加车辆的装载质量;②挂车结构简单,制造、修理和保养费用较低;③可以提高劳动生产率和降低汽车运输成本;④拖挂运输车辆同大吨位车辆比,可具有相同的装载质量,却能减轻对道路的破坏。随着我国公路建设和汽车工业的迅速发展,汽车列车向着轻量化、重型化、多轴化、专用化、系列化方向发展,必将成为我国主要的公路运输工具。ADAMS 中建立好的 6×4 牵引车+两节半挂货箱模型如图 10-1 所示。

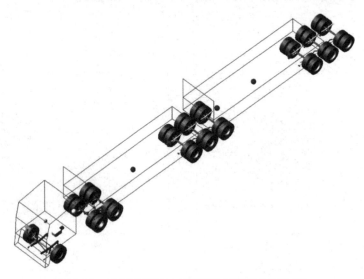

图 10-1 汽车列车(6×4 牵引车+两节半挂货箱)

10.1 副特征

对于多轴系车辆,ADAMS/Car 中提供的副特征是不够用的,6×4 牵引车+两节半挂货箱总共为 9 轴,6×4 牵引车+三节半挂货箱总共为 12 轴,8×4 牵引车+三节半挂货箱总共为 13 轴,因此在建立汽车列车模型时需要通过程序添加或增加对应的副特征。副特征通过在宏文件 acarBS. cmd 中添加,添加完成后把宏文件放在启动目录中,重新启动 ADAMS/Car 软件即可出现对应的副特征。

acarBS. cmd 宏文件中添加副特征信息如下:

```
! Major roles
! - - -Add a new major roles - - -
variable modify variable = ACAR. variables. major_roles&
string_value = (eval(. ACAR. variables. major_roles)),"subframe"


! Minor roles
! - - -Add a new minor roles - - -

variable modify variable = ACAR. variables. minor_roles&
string_value = (eval(. ACAR. variables. minor_roles)),"front_2"

variable modify variable = ACAR. variables. minor_roles&
string_value = (eval(. ACAR. variables. minor_roles)),"front_3" % % 新添加特征

variable modify variable = ACAR. variables. minor_roles&
string_value = (eval(. ACAR. variables. minor_roles)),"front_4"% % 新添加特征

variable modify variable = ACAR. variables. minor_roles&
string_value = (eval(. ACAR. variables. minor_roles)),"front_5"% % 新添加特征

variable modify variable = ACAR. variables. minor_roles&
string_value = (eval(. ACAR. variables. minor_roles)),"rear_3"% % 新添加特征

variable modify variable = ACAR. variables. minor_roles&
string_value = (eval(. ACAR. variables. minor_roles)),"rear_4"% % 新添加特征

variable modify variable = ACAR. variables. minor_roles&
string_value = (eval(. ACAR. variables. minor_roles)),"rear_5"% % 新添加特征

variable modify variable = ACAR. variables. minor_roles&
string_value = (eval(. ACAR. variables. minor_roles)),"trailer_3"% % 新添加特征

variable modify variable = ACAR. variables. minor_roles&
string_value = (eval(. ACAR. variables. minor_roles)),"trailer_4"% % 新添加特征

variable modify variable = ACAR. variables. minor_roles&
string_value = (eval(. ACAR. variables. minor_roles)),"trailer_5"% % 新添加特征

variable modify variable = ACAR. variables. minor_roles&
string_value = (eval(. ACAR. variables. minor_roles)),"trailer_6"% % 新添加特征
```

```
variable modify variable = ACAR. variables. minor_roles&
string_value = (eval(. ACAR. variables. minor_roles)),"trailer_7"% % 新添加特征

variable modify variable = ACAR. variables. minor_roles&
string_value = (eval(. ACAR. variables. minor_roles)),"trailer_8"% % 新添加特征

variable modify variable = ACAR. variables. minor_roles&
string_value = (eval(. ACAR. variables. minor_roles)),"trailer_9"% % 新添加特征

variable modify variable = ACAR. variables. minor_roles&
string_value = (eval(. ACAR. variables. minor_roles)),"trailer_10"% % 新添加
特征

variable modify variable = ACAR. variables. minor_roles&
string_value = (eval(. ACAR. variables. minor_roles)),"tag_axle_1"

variable modify variable = ACAR. variables. minor_roles&
string_value = (eval(. ACAR. variables. minor_roles)),"tag_axle_2"

variable modify variable = ACAR. variables. minor_roles&
string_value = (eval(. ACAR. variables. minor_roles)),"tag_axle_3"% % 新添加特征
```

10.2　挂　车

挂车之间的连接方式与副特征是建立模型的难点,第一节挂车与第二节挂车相同,可以通过修改特征、通讯器、移动模型位置建立,第三节挂车较为特殊,不需要考虑后面与其他挂车的连接特性,仅需考虑与第二节挂车的连接特性。第一、第二、第三节挂车如图 10-2 至图 10-4 所示。

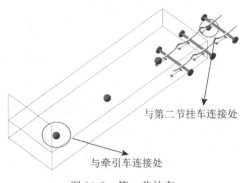

与第二节挂车连接处

与牵引车连接处

图 10-2　第一节挂车

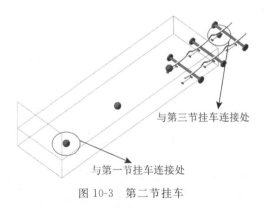

与第三节挂车连接处

与第一节挂车连接处

图 10-3 第二节挂车

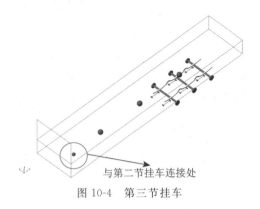

与第二节挂车连接处

图 10-4 第三节挂车

对于 3 节挂车之间的连接关系,对应的通讯器及副特征如下所述。

(1)第一节挂车通讯器:

①. _guache_box_1. cis_subframe_to_body,通过建立安装部件自动建立与牵引车连接。

②. _guache_box_1. cos_guajia_box_1_to_2,与第二节挂车连接,如图 10-5 所示。

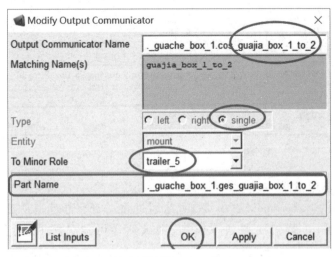

图 10-5 输出通讯器(guajia_box_1_to_2)

(2)第二节挂车通讯器：

①._guache_box_2.cis_guajia_box_1_to_2,通过建立安装部件自动建立与第一节挂
车连接,如图 10-6 所示,特别注意副特征,否则虽然通讯器名称匹配,但依然不能正确
连接。

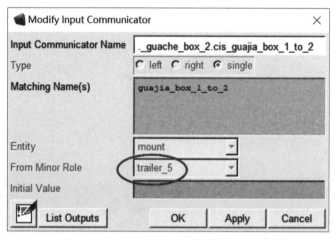

图 10-6　输入通讯器(guajia_box_1_to_2)

②._guache_box_2.cos_guajia_box_2_to_3,与第二节挂车连接,如图 10-7 所示,注意副
特征。

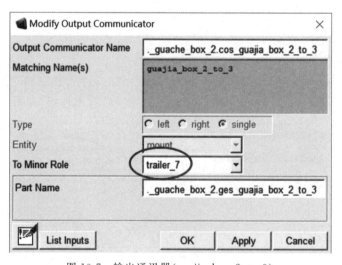

图 10-7　输出通讯器(guajia_box_2_to_3)

(3)第三节挂车通讯器：

._guache_box_3.cis_guajia_box_2_to_3,通过建立安装部件自动建立与第二节挂车
连接,如图 10-8 所示,特别注意副特征,否则虽然通讯器名称匹配,但依然不能正确
连接。

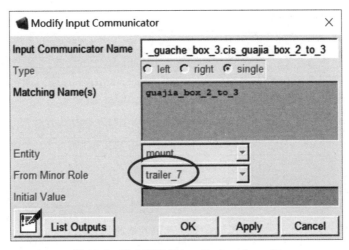

图 10-8　输入通讯器(guajia_box_2_to_3)

10.3　挂车轮胎

(1)单击 File＞New＞Suspension 命令,弹出创建双轮胎模型子系统,如图 10-9 所示。

(2)Subsystem Name:wheels_dual_trailer_1。

(3)Minor Role:trailer。

(4)Template Name:mdids://my_truck/templates.tbl/_msc_truck_wheels_dual.tpl。

(5)单击 Apply,完成 wheels_dual_trailer_1 双轮胎子系统的建立。

(6)双击外侧轮胎,弹出轮胎修正文件对话框,如图 10-10 所示。

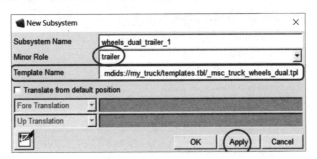

图 10-9　双轮胎模型子系统

(7)Property File:mdids://my_truck/tires.tbl/msc_truck_pac2002.tir。

(8)单击 OK,完成外侧轮胎属性文件的修正。

(9)双击内侧轮胎,弹出轮胎修正文件对话框,可参考图 10-10。

(10)Property File:mdids://my_truck/tires.tbl/msc_truck_pac2002.tir。

(11)单击 OK,完成内侧轮胎属性文件的修正。

(12)重复上述步骤,建立 9 个双轮胎模型子系统,对应的副特征分别为 trailer、trailer_2、trailer_3、trailer_4、trailer_5、trailer_6、trailer_7、trailer_8、trailer_9。

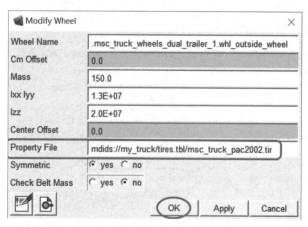

图 10-10　轮胎属性修正

(13)双轮胎子系统建立完成后,分别保存。

10.4　汽车列车漂移仿真

10.4.1　汽车列车(6×4 牵引车＋两节半挂车)漂移工况仿真

(1)在 6×4 牵引车上通过添加第一节半挂车、第二节半挂车及对应的 6 个轮胎模型,完成汽车列车(6×4 牵引车＋2 节半挂车)整车模型的建立,如图 10-1 所示。

(2)单击 Simulate＞Full-Vehicle Analysis＞Open-Loop Steering Events＞Drift 命令,弹出 6×4 牵引车＋两节半挂车漂移仿真对话框,如图 10-11 所示。

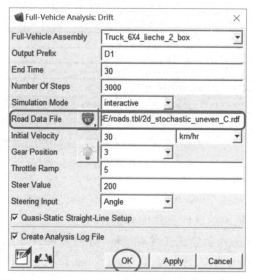

图 10-11　6×4 牵引车＋两节半挂车漂移工况仿真

(3)Full-Vehicle Assembly:Truck_6X4_lieche_2_box。

（4）Output Prefix：D1。

（5）End Time：30。

（6）Number Of Steps：3000。

（7）Road Date File：mdids：//FSAE/roads. tbl/2d_stochastic_uneven_C. rdf。

（8）Simulation Mode：interactive。

（9）Initial Velocity：30，单位 km/hr。

（10）Gear Position：3。

（11）Throttle Ramp：5。

（12）Steer Value：200。

（13）勾选 Quasi-Static Straight-Line Setup。

（14）单击 OK，完成 6×4 牵引车＋两节半挂车漂移仿真设置并提交运算。运算完成后，整车运行轨迹如图 10-12 所示。汽车列车（6×4 牵引车＋两节半挂车）计算参数如图 10-13 至图 10-17 所示。

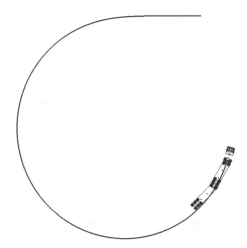

图 10-12　6×4 牵引车＋两节半挂车漂移工况轨迹

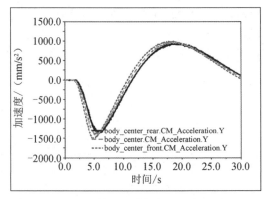

图 10-13　第一节货箱侧向 Y 加速度
（前中后 3 个测点）

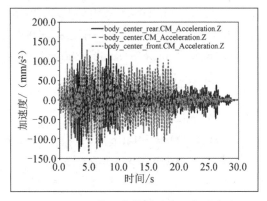

图 10-14　第一节货箱垂向 Z 加速度
（前中后 3 个测点）

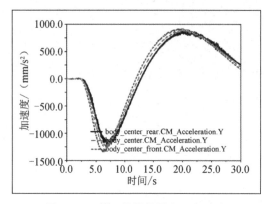

图 10-15　第二节货箱侧向 Y 加速度
（前中后 3 个测点）

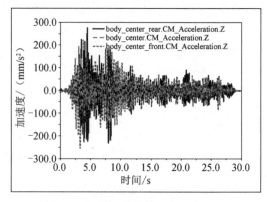

图 10-16　第二节货箱垂向 Z 加速度
（前中后 3 个测点）

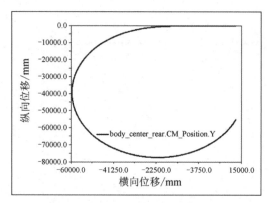

图 10-17　汽车列车漂移工况运行路径

10.4.2　汽车列车(6×4 牵引车+三节半挂车)漂移工况仿真

（1）在 6×4 牵引车上通过添加第一节半挂车、第二节半挂车、第三节半挂车及对应的 9 个轮胎模型,完成汽车列车(6×4 牵引车+三节半挂车)整车模型的建立,如图 10-18 所示。

（2）单击 Simulate＞Full-Vehicle Analysis＞Open-Loop Steering Events＞Drift 命令,弹出 6×4 牵引车+三节半挂车漂移仿真对话框,可参照图 10-11。

（3）Full-Vehicle Assembly：Truck_6X4_lieche_3_box。

（4）Output Prefix：D2。

（5）End Time：30。

（6）Number Of Steps：3000。

（7）Road Date File：mdids：//acar_shared/roads. tbl/2d_flat. rdf。

（8）Simulation Mode：interactive。

（9）Initial Velocity：30,单位 km/hr。

（10）Gear Position：3。

（11）Throttle Ramp：5。

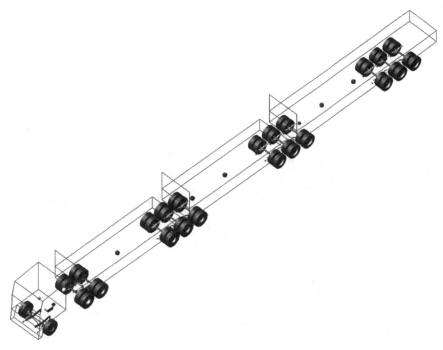

图 10-18　汽车列车(6×4 牵引车＋三节半挂车)

(12)Steer Value：200。

(13)勾选 Quasi-Static Straight-Line Setup。

(14)单击 OK,完成 6×4 牵引车＋三节半挂车漂移仿真设置并提交运算。运算完成后,整车运行轨迹如图 10-19 所示。汽车列车(6×4 牵引车＋三节半挂车)计算参数如图 10-20 至图 10-29 所示。

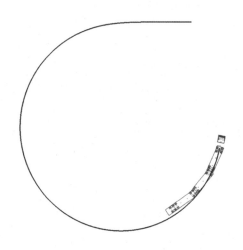

图 10-19　6×4 牵引车＋三节半挂车漂移工况轨迹

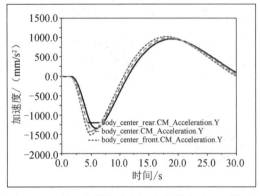

图 10-20　第一节货箱侧向加速度(前中后 3 个测点)

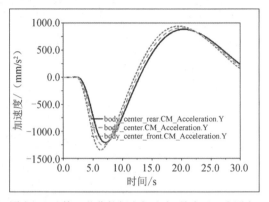

图 10-21　第二节货箱侧向加速度(前中后 3 个测点)

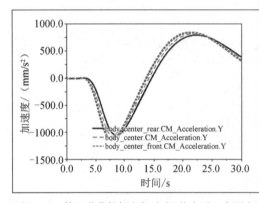

图 10-22　第三节货箱侧向加速度(前中后 3 个测点)

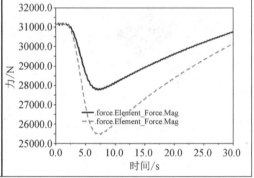

图 10-23　第一节货箱第一轴左侧内外车轮合力

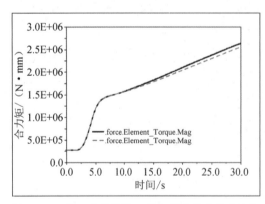

图 10-24　第一节货箱第一轴左侧内外车轮合力矩

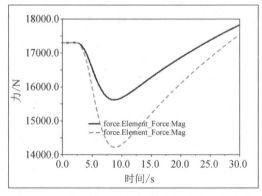

图 10-25　第二节货箱第一轴左侧内外车轮合力

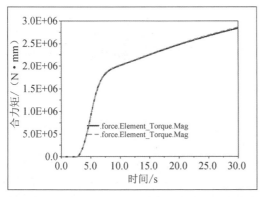

图 10-26 第二节货箱第一轴左侧内外车轮合力矩

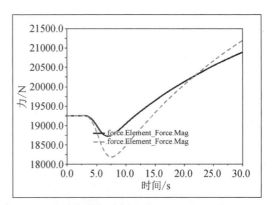

图 10-27 第三节货箱第一轴左侧内外车轮合力

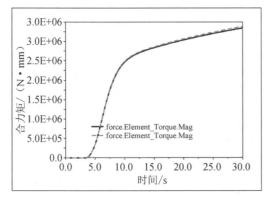

图 10-28 第三节货箱第一轴左侧内外车轮合力矩

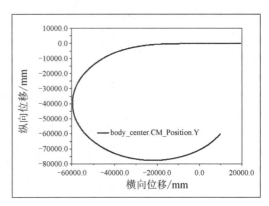

图 10-29 汽车列车漂移工况运行路径

10.5 汽车列车单线移动超车仿真

10.5.1 汽车列车(8×4牵引车+两节半挂车)单线移动超车工况仿真

(1)在 8×4 牵引车上通过添加第一节半挂车、第二节半挂车及对应的 6 个轮胎模型,完成汽车列车(8×4 牵引车+两节半挂车)整车模型的建立,如图 10-30 所示。

(2)单击 Simulate＞Full-Vehicle Analysis＞Open-Loop Steering Events＞Single Lane Change 命令,弹出单线移动超车仿真对话框,如图 10-31 所示。

(3)Output Prefix:SLC_8X4_lieche_2_box。

(4)End Time:10。

(5)Number Of Steps:2000。

(6)Simulation Mode:interactive。

(7)Road Date File:mdids://acar_shared/roads. tbl/2d_flat. rdf。

(8)Initial Velocity:60,单位 km/hr。

(9)Gear Position:5。

(10)First Turn Direction:right。

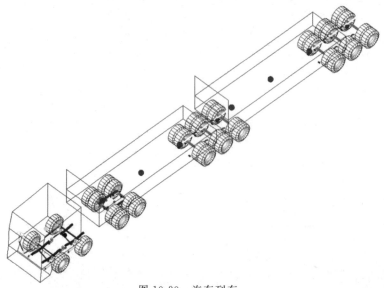

图 10-30　汽车列车

（8×4 牵引车＋两节半挂车）

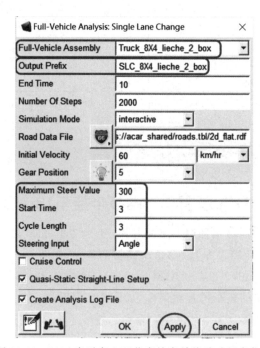

图 10-31　8×4 牵引车＋两节半挂车单线移动超车仿真

（11）Maximum Steer Value：300。

（12）Start Time：3。

（13）Cycle Length：3。

（14）勾选 Quasi-Static Straight-Line Setup。

（15）单击 Apply，完成单线移动超车仿真设置并提交运算。仿真结束后，8×4 牵引车＋两节半挂车单线移动超车整车的运行轨迹如图 10-32 所示。计算参数结果如图 10-33 和图 10-34 所示。

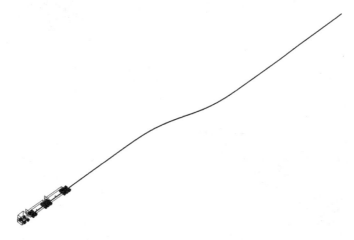

图 10-32　8×4 牵引车＋两节半挂车漂移工况轨迹

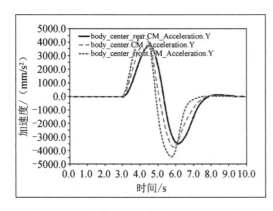

图 10-33　第一节半挂车侧向加速度
（8×4 牵引车＋两节半挂车）

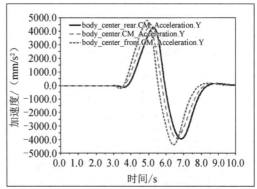

图 10-34　第二节半挂车侧向加速度
（8×4 牵引车＋两节半挂车）

10.5.2　汽车列车(8×4 牵引车＋三节半挂车)漂移工况仿真

（1）在 8×4 牵引车上通过添加第一节半挂车、第二节半挂车、第三节半挂车及对应的 9 个轮胎模型，完成汽车列车（8×4 牵引车＋三节半挂车）整车模型的建立，如图 10-35 所示。

（2）单击 Simulate＞Full-Vehicle Analysis＞Open-Loop Steering Events＞Single Lane Change 命令，弹出单线移动超车仿真对话框，可参照图 10-31。

（3）Output Prefix：SLC_8X4_lieche_3_box。

（4）End Time：10。

（5）Number Of Steps：2000。

（6）Simulation Mode：interactive。

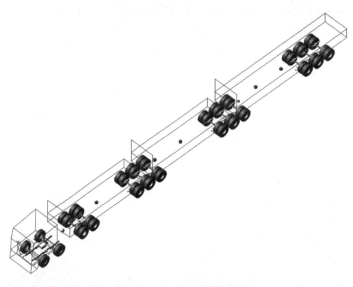

图 10-35　汽车列车

（8×4 牵引车＋三节半挂车）

(7)Road Date File：mdids：//acar_shared/roads. tbl/2d_flat. rdf。

(8)Initial Velocity：60。

(9)Gear Position：5。

(10)First Turn Direction：right。

(11)Maximum Steer Value：300。

(12)Start Time：3。

(13)Cycle Length：3。

(14)勾选 Quasi-Static Straight-Line Setup。

(15)单击 OK，完成单线移动超车仿真设置并提交运算。仿真结束后，8×4 牵引车＋三节半挂车单线移动超车整车的运行轨迹如图 10-36 所示。计算参数结果如图 10-37 和图 10-39 所示。

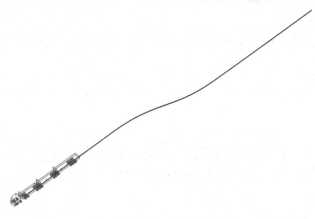

图 10-36　8×4 牵引车＋三节半挂车漂移工况轨迹

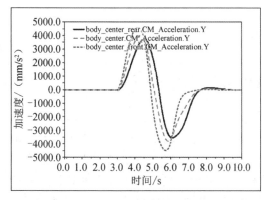

图 10-37　第一节半挂车侧向加速度

（8×4 牵引车＋三节半挂车）

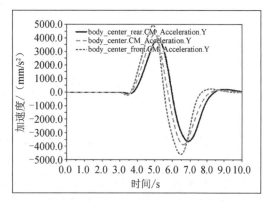

图 10-38　第二节半挂车侧向加速度

（8×4 牵引车＋三节半挂车）

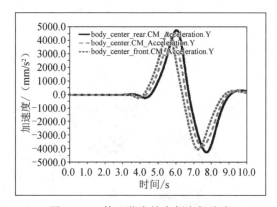

图 10-39　第三节半挂车侧向加速度

（8×4 牵引车＋三节半挂车）

第11章 6柱振动试验台架

对于多轴系(大于等于3轴)商用及军用车辆,必须采用多轴振动台架测试整车的平顺性及其他工况。多轴系振动台架模型建立较为复杂,文献及数据库中记录较少。目前台架建模主要有两种方式:①通过数据库自带的4柱振动试验台架进行拓展建立6柱振动试验台架;②采用自建模方法。专家模式下振动台架模型建立好之后,需要输出cmd文件并对文件进行修正(包含试验台架匹配的命令符、台架的安装定位等),使其台架符合调用格式与要求。准备好台架的其他宏文件,通过ADAMS命令建立私人工作站点,此时才可以在软件中调用建立好的振动台架模型。本章节6柱振动试验台架采用自建模方法,建立好的6柱振动台架试验模型如图11-1所示。

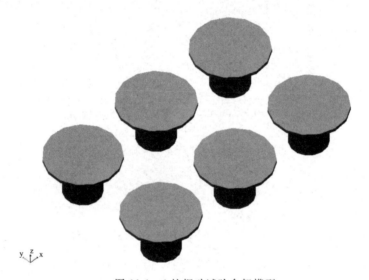

图 11-1 6柱振动试验台架模型

11.1 6柱振动试验台架建模思路

对6柱振动试验台架工作原理及建模思路不理解,是建模学习过程中感觉困难的最大原因。台架建模过程与其他子系统大体相似,只是略有不同。振动台架模型建立完成之后输出cmd格式文件,编辑cmd格式文件,使之符合台架调用格式的要求,准备好相关的宏命令文件并对宏文件中的内容做必要修正。准备工作完成之后通过ADAMS软件命令流建立6柱振动台架私人工作站点。启动软件打开多轴车辆装配模型,添加试验台架,可进行多工况仿真。在多轴振动台架上还可以拓展更多的仿真工况,比如多轴系车辆整车KC特性等。

具体思路及建模过程如图 11-2 所示。

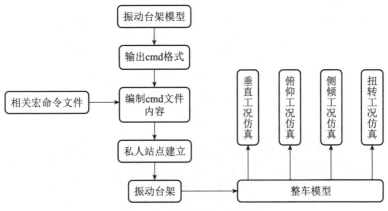

图 11-2　振动台架建模思路

11.2　6 柱振动试验台架模型

（1）启动 ADAMS/Car，选择专家模块进入建模界面。

（2）单击 File＞New 命令，弹出建模对话框，如图 11-3 所示。

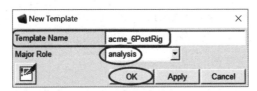

图 11-3　台架模板

（3）Template Name：acme_6PostRig。

（4）Major Role：analysis。

（5）单击 OK。

11.2.1　通讯器

（1）单击 Build＞Communicator＞Input＞New 命令，弹出输入通讯器对话框，如图 11-4 所示。

（2）Input Communicator Name：._acme_6PostRig. cil_front_wheel_center。

（3）Matching Name(s)：wheel_center。

（4）Type：left。

（5）Entity：location。

（6）From Minor Role：front。

（7）Initial Value：0.0，−800.0，0.0。

（8）单击 Apply，完成 ._acme_6PostRig. cil_front_wheel_center 通讯器的创建。

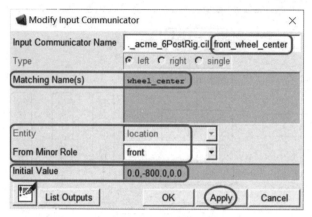

图 11-4　输入通讯器 front_wheel_center

(9)Input Communicator Name：._acme_6PostRig. cil_rear_wheel_center。

(10)Matching Name(s)：wheel_center。

(11)Type：left。

(12)Entity：location。

(13)From Minor Role：rear。

(14)Initial Value：1500.0，−800.0，0.0。

(15)单击 Apply，完成 ._acme_6PostRig. cil_rear_wheel_center 通讯器的创建。

(16)Input Communicator Name：._acme_6PostRig. cil_rear_2_wheel_center。

(17)Matching Name(s)：wheel_center。

(18)Type：left。

(19)Entity：location。

(20)From Minor Role：rear_2。

(21)Initial Value：3000.0，−800.0，0.0。

(22)单击 OK，完成 ._acme_6PostRig. cil_rear_2_wheel_center 通讯器的创建。

11.2.2　结构框

(1)单击 Build＞Construction Frame＞New 命令，弹出创建结构框对话框，如图 11-5 所示。

(2)Construction Frame：._acme_6PostRig. ground. cfl_front_padfront_pad。

(3)Type：left。

(4)Location Dependency：Location input communicator。

(5)Input Communicator：._acme_6PostRig. cil_front_wheel_center。

(6)Orientation Dependency：User-entered values。

(7)Orient using：Euler Angles。

(8)Euler Angles：0,0,0。

(9)单击 Apply，完成 ._acme_6PostRig. ground. cfl_front_pad 结构框的创建。

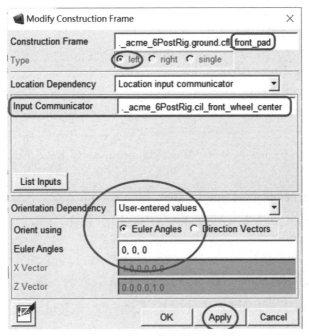

图 11-5　结构框

（10）Construction Frame：. _acme_6PostRig. ground. cfl_rear_pad。

（11）Type：left。

（12）Location Dependency：Location input communicator。

（13）Input Communicator：. _acme_6PostRig. cil_rear_wheel_center。

（14）Orientation Dependency：User-entered values。

（15）Orient using：Euler Angles。

（16）Euler Angles：0，0，0。

（17）单击 Apply，完成 . _acme_6PostRig. ground. cfl_rear_pad 结构框的创建。

（18）Construction Frame：. _acme_6PostRig. ground. cfl_rear_2_pad。

（19）Type：left。

（20）Location Dependency：Location input communicator。

（21）Input Communicator：. _acme_6PostRig. cil_rear_2_wheel_center。

（22）Orientation Dependency：User-entered values。

（23）Orient using：Euler Angles。

（24）Euler Angles：0，0，0。

（25）单击 Apply，完成 . _acme_6PostRig. ground. cfl_rear_2_pad 结构框的创建。

（26）Construction Frame：. _acme_6PostRig. ground. cfl_Front_Actuator_Base。

（27）Type：left。

（28）Location Dependency：Delta location from coordinate。

（29）Coordinate Reference：. _acme_6PostRig. ground. cfl_front_pad。

(30)Location:0,0,-400。

(31)Location in:local。

(32)Orientation Dependency:User-entered values。

(33)Orient using:Euler Angles。

(34)Euler Angles:0,0,0。

(35)单击 Apply,完成 . _acme_6PostRig. ground. cfl_Front_Actuator_Base 结构框的创建。

(36)Construction Frame:. _acme_6PostRig. ground. cfl_Rear_Actuator_Base。

(37)Type:left。

(38)Location Dependency:Delta location from coordinate。

(39)Coordinate Reference:. _acme_6PostRig. ground. cfl_rear_pad。

(40)Location:0,0,-400。

(41)Location in:local。

(42)Orientation Dependency:User-entered values。

(43)Orient using:Euler Angles。

(44)Euler Angles:0,0,0。

(45)单击 Apply,完成 . _acme_6PostRig. ground. cfl_Rear_Actuator_Base 结构框的创建。

(46)Construction Frame:. _acme_6PostRig. ground. cfl_Rear_2_Actuator_Base。

(47)Type:left。

(48)Location Dependency:Delta location from coordinate。

(49)Coordinate Reference:. _acme_6PostRig. ground. cfl_rear_2_pad。

(50)Location:0,0,-400。

(51)Location in:local。

(52)Orientation Dependency:User-entered values。

(53)Orient using:Euler Angles。

(54)Euler Angles:0,0,0。

(55)单击 Apply,完成 . _acme_6PostRig. ground. cfl_Rear_2_Actuator_Base 结构框的创建。

(56)Construction Frame:. _acme_6PostRig. ground. cfl_front_wheel_center。

(57)Type:left。

(58)Location Dependency:Location input communicator。

(59)Input Communicator:. _acme_6PostRig. cil_front_wheel_center。

(60)Orientation Dependency:User-entered values。

(61)Orient using:Euler Angles。

(62)Euler Angles:0,0,0。

(63)单击 Apply,完成 . _acme_6PostRig. ground. cfl_front_wheel_center 结构框的创建。

(64)Construction Frame：._acme_6PostRig. ground. cfl_rear_wheel_center。

(65)Type：left。

(66)Location Dependency：Location input communicator。

(67)Input Communicator：._acme_6PostRig. cil_rear_wheel_center。

(68)Orientation Dependency：User-entered values。

(69)Orient using：Euler Angles。

(70)Euler Angles：0，0，0。

(71)单击 Apply，完成 ._acme_6PostRig. ground. cfl_rear_wheel_center 结构框的创建。

(72)Construction Frame：._acme_6PostRig. ground. cfl_rear_2_wheel_center。

(73)Type：left。

(74)Location Dependency：Location input communicator。

(75)Input Communicator：._acme_6PostRig. cil_rear_2_wheel_center。

(76)Orientation Dependency：User-entered values。

(77)Orient using：Euler Angles。

(78)Euler Angles：0，0，0。

(79)单击 Apply，完成 ._acme_6PostRig. ground. cfl_rear_2_wheel_center 结构框的创建。

(80)Construction Frame：._acme_6PostRig. ground. cfs_body_ref。

(81)Type：single。

(82)Location Dependency：Centered between coordinates。

(83)Centered between：Four Coordinates。

(84)Coordinate Reference ♯1：._acme_6PostRig. ground. cfl_front_wheel_center。

(85)Coordinate Reference ♯2：._acme_6PostRig. ground. cfr_front_wheel_center。

(86)Coordinate Reference ♯3：._acme_6PostRig. ground. cfl_rear_2_wheel_center。

(87)Coordinate Reference ♯4：._acme_6PostRig. ground. cfr_rear_2_wheel_center。

(88)Orientation Dependency：User-entered values。

(89)Orient using：Euler Angles。

(90)Euler Angles：0，0，0。

(91)单击 Apply，完成 ._acme_6PostRig. ground. cfs_body_ref 结构框的创建。

(92)Construction Frame：._acme_6PostRig. ground. cfs_body_ref_up。

(93)Type：left。

(94)Location Dependency：Delta location from coordinate。

(95)Coordinate Reference：._acme_6PostRig. ground. cfs_body_ref。

(96)Location：0，0，1000。

(97)Location in：local。

(98)Orientation Dependency：User-entered values。

(99)Orient using：Euler Angles。

(100)Euler Angles：0，0，0。

（101）单击 OK，完成 . _acme_6PostRig. ground. cfs_body_ref_up 结构框的创建。

11.2.3　基础部件

11.2.3.1　基础部件 front_base

（1）单击 Build＞Part＞General Part＞New 命令，弹出创建基础部件对话框，如图 11-6
所示。

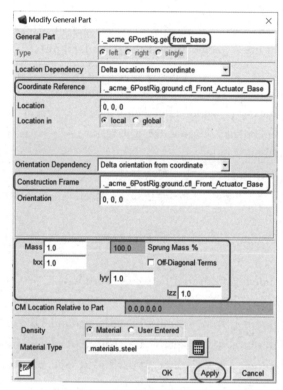

图 11-6　基础部件 front_base

（2）General Part：. _acme_6PostRig. gel_front_base。

（3）Location Dependency：Delta location from coordinate。

（4）Coordinate Reference：. _acme_6PostRig. ground. cfl_Front_Actuator_Base。

（5）Location：0,0,0。

（6）Location in：local。

（7）Orientation Dependency：Delta location from coordinate。

（8）Coordinate Reference：. _acme_6PostRig. ground. cfl_Front_Actuator_Base。

（9）Orientation：0,0,0。

（10）Mass：1. 0。

（11）Ixx：1. 0。

（12）Iyy：1. 0。

（13）Izz：1. 0。

（14）Density：Material。

（15）Material Type：. materials. steel。

（16）单击 OK，完成 ._acme_6PostRig. gel_front_base 部件的创建。

（17）单击 Build＞Geometry＞Cylinder＞New 命令，弹出创建圆柱几何体对话框，如图 11-7 所示。

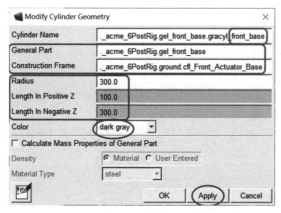

图 11-7　圆柱几何体 front_base

（18）Cylinder Name：._acme_6PostRig. gel_front_base. gracyl_front_base。

（19）General Part：._acme_6PostRig. gel_front_base。

（20）Construction Frame：._acme_6PostRig. ground. cfl_Front_Actuator_Base。

（21）Radius：300. 0。

（22）Length In Positive Z：100. 0。

（23）Length In Negative Z：300. 0。

（24）Color：dark gray。

（25）不选择 Calculate Mass Properties of General Part 复选框。

（26）单击 OK，完成基础圆柱体 ._acme_6PostRig. gel_front_base. gracyl_front_base 几何体的创建。

11. 2. 3. 2　基础部件 rear_base

（1）单击 Build＞Part＞General Part＞New 命令，弹出创建基础部件对话框，可参考图 11-6。

（2）General Part：._acme_6PostRig. gel_rear_base。

（3）Location Dependency：Delta location from coordinate。

（4）Coordinate Reference：._acme_6PostRig. ground. cfl_Rear_Actuator_Base。

（5）Location：0，0，0。

（6）Location in：local。

（7）Orientation Dependency：Delta location from coordinate。

（8）Coordinate Reference：._acme_6PostRig. ground. cfl_Rear_Actuator_Base。

（9）Orientation：0，0，0。

(10)Mass：1.0。

(11)Ixx：1.0。

(12)Iyy：1.0。

(13)Izz：1.0。

(14)Density：Material。

(15)Material Type：. materials. steel。

(16)单击 OK，完成 . _acme_6PostRig. gel_rear_base 部件的创建。

(17)单击 Build＞Geometry＞Cylinder＞New 命令，弹出创建圆柱几何体对话框，可参考图 11-7。

(18)Cylinder Name：. _acme_6PostRig. gel_rear_base. gracyl_rear_base。

(19)General Part：. _acme_6PostRig. gel_rear_base。

(20)Construction Frame：. _acme_6PostRig. ground. cfl_Rear_Actuator_Base。

(21)Radius：300.0。

(22)Length In Positive Z：100.0。

(23)Length In Negative Z：300.0。

(24)Color：dark gray。

(25)不选择 Calculate Mass Properties of General Part 复选框。

(26)单击 OK，完成基础圆柱体 . _acme_6PostRig. gel_rear_base. gracyl_rear_base 几何体的创建。

11. 2. 3. 3　基础部件 rear_2_base

(1)单击 Build＞Part＞General Part＞New 命令，弹出创建基础部件对话框，可参考图 11-6。

(2)General Part：. _acme_6PostRig. gel_rear_2_base。

(3)Location Dependency：Delta location from coordinate。

(4)Coordinate Reference：. _acme_6PostRig. ground. cfl_Rear_2_Actuator_Base。

(5)Location：0,0,0。

(6)Location in：local。

(7)Orientation Dependency：Delta location from coordinate。

(8)Coordinate Reference：. _acme_6PostRig. ground. cfl_Rear_2_Actuator_Base。

(9)Orientation：0,0,0。

(10)Mass：1.0。

(11)Ixx：1.0。

(12)Iyy：1.0。

(13)Izz：1.0。

(14)Density：Material。

(15)Material Type：. materials. steel。

(16)单击 OK，完成 . _acme_6PostRig. gel_rear_2_base 部件的创建。

(17)单击 Build＞Geometry＞Cylinder＞New 命令，弹出创建圆柱几何体对话框，可参考图 11-7。

　　(18)Cylinder Name：. _acme_6PostRig. gel_rear_2_base. gracyl_rear_2_base。

　　(19)General Part：. _acme_6PostRig. gel_rear_2_base。

　　(20)Construction Frame：. _acme_6PostRig. ground. cfl_Rear_2_Actuator_Base。

　　(21)Radius：300. 0。

　　(22)Length In Positive Z：100. 0。

　　(23)Length In Negative Z：300. 0。

　　(24)Color：dark gray。

　　(25)不选择 Calculate Mass Properties of General Part 复选框。

　　(26)单击 OK,完成基础圆柱体 . _acme_6PostRig. gel_rear_2_base. gracyl_rear_2_base
几何体的创建。

11. 2. 4　振动台部件

11. 2. 4. 1　振动台部件 front_pad

　　(1)单击 Build＞Part＞General Part＞New 命令,弹出创建振动台部件对话框,可参考
图 11-6。

　　(2)General Part：. _acme_6PostRig. gel_front_pad。

　　(3)Location Dependency：Delta location from coordinate。

　　(4)Coordinate Reference：. _acme_6PostRig. ground. cfl_front_wheel_center。

　　(5)Location：0,0,0。

　　(6)Location in：local。

　　(7)Orientation Dependency：User-entered values。

　　(8)Orient using：Euler Angles。

　　(9)Euler Angles：0,0,0。

　　(10)Mass：1. 0。

　　(11)Ixx：1. 0。

　　(12)Iyy：1. 0。

　　(13)Izz：1. 0。

　　(14)Density：Material。

　　(15)Material Type：. materials. steel。

　　(16)单击 OK,完成 . _acme_6PostRig. gel_front_pad 部件的创建。

　　(17)单击 Build＞Geometry＞Cylinder＞New 命令,弹出创建圆柱几何体对话框,可参
考图 11-7。

　　(18)Cylinder Name：. _acme_6PostRig. gel_front_pad. gracyl_front_actuator。

　　(19)General Part：. _acme_6PostRig. gel_front_pad。

　　(20)Construction Frame：. _acme_6PostRig. ground. cfl_front_pad。

　　(21)Radius：50. 0。

　　(22)Length In Positive Z：0. 0。

(23)Length In Negative Z:400.0。

(24)Color:silver。

(25)不选择 Calculate Mass Properties of General Part 复选框。

(26)单击 Apply,完成振动台圆柱体 ._acme_6PostRig. gel_front_pad. gracyl_front_ actuator 几何体的创建。

(27)Cylinder Name:._acme_6PostRig. gel_front_pad. gracyl_front_pad。

(28)General Part:._acme_6PostRig. gel_front_pad。

(29)Construction Frame:._acme_6PostRig. ground. cfl_front_pad。

(30)Radius:600.0。

(31)Length In Positive Z:0.0。

(32)Length In Negative Z:60.0。

(33)Color:silver。

(34)不选择 Calculate Mass Properties of General Part 复选框。

(35)单击 OK,完成振动台圆柱体 ._acme_6PostRig. gel_front_pad. gracyl_front_pad 几何体的创建。

11.2.4.2　振动台部件 rear_pad

(1)单击 Build>Part>General Part>New 命令,弹出创建振动台部件对话框,可参考图 11-6。

(2)General Part:._acme_6PostRig. gel_rear_pad。

(3)Location Dependency:Delta location from coordinate。

(4)Coordinate Reference:._acme_6PostRig. ground. cfl_rear_wheel_center。

(5)Location:0,0,0。

(6)Location in:local。

(7)Orientation Dependency:User-entered values。

(8)Orient using:Euler Angles。

(9)Euler Angles:0,0,0。

(10)Mass:1.0。

(11)Ixx:1.0。

(12)Iyy:1.0。

(13)Izz:1.0。

(14)Density:Material。

(15)Material Type:. materials. steel。

(16)单击 OK,完成 ._acme_6PostRig. gel_rear_pad 部件的创建。

(17)单击 Build>Geometry>Cylinder>New 命令,弹出创建圆柱几何体对话框,可参考图 11-7。

(18)Cylinder Name:._acme_6PostRig. gel_rear_pad. gracyl_rear_actuator。

(19)General Part:._acme_6PostRig. gel_rear_pad。

(20)Construction Frame:._acme_6PostRig. ground. cfl_rear_pad。

(21)Radius：50. 0。

(22)Length In Positive Z：0. 0。

(23)Length In Negative Z：400. 0。

(24)Color：silver。

(25)不选择 Calculate Mass Properties of General Part 复选框。

(26)单击 Apply，完成振动台圆柱体 . _acme_6PostRig. gel_rear_pad. gracyl_rear_
actuator 几何体的创建。

(27)Cylinder Name：. _acme_6PostRig. gel_rear_pad. gracyl_rear_pad。

(28)General Part：. _acme_6PostRig. gel_rear_pad。

(29)Construction Frame：. _acme_6PostRig. ground. cfl_rear_pad。

(30)Radius：600. 0。

(31)Length In Positive Z：0. 0。

(32)Length In Negative Z：60. 0。

(33)Color：silver。

(34)不选择 Calculate Mass Properties of General Part 复选框。

(35)单击 OK，完成振动台圆柱体 . _acme_6PostRig. gel_rear_pad. gracyl_rear_pad 几
何体的创建。

11. 2. 4. 3　振动台部件 rear_2_pad

(1)单击 Build＞Part＞General Part＞New 命令，弹出创建振动台部件对话框，可参考
图 11-6。

(2)General Part：. _acme_6PostRig. gel_rear_2_pad。

(3)Location Dependency：Delta location from coordinate。

(4)Coordinate Reference：. _acme_6PostRig. ground. cfl_rear_2_wheel_center。

(5)Location：0，0，0。

(6)Location in：local。

(7)Orientation Dependency：User-entered values。

(8)Orient using：Euler Angles。

(9)Euler Angles：0，0，0。

(10)Mass：1. 0。

(11)Ixx：1. 0。

(12)Iyy：1. 0。

(13)Izz：1. 0。

(14)Density：Material。

(15)Material Type：. materials. steel。

(16)单击 OK，完成 . _acme_6PostRig. gel_rear_2_pad 部件的创建。

(17)单击 Build＞Geometry＞Cylinder＞New 命令，弹出创建圆柱几何体对话框，可参
考图 11-7。

(18)Cylinder Name：. _acme_6PostRig. gel_rear_2_pad. gracyl_rear_2_actuator。

(19)General Part:._acme_6PostRig.gel_rear_2_pad。

(20)Construction Frame:._acme_6PostRig.ground.cfl_rear_2_pad。

(21)Radius:50.0。

(22)Length In Positive Z:0.0。

(23)Length In Negative Z:400.0。

(24)Color:silver。

(25)不选择 Calculate Mass Properties of General Part 复选框。

(26)单击 Apply,完成振动台圆柱体._acme_6PostRig.gel_rear_2_pad.gracyl_rear_2_actuator 几何体的创建。

(27)Cylinder Name:._acme_6PostRig.gel_rear_2_pad.gracyl_rear_2_pad。

(28)General Part:._acme_6PostRig.gel_rear_2_pad。

(29)Construction Frame:._acme_6PostRig.ground.cfl_rear_2_pad。

(30)Radius:600.0。

(31)Length In Positive Z:0.0。

(32)Length In Negative Z:60.0。

(33)Color:silver。

(34)不选择 Calculate Mass Properties of General Part 复选框。

(35)单击 OK,完成振动台圆柱体._acme_6PostRig.gel_rear_2_pad.gracyl_rear_2_pad 几何体的创建。

11.2.5 安装部件

(1)单击 Build>Part>Mount>New 命令,弹出创建安装部件对话框,如图 11-8 所示。

(2)Mount Name:._acme_6PostRig.mtl_suspension_mount_front。

(3)Coordinate Reference:._acme_6PostRig.ground.cfl_front_pad。

(4)From Minor Role:front。

(5)单击 Apply,完成._acme_6PostRig.mtl_suspension_mount_front 安装部件的创建。

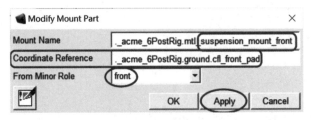

图 11-8 安装部件

(6)Mount Name:._acme_6PostRig.mtl_suspension_mount_rear。

(7)Coordinate Reference:._acme_6PostRig.ground.cfl_rear_pad。

(8)From Minor Role:rear。

(9)单击 Apply,完成._acme_6PostRig.mtl_suspension_mount_rear 安装部件的创建。

(10)Mount Name：. _acme_6PostRig. mtl_suspension_mount_rear_2。

(11)Coordinate Reference：. _acme_6PostRig. ground. cfl_rear_2_pad。

(12)From Minor Role：rear_2。

(13)单击 Apply，完成 . _acme_6PostRig. mtl_suspension_mount_rear_2 安装部件的创建。

(14)Mount Name：. _acme_6PostRig. mts_body_subsystem。

(15)Coordinate Reference：. _acme_6PostRig. ground. cfs_body_ref。

(16)From Minor Role：any。

(17)单击 OK，完成 . _acme_6PostRig. mts_body_subsystem 安装部件的创建。

11.2.6　刚性约束

(1)单击 Build＞Attachments＞Joint＞New 命令，弹出创建约束对话框，如图 11-9 所示。

(2)部件 front_base 与 front_pad 之间 translational 约束：

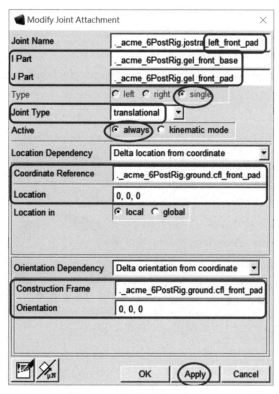

图 11-9　约束副 translational

①Joint Name：. _acme_6PostRig. jostra_left_front_pad。

②I Part：. _acme_6PostRig. gel_front_base。

③J Part：. _acme_6PostRig. gel_front_pad。

④Type：single。

⑤Joint Type：translational。移动副，约束5个自由度。

⑥Active：always。

⑦Location Dependency：Delta location from coordinate。

⑧Coordinate Reference：. _acme_6PostRig. ground. cfl_front_pad。

⑨Location：0,0,0。

⑩Location in：local。

⑪Orientation Dependency：Delta orientation from coordinate。

⑫Construction Frame：. _acme_6PostRig. ground. cfl_front_pad。

⑬Orientation：0,0,0。

⑭单击 Apply，完成 . _acme_6PostRig. jostra_left_front_pad 约束副的创建。

⑮Joint Name：. _acme_6PostRig. jostra_right_front_pad。

⑯I Part：. _acme_6PostRig. ger_front_base。

⑰J Part：. _acme_6PostRig. ger_front_pad。

⑱Type：single。

⑲Joint Type：translational。移动副，约束5个自由度。

⑳Active：always。

㉑Location Dependency：Delta location from coordinate。

㉒Coordinate Reference：. _acme_6PostRig. ground. cfr_front_pad。

㉓Location：0,0,0。

㉔Location in：local。

㉕Orientation Dependency：Delta orientation from coordinate。

㉖Construction Frame：. _acme_6PostRig. ground. cfr_front_pad。

㉗Orientation：0,0,0。

㉘单击 Apply，完成 . _acme_6PostRig. jostra_right_front_pad 约束副的创建。

（3）部件 rear_base 与 rear_pad 之间 translational 约束：

①Joint Name：. _acme_6PostRig. jostra_left_rear_pad。

②I Part：. _acme_6PostRig. gel_rear_base。

③J Part：. _acme_6PostRig. gel_rear_pad。

④Type：single。

⑤Joint Type：translational。移动副，约束5个自由度。

⑥Active：always。

⑦Location Dependency：Delta location from coordinate。

⑧Coordinate Reference：. _acme_6PostRig. ground. cfl_rear_pad。

⑨Location：0,0,0。

⑩Location in：local。

⑪Orientation Dependency：Delta orientation from coordinate。

⑫Construction Frame：. _acme_6PostRig. ground. cfl_rear_pad。

⑬Orientation：0,0,0。

⑭单击 Apply,完成 . _acme_6PostRig. jostra_left_rear_pad 约束副的创建。

⑮Joint Name:. _acme_6PostRig. jostra_right_rear_pad。

⑯I Part:. _acme_6PostRig. ger_rear_base。

⑰J Part:. _acme_6PostRig. ger_rear_pad。

⑱Type:single。

⑲Joint Type:translational。**移动副,约束 5 个自由度**。

⑳Active:always。

㉑Location Dependency:Delta location from coordinate。

㉒Coordinate Reference:. _acme_6PostRig. ground. cfr_rear_pad。

㉓Location:0,0,0。

㉔Location in:local。

㉕Orientation Dependency:Delta orientation from coordinate。

㉖Construction Frame:. _acme_6PostRig. ground. cfr_rear_pad。

㉗Orientation:0,0,0。

㉘单击 Apply,完成 . _acme_6PostRig. jostra_right_rear_pad 约束副的创建。

(4)部件 rear_2_base 与 rear_2_pad 之间 translational 约束:

①Joint Name:. _acme_6PostRig. jostra_left_rear_2_pad。

②I Part:. _acme_6PostRig. gel_rear_2_base。

③J Part:. _acme_6PostRig. gel_rear_2_pad。

④Type:single。

⑤Joint Type:translational。**移动副,约束 5 个自由度**。

⑥Active:always。

⑦Location Dependency:Delta location from coordinate。

⑧Coordinate Reference:. _acme_6PostRig. ground. cfl_rear_2_pad。

⑨Location:0,0,0。

⑩Location in:local。

⑪Orientation Dependency:Delta orientation from coordinate。

⑫Construction Frame:. _acme_6PostRig. ground. cfl_rear_2_pad。

⑬Orientation:0,0,0。

⑭单击 Apply,完成 . _acme_6PostRig. jostra_left_rear_2_pad 约束副的创建。

⑮Joint Name:. _acme_6PostRig. jostra_right_rear_2_pad。

⑯I Part:. _acme_6PostRig. ger_rear_2_base。

⑰J Part:. _acme_6PostRig. ger_rear_2_pad。

⑱Type:single。

⑲Joint Type:translational。**移动副,约束 5 个自由度**。

⑳Active:always。

㉑Location Dependency:Delta location from coordinate。

㉒Coordinate Reference:. _acme_6PostRig. ground. cfr_rear_2_pad。

㉓Location:0,0,0。

㉔Location in:local。

㉕Orientation Dependency:Delta orientation from coordinate。

㉖Construction Frame:. _acme_6PostRig. ground. cfr_rear_2_pad。

㉗Orientation:0,0,0。

㉘单击 Apply,完成 . _acme_6PostRig. jostra_right_rear_2_pad 约束副的创建。

(5)部件 front_base 与 ground 之间 fixed 约束:

①Joint Name:. _acme_6PostRig. josfix_front_base_left。

②I Part:. _acme_6PostRig. gel_front_base。

③J Part:. _acme_6PostRig. ground。

④Type:single。

⑤Joint Type:fixed。

⑥Active:always。

⑦Location Dependency:Delta location from coordinate。

⑧Coordinate Reference:. _acme_6PostRig. ground. cfl_Front_Actuator_Base。

⑨Location:0,0,0。

⑩Location in:local。

⑪单击 Apply,完成 . _acme_6PostRig. josfix_front_base_left 约束副的创建。

⑫Joint Name:. _acme_6PostRig. josfix_front_base_right。

⑬I Part:. _acme_6PostRig. ger_front_base。

⑭J Part:. _acme_6PostRig. ground。

⑮Type:single。

⑯Joint Type:fixed。

⑰Active:always。

⑱Location Dependency:Delta location from coordinate。

⑲Coordinate Reference:. _acme_6PostRig. ground. cfr_Front_Actuator_Base。

⑳Location:0,0,0。

㉑Location in:local。

㉒单击 Apply,完成 . _acme_6PostRig. josfix_front_base_right 约束副的创建。

(6)部件 rear_base 与 ground 之间 fixed 约束:

①Joint Name:. _acme_6PostRig. josfix_rear_base_left。

②I Part:. _acme_6PostRig. gel_rear_base。

③J Part:. _acme_6PostRig. ground。

④Type:single。

⑤Joint Type:fixed。

⑥Active:always。

⑦Location Dependency:Delta location from coordinate。

⑧Coordinate Reference:. _acme_6PostRig. ground. cfl_Rear_Actuator_Base。

⑨Location：0，0，0。

⑩Location in：local。

⑪单击 Apply，完成 . _acme_6PostRig. josfix_rear_base_left 约束副的创建。

⑫Joint Name：. _acme_6PostRig. josfix_rear_base_right。

⑬I Part：. _acme_6PostRig. ger_rear_base。

⑭J Part：. _acme_6PostRig. ground。

⑮Type：single。

⑯Joint Type：fixed。

⑰Active：always。

⑱Location Dependency：Delta location from coordinate。

⑲Coordinate Reference：. _acme_6PostRig. ground. cfr_Rear_Actuator_Base。

⑳Location：0，0，0。

㉑Location in：local。

㉒单击 Apply，完成 . _acme_6PostRig. josfix_rear_base_right 约束副的创建。

（7）部件 rear_2_base 与 ground 之间 fixed 约束：

①Joint Name：. _acme_6PostRig. josfix_rear_2_base_left。

②I Part：. _acme_6PostRig. gel_rear_2_base。

③J Part：. _acme_6PostRig. ground。

④Type：single。

⑤Joint Type：fixed。

⑥Active：always。

⑦Location Dependency：Delta location from coordinate。

⑧Coordinate Reference：. _acme_6PostRig. ground. cfl_Rear_2_Actuator_Base。

⑨Location：0，0，0。

⑩Location in：local。

⑪单击 Apply，完成 . _acme_6PostRig. josfix_rear_2_base_left 约束副的创建。

⑫Joint Name：. _acme_6PostRig. josfix_rear_2_base_right。

⑬I Part：. _acme_6PostRig. ger_rear_2_base。

⑭J Part：. _acme_6PostRig. ground。

⑮Type：single。

⑯Joint Type：fixed。

⑰Active：always。

⑱Location Dependency：Delta location from coordinate。

⑲Coordinate Reference：. _acme_6PostRig. ground. cfr_Rear_2_Actuator_Base。

⑳Location：0，0，0。

㉑Location in：local。

㉒单击 Apply，完成 . _acme_6PostRig. josfix_rear_2_base_right 约束副的创建。

（8）部件 suspension_mount_front 与 front_pad 之间 inplane 约束：

①Joint Name：._acme_6PostRig. jolinp_suspension_mount_front。

②I Part：._acme_6PostRig. mtl_suspension_mount_front。

③J Part：._acme_6PostRig. gel_front_pad。

④Type：left。

⑤Joint Type：inplane。

⑥Active：always。

⑦Location Dependency：Delta location from coordinate。

⑧Coordinate Reference：._acme_6PostRig. ground. cfl_front_wheel_center。

⑨Location：0,0,0。

⑩Location in：local。

⑪Orientation Dependency：Delta orientation from coordinate。

⑫Construction Frame：._acme_6PostRig. ground. cfl_front_wheel_center。

⑬Orientation：0,0,0。

⑭单击 Apply,完成 ._acme_6PostRig. jolinp_suspension_mount_front 约束副的创建。

(9)部件 suspension_mount_rear 与 rear_pad 之间 inplane 约束：

①Joint Name：._acme_6PostRig. jolinp_suspension_mount_rear。

②I Part：._acme_6PostRig. mtl_suspension_mount_rear。

③J Part：._acme_6PostRig. gel_rear_pad。

④Type：left。

⑤Joint Type：inplane。

⑥Active：always。

⑦Location Dependency：Delta location from coordinate。

⑧Coordinate Reference：._acme_6PostRig. ground. cfl_rear_wheel_center。

⑨Location：0,0,0。

⑩Location in：local。

⑪Orientation Dependency：Delta orientation from coordinate。

⑫Construction Frame：._acme_6PostRig. ground. cfl_rear_wheel_center。

⑬Orientation：0,0,0。

⑭单击 Apply,完成 ._acme_6PostRig. jolinp_suspension_mount_rear 约束副的创建。

(10)部件 suspension_mount_rear_2 与 rear_2_pad 之间 inplane 约束：

①Joint Name：._acme_6PostRig. jolinp_suspension_mount_rear_2。

②I Part：._acme_6PostRig. mtl_suspension_mount_rear_2。

③J Part：._acme_6PostRig. gel_rear_2_pad。

④Type：left。

⑤Joint Type：inplane。

⑥Active：always。

⑦Location Dependency：Delta location from coordinate。

⑧Coordinate Reference：. _acme_6PostRig. ground. cfl_rear_2_wheel_center。

⑨Location：0,0,0。

⑩Location in：local。

⑪Orientation Dependency：Delta orientation from coordinate。

⑫Construction Frame：. _acme_6PostRig. ground. cfl_rear_2_wheel_center。

⑬Orientation：0,0,0。

⑭单击 Apply,完成 . _acme_6PostRig. jolinp_suspension_mount_rear_2 约束副的创建。

(11)部件 body_subsystem 与 ground 之间 inline 约束：

①Joint Name：. _acme_6PostRig. josinl_body_stake。

②I Part：. _acme_6PostRig. mts_body_subsystem。

③J Part：. _acme_6PostRig. ground。

④Type：single。

⑤Joint Type：inline。

⑥Active：always。

⑦Location Dependency：Delta location from coordinate。

⑧Coordinate Reference：. _acme_6PostRig. mts_body_subsystem。

⑨Location：0,0,0。

⑩Location in：local。

⑪Orientation Dependency：User-entered values。

⑫Orient using：Euler Angles。

⑬Euler Angles：0,0,0。

⑭单击 Apply,完成 . _acme_6PostRig. josinl_body_stake 约束副的创建。

(12)部件 body_subsystem 与 ground 之间 perpendicular 约束：

①Joint Name：. _acme_6PostRig. josper_yaw_stake。

②I Part：. _acme_6PostRig. mts_body_subsystem。

③J Part：. _acme_6PostRig. ground。

④Type：single。

⑤Joint Type：perpendicular。

⑥Active：always。

⑦Location Dependency：Delta location from coordinate。

⑧Coordinate Reference：. _acme_6PostRig. ground. cfs_body_ref。

⑨Location：0,0,0。

⑩Location in：local。

⑪I-Part Axis：. _acme_6PostRig. ground. cfs_body_ref_up。

⑫J-Part Axis：. _acme_6PostRig. ground. cfs_body_ref。

⑬单击 OK,完成 . _acme_6PostRig. josper_yaw_stake 约束副的创建。

11.2.7　限位缓冲块

11.2.7.1　上限位缓冲块

（1）单击 Build＞Force＞Bumpstop＞New 命令，弹出创建缓冲块对话框，如图 11-10 所示。

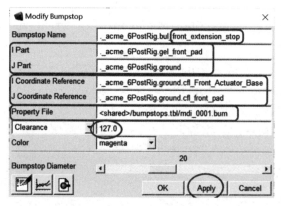

图 11-10　上限位缓冲块

（2）Bumpstop Name：._acme_6PostRig. bul_front_extension_stop。

（3）I Part：._acme_6PostRig. gel_front_pad。

（4）J Part：._acme_6PostRig. ground。

（5）I Coordinate Reference：._acme_6PostRig. ground. cfl_Front_Actuator_Base。

（6）J Coordinate Reference：._acme_6PostRig. ground. cfl_front_pad。

（7）Property File：＜shared＞/bumpstops. tbl/mdi_0001. bum。

（8）Clearance：127. 0。

（9）Bumpstop Diameter：20。

（10）单击 Apply，完成 ._acme_6PostRig. bul_front_extension_stop 上限位缓冲块的创建。

（11）Bumpstop Name：._acme_6PostRig. bul_rear_extension_stop。

（12）I Part：._acme_6PostRig. gel_rear_pad。

（13）J Part：._acme_6PostRig. ground。

（14）I Coordinate Reference：._acme_6PostRig. ground. cfl_Rear_Actuator_Base。

（15）J Coordinate Reference：._acme_6PostRig. ground. cfl_rear_pad。

（16）Property File：＜shared＞/bumpstops. tbl/mdi_0001. bum。

（17）Clearance：127. 0。

（18）Bumpstop Diameter：20。

（19）单击 Apply，完成 ._acme_6PostRig. bul_rear_extension_stop 上限位缓冲块的创建。

（20）Bumpstop Name：._acme_6PostRig. bul_rear_2_extension_stop。

(21)I Part：. _acme_6PostRig. gel_rear_2_pad。

(22)J Part：. _acme_6PostRig. ground。

(23)I Coordinate Reference：. _acme_6PostRig. ground. cfl_Rear_2_Actuator_Base。

(24)J Coordinate Reference：. _acme_6PostRig. ground. cfl_rear_2_pad。

(25)Property File：<shared>/bumpstops. tbl/mdi_0001. bum。

(26)Clearance：127. 0。

(27)Bumpstop Diameter：20。

(28)单击 OK,完成 . _acme_6PostRig. bul_rear_2_extension_stop 上限位缓冲块的创建。

11. 2. 7. 2　下限位缓冲块

(1)单击 Build＞Force＞Reboundstop＞New 命令,弹出创建下缓冲块对话框,如图 11-11 所示。

(2)Reboundstop Name：. _acme_6PostRig. rel_front_retract_stop。

(3)I Part：. _acme_6PostRig. gel_front_pad。

(4)J Part：. _acme_6PostRig. ground。

(5)I Coordinate Reference：. _acme_6PostRig. ground. cfl_Front_Actuator_Base。

(6)J Coordinate Reference：. _acme_6PostRig. ground. cfl_front_pad。

(7)Property File：<shared>/reboundstops. tbl/mdi_0001. reb。

(8)Clearance：127. 0。

(9)Rebumpstop Diameter：20。

(10)单击 Apply,完成 . _acme_6PostRig. rel_front_retract_stop 下限位缓冲块的创建。

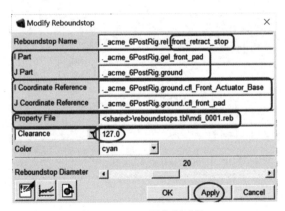

图 11-11　下限位缓冲块

(11)Reboundstop Name：. _acme_6PostRig. rel_rear_retract_stop。

(12)I Part：. _acme_6PostRig. gel_rear_pad。

(13)J Part：. _acme_6PostRig. ground。

(14)I Coordinate Reference：. _acme_6PostRig. ground. cfl_Rear_Actuator_Base。

(15)J Coordinate Reference：. _acme_6PostRig. ground. cfl_rear_pad。

(16)Property File:＜shared＞/reboundstops. tbl/mdi_0001. reb。

(17)Clearance:127. 0。

(18)Rebumpstop Diameter:20。

(19)单击 Apply,完成 . _acme_6PostRig. rel_rear_retract_stop 下限位缓冲块的创建。

(20)Reboundstop Name:. _acme_6PostRig. rel_rear_2_retract_stop。

(21)I Part:. _acme_6PostRig. gel_rear_2_pad。

(22)J Part:. _acme_6PostRig. ground。

(23)I Coordinate Reference:. _acme_6PostRig. ground. cfl_Rear_2_Actuator_Base。

(24)J Coordinate Reference:. _acme_6PostRig. ground. cfl_rear_2_pad。

(25)Property File:＜shared＞/reboundstops. tbl/mdi_0001. reb。

(26)Clearance:127. 0。

(27)Rebumpstop Diameter:20。

(28)单击 OK,完成 . _acme_6PostRig. rel_rear_2_retract_stop 下限位缓冲块的创建。

11. 2. 8　状态变量

单击 Build＞System Elements＞State Variable＞New 命令,弹出创建状态变量对话框,如图 11-12 所示。

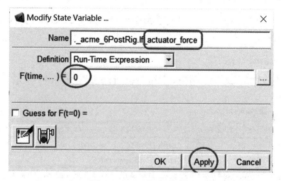

图 11-12　状态变量

11. 2. 8. 1　移动约束副——力

(1)Name:. _acme_6PostRig. lf_actuator_force。

(2)Definition:Run-Time Expression。

(3)F(time, …)＝:0。

(4)单击 Apply,完成 . _acme_6PostRig. lf_actuator_force 状态变量的创建。

(5)Name:. _acme_6PostRig. rf_actuator_force。

(6)Definition:Run-Time Expression。

(7)F(time, …)＝:0。

(8)单击 Apply,完成 . _acme_6PostRig. rf_actuator_force 状态变量的创建。

(9)Name:. _acme_6PostRig. lr_actuator_force。

(10)Definition:Run-Time Expression。

(11)F(time,…)=:0。

(12)单击 Apply,完成 ._acme_6PostRig. lr_actuator_force 状态变量的创建。

(13)Name:._acme_6PostRig. rr_actuator_force。

(14)Definition:Run-Time Expression。

(15)F(time,…):0。

(16)单击 Apply,完成 ._acme_6PostRig. rr_actuator_force 状态变量的创建。

(17)Name:._acme_6PostRig. lr2_actuator_force。

(18)Definition:Run-Time Expression。

(19)F(time,…)=:0。

(20)单击 Apply,完成 ._acme_6PostRig. lr2_actuator_force 状态变量的创建。

(21)Name:._acme_6PostRig. rr2_actuator_force。

(22)Definition:Run-Time Expression。

(23)F(time,…)=:0。

(24)单击 Apply,完成 ._acme_6PostRig. rr2_actuator_force 状态变量的创建。

11.2.8.2　移动约束副——位移

(1)Name:._acme_6PostRig. lf_actuator_disp。

(2)Definition:Run-Time Expression。

(3)F(time,…)=:DZ(._acme_6PostRig. gel_front_pad. jxs_joint_j_16,._acme_6PostRig. gel_front_base. jxs_joint_i_16)。

(4)单击 Apply,完成 ._acme_6PostRig. lf_actuator_disp 状态变量的创建。

(5)Name:._acme_6PostRig. rf_actuator_disp。

(6)Definition:Run-Time Expression。

(7)F(time,…)=:DZ(._acme_6PostRig. ger_front_pad. jxs_joint_j_17,._acme_6PostRig. ger_front_base. jxs_joint_i_17)。

(8)单击 Apply,完成 ._acme_6PostRig. rf_actuator_disp 状态变量的创建。

(9)Name:._acme_6PostRig. lr_actuator_disp。

(10)Definition:Run-Time Expression。

(11)F(time,…)=:DZ(._acme_6PostRig. gel_rear_pad. jxs_joint_j_19,._acme_6PostRig. gel_rear_base. jxs_joint_i_19)。

(12)单击 Apply,完成 ._acme_6PostRig. lr_actuator_disp 状态变量的创建。

(13)Name:._acme_6PostRig. rr_actuator_disp。

(14)Definition:Run-Time Expression。

(15)F(time,…)=:DZ(._acme_6PostRig. ger_rear_pad. jxs_joint_j_18,._acme_6PostRig. ger_rear_base. jxs_joint_i_18)。

(16)单击 Apply,完成 ._acme_6PostRig. rr_actuator_disp 状态变量的创建。

(17)Name:._acme_6PostRig. lr2_actuator_disp。

(18)Definition:Run-Time Expression。

(19)F(time,…)=:DZ(._acme_6PostRig. gel_rear_2_pad. jxs_joint_j_1,._acme_

6PostRig. gel_rear_2_base. jxs_joint_i_1)。

(20)单击 Apply,完成 ._acme_6PostRig. lr2_actuator_disp 状态变量的创建。

(21)Name:. _acme_6PostRig. rr2_actuator_disp。

(22)Definition:Run-Time Expression。

(23)F(time,…)＝:DZ(. _acme_6PostRig. ger_rear_2_pad. jxs_joint_j_2,. _acme_6PostRig. ger_rear_2_base. jxs_joint_i_2)。

(24)单击 Apply,完成 ._acme_6PostRig. rr2_actuator_disp 状态变量的创建。

11. 2. 8. 3 移动约束副——速度

(1)Name:. _acme_6PostRig. lf_actuator_vel。

(2)Definition:Run-Time Expression。

(3)F(time,…):VZ(. _acme_6PostRig. gel_front_pad. jxs_joint_j_16,. _acme_6PostRig. gel_front_base. jxs_joint_i_16)。

(4)单击 Apply,完成 ._acme_6PostRig. lf_actuator_vel 状态变量的创建。

(5)Name:. _acme_6PostRig. rf_actuator_vel。

(6)Definition:Run-Time Expression。

(7)F(time,…):VZ(. _acme_6PostRig. ger_front_pad. jxs_joint_j_17,. _acme_6PostRig. ger_front_base. jxs_joint_i_17)。

(8)单击 Apply,完成 ._acme_6PostRig. rf_actuator_vel 状态变量的创建。

(9)Name:. _acme_6PostRig. lr_actuator_vel。

(10)Definition:Run-Time Expression。

(11)F(time,…):VZ(. _acme_6PostRig. gel_rear_pad. jxs_joint_j_19,. _acme_6PostRig. gel_rear_base. jxs_joint_i_19)。

(12)单击 Apply,完成 ._acme_6PostRig. lr_actuator_vel 状态变量的创建。

(13)Name:. _acme_6PostRig. rr_actuator_vel。

(14)Definition:Run-Time Expression。

(15)F(time,…):VZ(. _acme_6PostRig. ger_rear_pad. jxs_joint_j_18,. _acme_6PostRig. ger_rear_base. jxs_joint_i_18)。

(16)单击 Apply,完成 ._acme_6PostRig. rr_actuator_vel 状态变量的创建。

(17)Name:. _acme_6PostRig. lr2_actuator_vel。

(18)Definition:Run-Time Expression。

(19)F(time,…):VZ(. _acme_6PostRig. gel_rear_2_pad. jxs_joint_j_1,. _acme_6PostRig. gel_rear_2_base. jxs_joint_i_1)。

(20)单击 Apply,完成 ._acme_6PostRig. lr2_actuator_vel 状态变量的创建。

(21)Name:. _acme_6PostRig. rr2_actuator_vel。

(22)Definition:Run-Time Expression。

(23)F(time,…):VZ(. _acme_6PostRig. ger_rear_2_pad. jxs_joint_j_2,. _acme_6PostRig. ger_rear_2_base. jxs_joint_i_2)。

(24)单击 Apply,完成 ._acme_6PostRig. rr2_actuator_vel 状态变量的创建。

11.2.9　变量参数

(1)单击 Build＞Parameter Variable＞New 命令,弹出创建变量参数对话框,如图 11-13 所示。

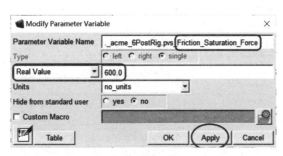

图 11-13　变量参数

(2)Parameter Variable Name：._acme_6PostRig. pvs_Friction_Saturation_Force。

(3)Type：single。

(4)Real Value：600.0。

(5)Units：no_units。

(6)Hide from standard user：no。

(7)单击 Apply,完成 ._acme_6PostRig. pvs_Friction_Saturation_Force 变量的创建。

(8)Parameter Variable Name：._acme_6PostRig. pvs_Friction_Saturation_Velocity。

(9)Type：single。

(10)Real Value：300.0。

(11)Units：no_units。

(12)Hide from standard user：no。

(13)单击 Apply,完成 ._acme_6PostRig. pvs_Friction_Saturation_Velocity 变量的创建。

(14)Parameter Variable Name：._acme_6PostRig. pvs_motion_actuators_active。

(15)Type：single。

(16)Real Value：1.0。

(17)Units：no_units。

(18)Hide from standard user：no。

(19)单击 OK,完成 ._acme_6PostRig. pvs_motion_actuators_active 变量的创建。

11.2.10　约束副位移驱动

(1)单击 Build＞Actuator＞Joint Motion＞New 命令,弹出创建约束副位移驱动对话框,如图 11-14 所示。

(2)Actuator Name：._acme_6PostRig. jms_left_front_actuator。

(3)Joint：._acme_6PostRig. jostra_left_front_pad。

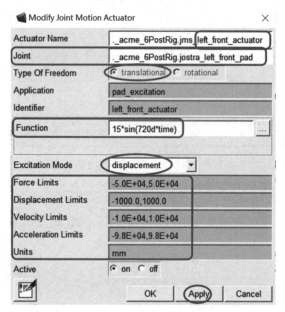

图 11-14　约束副位移驱动

（4）Type Of Freedom：translational。

（5）Function：15 * sin(720d * time)。

（6）Excitation Mode：displacement。

（7）其余参数保持默认即可，也可按图 11-14 中的数据填写。

（8）单击 Apply，完成 ._acme_6PostRig. jms_left_front_actuator 驱动的创建。

（9）Actuator Name：._acme_6PostRig. jms_left_rear_actuator。

（10）Joint：._acme_6PostRig. jostra_left_rear_pad。

（11）Type Of Freedom：translational。

（12）Function：15 * sin(720d * time)。

（13）Excitation Mode：displacement。

（14）其余参数保持默认即可，也可按图 11-14 中的数据填写。

（15）单击 Apply，完成 ._acme_6PostRig. jms_left_rear_actuator 驱动的创建。

（16）Actuator Name：._acme_6PostRig. jms_right_front_actuator。

（17）Joint：._acme_6PostRig. jostra_right_front_pad。

（18）Type Of Freedom：translational。

（19）Function：15 * sin(720d * time)。

（20）Excitation Mode：displacement。

（21）其余参数保持默认即可，也可按图 11-14 中的数据填写。

（22）单击 Apply，完成 ._acme_6PostRig. jms_right_front_actuator 驱动的创建。

（23）Actuator Name：._acme_6PostRig. jms_right_rear_actuator。

（24）Joint：._acme_6PostRig. jostra_right_rear_pad。

（25）Type Of Freedom：translational。

(26)Function：15 * sin(720d * time)。

(27)Excitation Mode：displacement。

(28)其余参数保持默认即可,也可按图 11-14 中的数据填写。

(29)单击 Apply,完成 . _acme_6PostRig. jms_right_rear_actuator 驱动的创建。

(30)Actuator Name：. _acme_6PostRig. jms_left_rear_2_actuator。

(31)Joint：. _acme_6PostRig. jostra_left_rear_2_pad。

(32)Type Of Freedom：translational。

(33)Function：15 * sin(720d * time)。

(34)Excitation Mode：displacement。

(35)其余参数保持默认即可,也可按图 11-14 中的数据填写。

(36)单击 Apply,完成 . _acme_6PostRig. jms_left_rear_2_actuator 驱动的创建。

(37)Actuator Name：. _acme_6PostRig. jms_right_rear_2_actuator。

(38)Joint：. _acme_6PostRig. jostra_right_rear_2_pad。

(39)Type Of Freedom：translational。

(40)Function：15 * sin(720d * time)。

(41)Excitation Mode：displacement。

(42)其余参数保持默认即可,也可按图 11-14 中的数据填写。

(43)单击 OK,完成 . _acme_6PostRig. jms_right_rear_2_actuator 驱动的创建。

11. 2. 11　约束力驱动

(1)单击 Build＞Actuator＞Joint Force＞New 命令,弹出创建约束力驱动对话框,如图 11-15 所示。

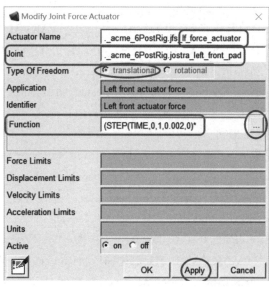

图 11-15　约束力驱动

(2)Actuator Name：._acme_6PostRig. jfs_lf_force_actuator。

(3)Joint：._acme_6PostRig. jostra_left_front_pad。

(4)Type Of Freedom：translational。

(5)Function：(STEP(TIME,0,1,0.002,0) * (1e5) * VARVAL(._acme_6PostRig. lf_actuator_ disp)) + STEP (VARVAL (._acme_6PostRig. lf_actuator_vel),-._acme_6PostRig. pvs_Friction_Saturation_Velocity,-._acme_6PostRig. pvs_Friction_Saturation_Force,._acme_6PostRig. pvs_Friction_Saturation_Velocity,._acme_6PostRig. pvs_Friction_Saturation_Force)-VARVAL (._acme_6PostRig. lf_actuator_force)。

(6)其余参数保持默认即可。

(7)单击 Apply,完成 ._acme_6PostRig. jfs_lf_force_actuator 驱动的创建。

(8)Actuator Name：._acme_6PostRig. jfs_rf_force_actuator。

(9)Joint：._acme_6PostRig. jostra_right_front_pad。

(10)Type Of Freedom：translational。

(11)Function：(STEP(TIME,0,1,0.002,0) * (1e5) * VARVAL (._acme_6PostRig. rf_actuator_ disp)) + STEP (VARVAL (._acme_6PostRig. rf_actuator_vel),-._acme_6PostRig. pvs_Friction_Saturation_Velocity,-._acme_6PostRig. pvs_Friction_Saturation_Force,._acme_6PostRig. pvs_Friction_Saturation_Velocity,._acme_6PostRig. pvs_Friction_Saturation_Force)-VARVAL (._acme_6PostRig. rf_actuator_force)。

(12)其余参数保持默认即可。

(13)单击 Apply,完成 ._acme_6PostRig. jfs_rf_force_actuator 驱动的创建。

(14)Actuator Name：._acme_6PostRig. jfs_lr_force_actuator。

(15)Joint：._acme_6PostRig. jostra_left_rear_pad。

(16)Type Of Freedom：translational。

(17)Function：(STEP(TIME,0,1,0.002,0) * VARVAL (._acme_6PostRig. lr_actuator_ disp)) + STEP (VARVAL (._acme_6PostRig. lr_actuator_vel),-._acme_6PostRig. pvs_Friction_Saturation_Velocity,-._acme_6PostRig. pvs_Friction_Saturation_Force,._acme_6PostRig. pvs_Friction_Saturation_Velocity,._acme_6PostRig. pvs_Friction_Saturation_Force)-VARVAL (._acme_6PostRig. lr_actuator_force)。

(18)其余参数保持默认即可。

(19)单击 Apply,完成 ._acme_6PostRig. jfs_lr_force_actuator 驱动的创建。

(20)Actuator Name：._acme_6PostRig. jfs_rr_force_actuator。

(21)Joint：._acme_6PostRig. jostra_right_rear_pad。

(22)Type Of Freedom：translational。

(23)Function：(STEP(TIME,0,1,0.002,0) * (1e5) * VARVAL (._acme_6PostRig. rr_actuator_ disp)) + STEP (VARVAL (._acme_6PostRig. rr_actuator_vel),-._acme_6PostRig. pvs_Friction_Saturation_Velocity,-._acme_6PostRig. pvs_Friction_Saturation_Force,._acme_6PostRig. pvs_Friction_Saturation_Velocity,._acme_6PostRig. pvs_Friction_Saturation_Force)-VARVAL(._acme_6PostRig. rr_actuator_force)。

（24）其余参数保持默认即可。

（25）单击 Apply，完成 ._acme_6PostRig. jfs_rr_force_actuator 驱动的创建。

（26）Actuator.Name：._acme_6PostRig. jfs_lr2_force_actuator。

（27）Joint：._acme_6PostRig. jostra_left_rear_2_pad。

（28）Type Of Freedom：translational。

（29）Function：（STEP（TIME，0，1，0.002，0）＊（1e5）＊VARVAL（._acme_6PostRig. lr2_actuator_disp））＋STEP（VARVAL（._acme_6PostRig. lr2_actuator_vel），-._acme_6PostRig. pvs_Friction_Saturation_Velocity，-._acme_6PostRig. pvs_Friction_Saturation_Force，._acme_6PostRig. pvs_Friction_Saturation_Velocity，._acme_6PostRig. pvs_Friction_Saturation_Force)-VARVAL（._acme_6PostRig. lr2_actuator_force）。

（30）其余参数保持默认即可。

（31）单击 Apply，完成 ._acme_6PostRig. jfs_lr2_force_actuator 驱动的创建。

（32）Actuator Name：._acme_6PostRig. jfs_rr2_force_actuator。

（33）Joint：._acme_6PostRig. jostra_right_rear_2_pad。

（34）Type Of Freedom：translational。

（35）Function：（STEP（TIME，0，1，0.002，0）＊（1e5）＊VARVAL（._acme_6PostRig. lr2_actuator_disp））＋STEP（VARVAL（._acme_6PostRig. lr2_actuator_vel），-._acme_6PostRig. pvs_Friction_Saturation_Velocity，-._acme_6PostRig. pvs_Friction_Saturation_Force，._acme_6PostRig. pvs_Friction_Saturation_Velocity，._acme_6PostRig. pvs_Friction_Saturation_Force)-VARVAL（._acme_6PostRig. lr2_actuator_force）。

（36）其余参数保持默认即可。

（37）单击 OK，完成 ._acme_6PostRig. jfs_rr2_force_actuator 驱动的创建。

11.2.12　输出通讯器

（1）单击 Build＞Communicator＞Output＞New 命令，弹出输出通讯器对话框，如图 11-16 所示。

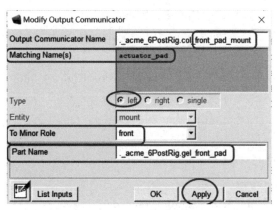

图 11-16　输出通讯器

(2)Output Communicator Name:._acme_6PostRig. col_front_pad_mount。

(3)Matching Name(s):actuator_pad。

(4)Type:left。

(5)Entity:mount。

(6)To Minor Role:front。

(7)Part Name:._acme_6PostRig. gel_front_pad。

(8)单击 Apply,完成 ._acme_6PostRig. col_front_pad_mount 通讯器的创建。

(9)Output Communicator Name:._acme_6PostRig. col_rear_pad_mount。

(10)Matching Name(s):actuator_pad。

(11)Type:left。

(12)Entity:mount。

(13)To Minor Role:rear。

(14)Part Name:._acme_6PostRig. gel_rear_pad。

(15)单击 Apply,完成 ._acme_6PostRig. col_rear_pad_mount 通讯器的创建。

(16)Output Communicator Name:._acme_6PostRig. col_rear_2_pad_mount。

(17)Matching Name(s):actuator_pad。

(18)Type:left。

(19)Entity:mount。

(20)To Minor Role:rear_2。

(21)Part Name:._acme_6PostRig. gel_rear_2_pad。

(22)单击 Apply,完成 ._acme_6PostRig. col_rear_2_pad_mount 通讯器的创建。

(23)Output Communicator Name:._acme_6PostRig. col_mount_post_pad_vertical_front。

(24)Matching Name(s):mount_post_pad_vertical。

(25)Type:left。

(26)Entity:mount。

(27)To Minor Role:front

(28)Part Name:._acme_6PostRig. gel_front_pad。

(29)单击 Apply,完成 ._acme_6PostRig. col_mount_post_pad_vertical_front 通讯器的创建。

(30)Output Communicator Name:._acme_6PostRig. col_mount_post_pad_vertical_rear。

(31)Matching Name(s):mount_post_pad_vertical_rear。

(32)Type:left。

(33)Entity:mount。

(34)To Minor Role:rear。

(35)Part Name:._acme_6PostRig. gel_rear_pad。

(36)单击 Apply,完成 ._acme_6PostRig. col_mount_post_pad_vertical_rear 通讯器的

创建。

（37）Output Communicator Name：._acme_6PostRig. col_mount_post_pad_vertical_rear_2。

（38）Matching Name(s)：mount_post_pad_vertical_rear_2。

（39）Type：left。

（40）Entity：mount。

（41）To Minor Role：rear_2。

（42）Part Name：._acme_6PostRig. gel_rear_2_pad。

（43）单击 OK，完成 ._acme_6PostRig. col_mount_post_pad_vertical_rear_2 通讯器的创建。

（44）单击 File＞Save As 命令，弹出保存模板对话框，如图 11-17 所示。

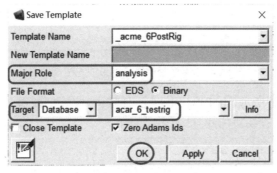

图 11-17　振动台架模型保存

（45）Template Name：_acme_6PostRig。

（46）Major Role：analysis。

（47）File Format：Binary。

（48）Target：Datebase/acar_6_testrig。

（49）单击 OK，完成 acme_6PostRig 悬架模型的保存。

11.3　6 柱振动试验台架 cmd 文件编制

（1）输出_acme_6PostRig. cmd 文件格式：

①单击 File＞Export 命令，弹出文件输出对话框，如图 11-18 所示。

②File Type：Adams View Command File。

③File Name：_acme_6PostRig。

④Model Name：_acme_6PostRig。

⑤Use Parasolid：As is。

⑥单机 OK，完成_acme_6PostRig. cmd 格式文件输出。

（2）编制_acme_6PostRig. cmd 文件内容：

找到输出_acme_6PostRig. cmd 文件位置（一般存储在系统用户文件夹下面），右击编辑

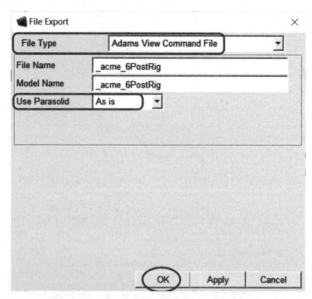

图 11-18　振动台架模型输出为 cmd 格式

文件,打开文件页面如下所示(由于输出 cmd 文件较大,此处仅展示开头部分文件内容,需要编制的内容请通过文件查找功能找寻):

```
%  _acme_6PostRig.cmd 文件部分内容。
!
! -------------------------------- Default Units for Model --------------------------------!
!
!
defaults units  &
  length = mm  &
  angle = deg  &
  force = newton  &
  mass = kg  &
  time = sec
!
defaults units  &
  coordinate_system_type = cartesian  &
  orientation_type = body313
!
! -------------------------------- Default Attributes for Model --------------------------------!
!
!
```

```
defaults attributes  &
  inheritance = bottom_up  &
  icon_visibility = on  &
  grid_visibility = off  &
  size_of_icons = 200. 0  &
  spacing_for_grid = 1000. 0
!
% 剩余内容不再显示。
```

①编制:修改 string_value = "template"为 string_value = "testrig"。

```
!
variable create  &
  variable_name = . _acme_6PostRig. model_class  &
  string_value = "testrig"&
  comments = "Memory for ADAMS/Car model class"
!
group modify  &
  group_name = . _acme_6PostRig. kinematic_mode_active  &
  expr_active = (. _acme_6PostRig. phs_kinematic_flag || . _acme_6PostRig. model_
class = = "testrig" ? 1:0)
!
group modify  &
  group_name = . _acme_6PostRig. kinematic_mode_inactive  &
  expr _ active = ( ! . _ acme _ 6PostRig. phs _ kinematic _ flag || . _ acme _
6PostRig. model_class = = "testrig" ? 1:0)
```

②编制:增加以下内容:

```
!
variable create  &
  variable_name = . _acme_6PostRig. testrig_class  &
  string_value = "full_vehicle"  &
  comments = "Memory for ADAMS/Car testrig class"
!
marker create  &
  marker_name = . _acme_6PostRig. ground. std_tire_ref  &
  location = 0. 0,0. 0,0. 0  &
  orientation = 0. 0d,0. 0d,0. 0d
```

　　③编制：对振动试验台架与整车装配式进行定位（文件建立完成后默认振动试验台架定位到车轮中心，振动台与车轮中心接触，并非与轮胎接触，需要修改 Z 方向上的定位点）。对于商用车存在单侧双车轮的，需要将振动台定位到双侧车轮中间，此时需要在 Y 方向上增加或者减少响应的距离，距离为内外侧车轮中心距离的一半，与本试验台架匹配的 6×4 商用整车偏移距离为 173.3741 mm，这样视觉效果较好，如果不进行偏移，不影响计算。具体修改内容如下（读者请通过查找功能查询）：

```
!
marker modify  &
  marker_name = ._acme_6PostRig.ground.cfl_front_pad  &
  location =  &
  (._acme_6PostRig.cil_front_wheel_center[1]),  &
  (._acme_6PostRig.cil_front_wheel_center[2]),  &
  (._acme_6PostRig.ground.std_tire_ref.loc[3])  &
  orientation =  &
  (ORI_RELATIVE_TO({0.0,0.0,0.0}degrees, ._acme_6PostRig.ground.origo))
!
marker modify  &
  marker_name = ._acme_6PostRig.ground.cfr_front_pad  &
  location =  &
  (._acme_6PostRig.cir_front_wheel_center[1]),  &
  (._acme_6PostRig.cir_front_wheel_center[2]),  &
  (._acme_6PostRig.ground.std_tire_ref.loc[3])  &
  orientation =  &
  (ORI_RELATIVE_TO({0.0,0.0,0.0}degrees, ._acme_6PostRig.ground.origo))
!
marker modify  &
  marker_name = ._acme_6PostRig.ground.cfl_rear_pad  &
  location =  &
  (._acme_6PostRig.cil_rear_wheel_center[1]),  &
  (._acme_6PostRig.cil_rear_wheel_center[2]-173.3741),  &
  (._acme_6PostRig.ground.std_tire_ref.loc[3])  &
  orientation =  &
  (ORI_RELATIVE_TO({0.0,0.0,0.0}degrees, ._acme_6PostRig.ground.origo))
!
  marker modify  &
  marker_name = ._acme_6PostRig.ground.cfr_rear_pad  &
```

```
   location =  &
   (._acme_6PostRig.cir_rear_wheel_center[1]),  &
   (._acme_6PostRig.cir_rear_wheel_center[2]+173.3741),  &
   (._acme_6PostRig.ground.std_tire_ref.loc[3])  &
   orientation =  &
   (ORI_RELATIVE_TO({0.0,0.0,0.0}degrees,._acme_6PostRig.ground.origo))
!
marker modify  &
   marker_name = ._acme_6PostRig.ground.cfl_rear_2_pad  &
   location =  &
   (._acme_6PostRig.cil_rear_2_wheel_center[1]),  &
   (._acme_6PostRig.cil_rear_2_wheel_center[2]-173.3741),  &
   (._acme_6PostRig.ground.std_tire_ref.loc[3])  &
   orientation =  &
   (ORI_RELATIVE_TO({0.0,0.0,0.0}degrees,._acme_6PostRig.ground.origo))
!
marker modify  &
   marker_name = ._acme_6PostRig.ground.cfr_rear_2_pad  &
   location =  &
   (._acme_6PostRig.cir_rear_2_wheel_center[1]),  &
   (._acme_6PostRig.cir_rear_2_wheel_center[2]+173.3741),  &
   (._acme_6PostRig.ground.std_tire_ref.loc[3])  &
   orientation =  &
   (ORI_RELATIVE_TO({0.0,0.0,0.0}degrees,._acme_6PostRig.ground.origo))
```

④编制：将文件中_acme_6PostRig.cmd 中_acme_6PostRig 全部替换为__acme_6PostRig（两个下划线）。

⑤编制：将文件中_acme_6PostRig.cmd 重命名为 acme_6PostRig.cmd（去掉下划线）。

⑥编制：将文件 acme_6PostRig.cmd 拷贝至数据库 D:/Test_postrig/acar_6_testrig.cdb/templates.tbl 中。读者在做练习时，可拷贝到自己对应的数据库模型文件中即可。至此 acme_6PostRig.cmd 文件编制完成，接下来处理宏文件。

11.4　6 柱振动试验台架宏文件

宏文件可以通过新建文本文档，重命名为以下对应名称，并在文本文件中编写如下对应的内容。宏文件编制完成后，将以下所有宏文件拷贝至数据库 D:/Test_postrig/acar_6_testrig.cdb/templates.tbl 中。

（1）acar_build.cmd 文件，具体内容如下：

```
! ---------------------- Create custom libraries for storage ----------------------
library create library = . ACME
library create library = . ACME. macros


! ---------------------- Read analysis macros and model ----------------------
file command read file = (eval(getenv("MDI_ACAR_SITE")//"/acar_private/macros_
ana. cmd"))
file command read file = (eval(getenv("MDI_ACAR_SITE")//"/acar_private/acme_
6PostRig. cmd"))
file command read file = (eval(getenv("MDI_ACAR_SITE")//"/acar_private/dboxes_
ana. cmd"))
model display model = (NONE)

interface dialog execute &
dialog_box_name = . gui. msg_box &
undisp = yes
```

（2）macros_ana.cmd 文件，具体内容如下：

```
!
!    Adams/Car
!    Copyright (C) 2008 MSC. Software Corp.
!    All Rights Reserved.
!
! * * * * * * * * * * * * * * * * * * * * * * * * * * * * * * * * * * *
macro read macro_name = . ACME. macros. mac_ana_ful_six_sub &
file_name = (getenv ("MDI_ACAR_SITE")//"/acar_private/mac_ana_ful_six_
sub. cmd") &
user_entered_command = "acme analysis full_vehicle six_post submit" &
wrap_in_undo = no &
create_panel = no!
interface dialog_box create  &
   dialog_box_name = . ACAR. dboxes. dbox_ana_ful_six_sub  &
   help_text = "Acme Analysis Full Vehicle Four Post Submit"  &
   location = 635. 0,317. 0  &
   height = 392. 0  &
```

```
    width = 404.0  &
    units = pixel  &
    horiz_resizing = attach_left  &
    vert_resizing = attach_top  &
    title = "Acme Four Post Shaker Analysis"  &
    iconifiable = no  &
    start_commands = "int opt set opt = $ _self. f_units choice = /"mm/"",  &
"int opt set opt = $ _self. f_excitation_mode choice = /"heave/"",  &
"int opt set opt = $ _self. f_analysis_mode choice = /"interactive/""  &
execution_commands = "acme analysis full_vehicle four_post submit  &",  &
" assembly = $ f_assembly  &",  &
" output_prefix = $ f_output_prefix  &",  &
" end_time = $ f_end_time  &",  &
" number_of_steps = $ f_number_of_steps  &",  &
" peak_displacement = $ f_peak_displacement  &",  &
" units = $ f_units  &",  &
" frequency_range = $ f_frequency_range  &",  &
" excitation_mode = $ f_excitation_mode  &",  &
" analysis_mode = $ f_analysis_mode  &",  &
" load_results = $ f_load_results  &",  &
" log_file = $ f_log_file"  &
  decorate = yes  &
    resizable = yes  &
    grab_all_input = no
    !
    `
    `
    `
    `                              % 中间省略内容部分
  interface label create  &
    label_name = . ACAR. dboxes. dbox_ana_ful_six_sub. l_assembly  &
    location = 4.0,2.0  &
    height = 25.0  &
    width = 160.0  &
    units = pixel  &
    horiz_resizing = attach_left  &
    vert_resizing = attach_top  &
```

```
    justified = left  &
    text = "Assembly"
、
!
interface push_button create  &
    push_button_name = . ACAR. dboxes. dbox_ana_ful_six_sub. Apply  &
    location = 228. 0,359. 0  &
    height = 25. 0  &
    width = 76. 0  &
    units = pixel  &
    horiz_resizing = attach_right  &
    vert_resizing = attach_bottom  &
    label = "Apply"  &
    commands = "interface dialog execute dialog = $ _parent undisplay = no"
!
interface push_button create  &
    push_button_name = . ACAR. dboxes. dbox_ana_ful_six_sub. Cancel  &
    location = 318. 0,359. 0  &
    height = 25. 0  &
    width = 76. 0  &
    units = pixel  &
    horiz_resizing = attach_right  &
    vert_resizing = attach_bottom  &
    label = "Cancel"  &
    commands = "interface dialog undisplay dialog = $ _parent"
```

(3) mac_ana_ful_six_sub. cmd 文件，文件内容较多，制作好的文件存放在章节文件中，请读者自行调阅。垂向、侧倾工况对应内容展示如下：

```
!  ------------------ Assign actuator functions based on excitation mode ------------------
if condition = ("$ excitation_mode" = = "heave")          % 垂向工况
    acar template_builder actuator set function &
actuator = $ assembly. testrig. jml_front_actuator &
function = "1 * $ peak_displacement * sin(. 5 * 360d * $ frequency_range/ $ end_
time * time * * 2)"
    acar template_builder actuator set function &
actuator = $ assembly. testrig. jmr_front_actuator &
```

```
        function = "1 * $ peak_displacement * sin(. 5 * 360d * $ frequency_range/ $ end_
time * time * * 2)"
        acar template_builder actuator set function &
    actuator = $ assembly. testrig. jml_middle_actuator &
    function = "1 * $ peak_displacement * sin(. 5 * 360d * $ frequency_range/ $ end_
time * time * * 2)"
        acar template_builder actuator set function &
    actuator = $ assembly. testrig. jmr_middle_actuator &
    function = "1 * $ peak_displacement * sin(. 5 * 360d * $ frequency_range/ $ end_
time * time * * 2)"
        acar template_builder actuator set function &
    actuator = $ assembly. testrig. jml_rear_actuator &
    function = "1 * $ peak_displacement * sin(. 5 * 360d * $ frequency_range/ $ end_
time * time * * 2)"
    acar template_builder actuator set function &
    actuator = $ assembly. testrig. jmr_rear_actuator &
    function = "1 * $ peak_displacement * sin(. 5 * 360d * $ frequency_range/ $ end_
time * time * * 2)"
    elseif condition = ("$ excitation_mode" = = "pitch")
```

% 俯仰工况

```
    actuator = $ assembly. testrig. jml_front_actuator &
    function = "1 * $ peak_displacement * sin(. 5 * 360d * $ frequency_range/ $ end_
time * time * * 2)"
        acar template_builder actuator set function &
    actuator = $ assembly. testrig. jmr_front_actuator &
    function = "1 * $ peak_displacement * sin(. 5 * 360d * $ frequency_range/ $ end_
time * time * * 2)"
        acar template_builder actuator set function &
    actuator = $ assembly. testrig. jml_middle_actuator &
    function = " - 1 * $ peak_displacement * sin(. 5 * 360d * $ frequency_range/ $ end_
time * time * * 2)"
        acar template_builder actuator set function &
    actuator = $ assembly. testrig. jmr_middle_actuator &
    function = " - 1 * $ peak_displacement * sin(. 5 * 360d * $ frequency_range/ $ end_
time * time * * 2)"
        acar template_builder actuator set function &
    actuator = $ assembly. testrig. jml_rear_actuator &
```

```
function = " - 1 * $ peak_displacement * sin(.5 * 360d * $ frequency_range/ $ end_
time * time * * 2)"
    acar template_builder actuator set function &
  actuator = $ assembly. testrig. jmr_rear_actuator &
  function = " - 1 * $ peak_displacement * sin(.5 * 360d * $ frequency_range/ $ end_
time * time * * 2)"
  elseif condition = (" $ excitation_mode" = = "roll")          % 侧倾工况
  actuator = $ assembly. testrig. jml_front_actuator &
  function = "1 * $ peak_displacement * sin(.5 * 360d * $ frequency_range/ $ end_
time * time * * 2)"
    acar template_builder actuator set function &
  actuator = $ assembly. testrig. jmr_front_actuator &
  function = " - 1 * $ peak_displacement * sin(.5 * 360d * $ frequency_range/ $ end_
time * time * * 2)"
    acar template_builder actuator set function &
  actuator = $ assembly. testrig. jml_middle_actuator &
  function = "1 * $ peak_displacement * sin(.5 * 360d * $ frequency_range/ $ end_
time * time * * 2)"
    acar template_builder actuator set function &
  actuator = $ assembly. testrig. jmr_middle_actuator &
  function = " - 1 * $ peak_displacement * sin(.5 * 360d * $ frequency_range/ $ end_
time * time * * 2)"
    acar template_builder actuator set function &
  actuator = $ assembly. testrig. jml_rear_actuator &
  function = "1 * $ peak_displacement * sin(.5 * 360d * $ frequency_range/ $ end_
time * time * * 2)"
    acar template_builder actuator set function &
  actuator = $ assembly. testrig. jmr_rear_actuator &
  function = " - 1 * $ peak_displacement * sin(.5 * 360d * $ frequency_range/ $ end_
time * time * * 2)"
  elseif condition = (" $ excitation_mode" = = "warp")
% 扭转工况
  actuator = $ assembly. testrig. jml_front_actuator &
  function = " - 1 * $ peak_displacement * sin(.5 * 360d * $ frequency_range/ $ end_
time * time * * 2)"
    acar template_builder actuator set function &
  actuator = $ assembly. testrig. jmr_front_actuator &
```

```
    function = "1 * $ peak_displacement * sin(.5 * 360d * $ frequency_range/ $ end_
time * time * * 2)"
    acar template_builder actuator set function &
actuator = $ assembly. testrig. jml_middle_actuator &
    function = "1 * $ peak_displacement * sin(.5 * 360d * $ frequency_range/ $ end_
time * time * * 2)"
    acar template_builder actuator set function &
actuator = $ assembly. testrig. jmr_middle_actuator &
    function = "1 * $ peak_displacement * sin(.5 * 360d * $ frequency_range/ $ end_
time * time * * 2)"
    acar template_builder actuator set function &
actuator = $ assembly. testrig. jml_rear_actuator &
    function = "-1 * $ peak_displacement * sin(.5 * 360d * $ frequency_range/ $ end_
time * time * * 2)"
    acar template_builder actuator set function &
actuator = $ assembly. testrig. jmr_rear_actuator &
    function = "-1 * $ peak_displacement * sin(.5 * 360d * $ frequency_range/ $ end_
time * time * * 2)"
    end
```

11.5　私人站点建立

(1)私人站点路径设置：

①启动目录中单击 Settings & License,位置如图 11-19 所示,弹出私人工作站点路径设置对话框,如图 11-20 所示。

①展开 ACar,选择 Preferences。

③SiteDir:D:/Test_postrig/acar_6_testrig. cdb/templates. tbl。

④单击 OK,完成私人工作站点路径设置。

(2)通过命令调用 6 柱振动试验架模板：

①启动目录中单击 Command Prompt,如图 11-19 所示位置。在命令窗口中输入 adams2017,弹出对应提示信息如图 11-21 所示,根据提示输入对应的命令符即可完成私人站点的创建并启动 ADAMS/Car 软件,此时启动后的软件中包含 6 柱振动试验台架。

②依次按顺序输入对应的命令符:adams2017→acar→cr-sitebin;adams2017→acar→ru-site→i。

图 11-19　ADAMS 2017 启动目录

图 11-20　私人工作站点路径设置

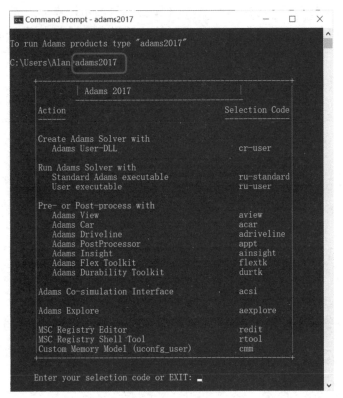

图 11-21　命令窗口

11.6　6×4 与试验台架装配

11.6.1　6×4 整车模型

(1)单击 File>Open>Assembly 命令,弹出的对话框如图 11-22 所示。

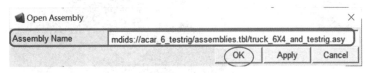

图 11-22　6×4 整车模型

(2) Assembly Name:mdids://acar _ 6 _ testrig/assemblies. tbl/truck _ 6X4 _ and _ testrig. asy。

(3)单击 OK,完成商用车的整车模型的启动。

需要说明的是,由于通过私人站点启动软件后,商用车及其他共享数据库并不在软件数据库的索引中,因此启动整车装配模型之前,需要把整车对应的模型的各部件、子系统、弹簧、避震器、衬套、轮胎等属性文件存放在数据库 acar_6_testrig 中。对于轮胎这样的相同模型,不同子系统需要对应不同的轮胎模型,而不能是不同的系统模型用同一个轮胎模型(可以通过在模板数据库中用不同名称命名相同的轮胎模板),这样才能保证整车模型正确打开。

11.6.2　添加6柱振动试验台架

(1)单击 File＞Manage Assemblies＞Add Testrig 命令,弹出的对话框如图 11-23 所示。

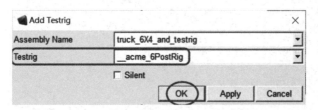

图 11-23　6×4 整车模型添加 6 柱试验台架

(2)Assembly Name:truck_6X4_and_testrig。

(3)Testrig:__acme_6PostRig。

(4)单击 OK,完成 6 柱振动试验台架的添加,此时整车与振动试验台架装配如图 11-24 所示。

图 11-24　整车与振动台架装配

11.7　6 柱振动试验台架工况分析

（1）6 柱振动试验台架分析宏需要通过 Command Navigator（命令导航器菜单）调用仿真命令。单击 Tools＞Command Navigator 命令，弹出 Command Navigator 对话框，如图 11-25 所示。

（2）单击 acme＞analysis＞full_vehicle＞six_post＞submit 命令，弹出 6 柱振动试验台架设置对话框，如图 11-26 所示。

图 11-25　命令导航器窗口

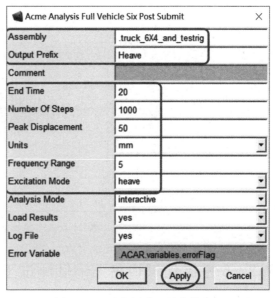

图 11-26　垂向振动工况参数设置

11.7.1　6 柱振动试验台架垂向振动工况

（1）Assembly：truck_6X4_and_testrig。

（2）Output Prefix：Heave。

（3）End Time：20。

（4）Number Of Steps：1000。

（5）Peak Displacement：50。

（6）Units：mm。

（7）Frequency Range：5。

（8）Excitation Mode：heave。

（9）Analysis Mode：interactive。

（10）单击 Apply，完成商用整车在 6 柱振动试验台架下的垂向振动仿真，计算结果如图 11-27 和图 11-28 所示。

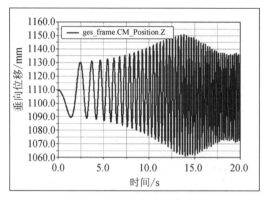

图 11-27　车身垂向位移

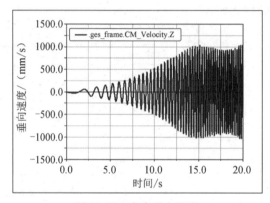

图 11-28　车身垂向速度

11.7.2　6 柱振动试验台架俯仰测试工况

（1）Assembly：truck_6X4_and_testrig。

（2）Output Prefix：Pitch。

（3）End Time：20。

（4）Number Of Steps：1000。

（5）Peak Displacement：50。

（6）Units：mm。

（7）Frequency Range：5。

（8）Excitation Mode：pitch。

（9）Analysis Mode：interactive。

（10）单击 Apply，完成商用整车在 6 柱振动试验台架下的俯仰工况仿真，计算结果如图 11-29 所示。

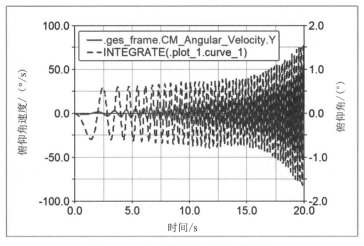

图 11-29　车身俯仰角速度与俯仰角

11.7.3　6 柱振动试验台架侧倾测试工况

（1）Assembly：truck_6X4_and_testrig。

（2）Output Prefix：roll。

（3）End Time：20。

（4）Number Of Steps：1000。

（5）Peak Displacement：50。

（6）Units：mm。

（7）Frequency Range：5。

（8）Excitation Mode：roll。

（9）Analysis Mode：interactive。

（10）单击 Apply，完成商用整车在 6 柱振动试验台架下的侧倾工况仿真，计算结果如图
11-30 所示。

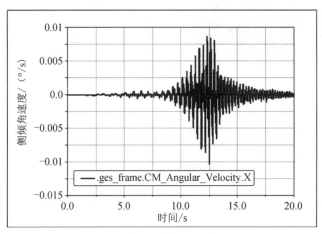

图 11-30　车身侧倾角速度

11.7.4　6柱振动试验台架扭转测试工况

(1) Assembly: truck_6×4_and_testrig。

(2) Output Prefix: warp。

(3) End Time: 20。

(4) Number Of Steps: 1000。

(5) Peak Displacement: 50。

(6) Units: mm。

(7) Frequency Range: 5。

(8) Excitation Mode: warp。

(9) Analysis Mode: interactive。

(10) 单击 OK,完成商用整车在 6 柱振动试验台架下的扭转工况仿真,计算结果如图 11-31 至图 11-34 所示。

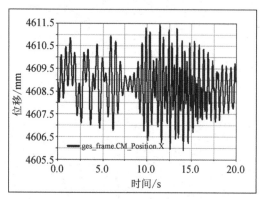

图 11-31　车身 X 方向位移

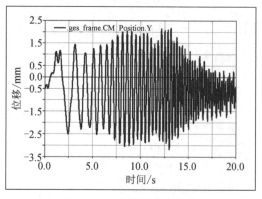

图 11-32　车身 Y 方向位移

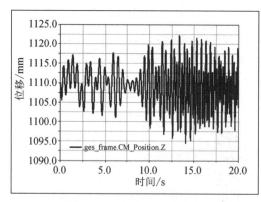

图 11-33　车身 Z 方向位移

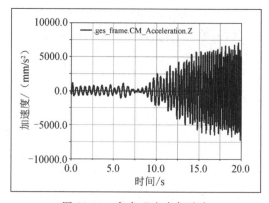

图 11-34　车身 Z 方向加速度

参考文献

[1]王孝鹏,刘天伦,叶文斌,等.一种扭杆弹簧空间斜置式多变刚度解耦悬架及车辆:CN202321576266.1
  [P].2024-03-22.

[2]王孝鹏,张毅然,吴龙.一种摩托车后叉臂变刚度解耦悬架及调节方法:CN202311661534.4[P]. 2024-
  03-19.

[3]王孝鹏,叶正涛,吴龙.一种新型摩托车后叉臂分离式变刚度解耦悬架及调节方法:CN202311665967.7
  [P].2024-03-19.

[4]王孝鹏,廖乃坤,吴龙.一种新型摩托车后叉臂联动式变刚度解耦悬架及调节方法:CN202311666005.3
  [P].2024-03-19.

[5]王孝鹏,叶文斌,吴龙.一种串联式变刚度解耦悬架、刚度匹配方法、阻尼匹配方法及调节方法:
  CN202311661456.8[P].2024-02-09.

[6]YANG X F,HE T,SHEN Y J, et al. Research on predictive coordinated control of ride comfort and road
  friendliness for heavy vehicle ISD suspension based on the hybrid-hook damping strategy[J]. Proceedings
  of the Institution of Mechanical Engineers, Part D: Journal of Automobile Engineering,2024,238(2-3):
  443-456.

[7]JIN L H,FAN J J,DU F, et al. Research on two-stage semi-active ISD suspension based on improved
  fuzzy neural network PID control[J]. Sensors,2023,23(20):8388.

[8]王孝鹏,刘天伦,叶文斌,等.一种扭杆弹簧空间斜置式多变刚度解耦悬架及车辆:CN202310732502.2
  [P].2023-09-19.

[9]LI F J,LI X P,SHANG D Y, et al. Dynamic modeling and damping performance improvement of two
  stage ISD suspension system[J]. Proceedings of the Institution of Mechanical Engineers, Part D: Journal
  of Automobile Engineering,2022,236(10-11):2259-2271.

[10]SHEN Y J,HUA J,WU B, et al. Optimal design of the vehicle mechatronic ISD suspension system
  using the structure-immittance approach[J]. Proceedings of the Institution of Mechanical Engineers,
  Part D: Journal of Automobile Engineering,2022,236(4):512-521.

[11]ZHANG X L,LIU J C,NIE J M, et al. Simulation analysis and experiment research on hydro-pneumatic
  ISD suspension[J]. Shock and Vibration,2021(2021):1-14.

[12]NIE J M,WANG F L,ZHANG X L, et al. Design and test of hydro-pneumatic ISD suspension in heavy
  multi-axle vehicles[J]. Advances in Mechanical Engineering,2021,13(11).

[13]SHEN Y J,JIA M Q,YANG K, et al. Optimal design and dynamic performance analysis based on the
  asymmetric-damping vehicle ISD suspension[J]. Shock and Vibration,2021(2021):1-11.

[14]LI X P,LI F J,SHANG D Y. Dynamic characteristics analysis of ISD suspension system under different
  working conditions[J]. Mathematics,2021,9(12):1345.

[15]XU L,CHEN Y J,DU F. Dynamic analysis of ISD suspension based on mechanical impedance[J].
  Journal of physics: Conference series,2020,1633(0):012030.

[16]王孝鹏.磁流变式驾驶室悬置系统隔振研究[J].机械设计与制造,2020(7):129-133.

[17]王孝鹏.平衡悬架精准建模与推杆特性研究[J].机械设计与制造,2020(5):214-217,223.

[18]王孝鹏.弯道模式下 FSAE 赛车后轮随动转向特性研究[J].机械设计与制造,2020(2):129-133.

[19]王孝鹏.变刚度横置板簧式悬架系统设计研究[J].机械设计与制造,2020(1):9-13.

[20]YANG X F,YAN L,SHEN Y J, et al. Optimal design and dynamic control of an ISD vehicle suspension based on an ADD POSITIVE REAL NETwork[J]. IEEE Access,2020,8(0):94294-94306.

[21]王孝鹏.汽车理论课程平行分层化教学思路研究[J].西昌学院学报(自然科学版),2019,33(3):92-96.

[22]LIU Y L,ZHAO W T,YANG X F, et al. Predictive control of vehicle ISD suspension based on a hydraulic electric inerter[J]. Shock and Vibration,2019,2019(9):1-11.

[23]王孝鹏,刘建军.弯道制动模式下 FSAE 赛车稳定性研究[J].机械设计与制造,2019(10):110-114.

[24]LIU Y L,CHEN D,YANG X F, et al. Structural design and inertial impact analysis of vehicle ISD suspension[J]. IOP Conference Series: Earth and Environmental Science,2019,252(2):022119.

[25]王孝鹏,吴晨雄,黄道进.基于模糊 PID 控制器的 1/2 整车半主动悬架仿真研究[J].湖南工业大学学报,2017,31(6):54-59.

[26]王孝鹏,陈秀萍,刘建军,等.14 自由度整车半主动悬架仿真研究[J].三明学院学报,2017,34(6):25-32.

[27]王孝鹏,陈秀萍,马豪,等.基于 PID 控制器的 1/2 整车半主动悬架仿真研究[J].太原科技大学学报,2017,38(5):337-342.

[28]王孝鹏.基于模糊 PID 控制器的麦弗逊悬架联合仿真研究[J].湖南工业大学学报,2017,31(2):66-71.

[29]王孝鹏.基于修正模糊控制器的麦弗逊悬架联合仿真研究[J].农业装备与车辆工程,2017,55(5):26-30.

[30]王孝鹏,陈秀萍,刘建军,等.基于 ABAQUS 的 H5G 型重卡钢板弹簧有限元仿真研究[J].三明学院学报,2017,34(2):47-56.

[31]王孝鹏,陈秀萍,纪联南,等.基于模糊 PID 控制策略的二自由度半主动悬架仿真研究[J].广西科技大学学报,2017,28(2):35-41.

[32]王孝鹏.修正模糊控制器在双 A 臂悬架联合仿真的应用研究[J].武夷学院学报,2017,36(3):72-76.

[33]王孝鹏,陈秀萍,魏剑,等.基于双模糊控制器的二自由度半主动悬架仿真研究[J].三明学院学报,2016,33(6):39-45.

[34]王孝鹏,陈秀萍,刘建军,等.基于 QS-3BY-9C1 型号爬山虎的主副钢板弹簧有限元分析[J].农业装备与车辆工程,2016,54(12):31-36.

[35]王孝鹏,刘建军,吴龙.七自由度整车半主动悬架仿真研究[J].湖南工业大学学报,2016,30(6):12-17.

[36]SHEN Y J,CHEN L,YANG X F, et al. Improved design of dynamic vibration absorber by using the inerter and its application in vehicle suspension[J]. Journal of Sound and Vibration,2016,361:148-158.

[37]王孝鹏,刘建军,吴龙.基于模糊控制主动悬架的某型轿车漂移联合仿真研究[J].山东理工大学学报(自然科学版),2016,30(4):33-36.

[38]王孝鹏,刘建军,陈建军,等.基于不同边界模型的 H5G 型重卡整体式驱动桥壳研究[J].三明学院学报,2015,32(6):14-19.

[39]SUN X,CHEN L,WANG S, et al. Analysis of vibration isolation performance for nolinear inerter-spring-damper suspension[J]. Transactions of the Chinese Society of Agricultural Engineering,2013,29(23):38-45.